VENTURE CAPITAL DEVELOPMENT IN CHINA 2024

中国创业投资发展报告 2024

主编 刘冬梅 解 鑫 郑健健 副主编 黄 琦 郭 戎 沈文京 张明喜 张俊芳

科学技术文献出版社
SCIENTIFIC AND TECHNICAL DOCUMENTATION PRESS

·北京·

图书在版编目（CIP）数据

中国创业投资发展报告. 2024 = VENTURE CAPITAL DEVELOPMENT IN CHINA 2024 / 刘冬梅，解鑫，郑健健主编. -- 北京：科学技术文献出版社，2024.10.

ISBN 978-7-5235-1999-8

Ⅰ. F832.48

中国国家版本馆 CIP 数据核字第 2024L68C97 号

中国创业投资发展报告2024

策划编辑：郝迎聪　　责任编辑：张瑶瑶　　责任校对：王瑞瑞　　责任出版：张志平	

出　版　者	科学技术文献出版社
地　　　址	北京市复兴路15号　邮编　100038
出　版　部	（010）58882941，58882087（传真）
发　行　部	（010）58882868，58882870（传真）
邮　购　部	（010）58882873
官 方 网 址	www.stdp.com.cn
发　行　者	科学技术文献出版社发行　全国各地新华书店经销
印　刷　者	北京时尚印佳彩色印刷有限公司
版　　　次	2024 年 10 月第 1 版　2024 年 10 月第 1 次印刷
开　　　本	889×1194　1/16
字　　　数	353千
印　　　张	19.5
书　　　号	ISBN 978-7-5235-1999-8
定　　　价	150.00元

委员会

主编

刘冬梅　解　鑫　郑健健

副主编

黄　琦　郭　戎　沈文京　张明喜　张俊芳

常务编委（按姓氏笔画排序）

丁　柠	马秀娟	马俊理	马德庆	王　元
王　娜	王　衡	王树勋	王秋颖	王洪荣
王晓强	王冀芳	元文芳	卞　刚	巴　山
艾　静	卢清皓	史大棱	冯雅芝	巩志娟
曲恬松	朱欣乐	向　兵	刘小燕	刘晓鹏
刘海锋	仁平措	许克君	寿学平	严稳定
苏　牧	李　庆	李　岩	李　静	李文雷
李希义	李爱民	李家丰	李培林	李雪婧
杨敏华	吴　健	吴勇利	沈文京	宋黄俊
张　华	张　弛	张　岚	张　念	张　捷
张世豪	张秀萍	张俊芳	张彦红	张海涛
陈　玉	陈　伟	陈　勇	陈　莉	陈君玉
陈晓明	林宏权	易彤彤	周代数	郑　博
孟凡宝	孟凡博	赵　英	赵　静	胡　敏
钟家安	胥和平	骆献文	贾维红	郭育敏
郭滕达	曹敏慧	崔宝川	崔稷华	章　立
董　梁	韩　亮	韩　梅	韩　瑜	韩红祥
鲁　毅	谭海斌	黎苑楚	黎集怡	戴朝敏
魏世杰				

调研分析组

组　长：郭　戎　　　副组长：张俊芳

执笔分工：

第 1 章	张俊芳	第 2 章	朱欣乐
第 3 章	周代数	第 4 章	魏世杰
第 5 章	朱欣乐	第 6 章	李希义
第 7 章	郭滕达	第 8 章	苏牧
附录 A	英英	附录 B	英英
附录 C	王秋颖		

创业投资调查员（按姓氏笔画排序）

马　宁	马　宇	王　雁	王海宁	王海鹏
王鑫磊	韦艳莎	牛珂珂	邓　玲	邓　敏
邓韵然	申　龙	兰定成	邢慧婧	毕亚华
吕　英	朱　靓	刘　阳	刘　丽	刘　森
刘雨娇	刘爱华	刘博文	刘朝旭	闫东升
关倩雯	江文君	祁　锡	阮　航	劳舒婷
李　伟	李　玲	李　森	李红玉	李宜璇
李思瑶	李莲靖	杨　蕊	杨　燕	杨文育
连　坤	连　静	吴叶红	何　磊	张　伟
张　鑫	张玉英	张艳丽	张雪梅	陈　娟
陈邦平	陈雪峰	陈静韵	武　赟	范　虹
易　晨	罗小韵	周　萍	周立波	周灵峰
胡　祎	胡　舵	段　娜	俞玮鹏	姜宁朋
莫　玲	晋美诺布	贾　敏	夏思良	倪　梦
徐　佳	徐艺嘉	徐东升	高金玲	郭　晓
郭璐璐	唐启顺	陶孟玮	曹　丰	曹庆海
曹建胜	彭俊峰	董雨丹	韩田慧	温欣言
廖超前	谭轩嘉	薛　润	戴　沙	魏　帅
魏志谦	魏欣月			

参与和支持单位（排名不分先后）

科学技术部资源配置与管理司	贵州省贵阳高新技术产业开发区管委会
中国科学技术发展战略研究院	贵州省贵阳高新技术创业服务中心
科学技术部新质生产力促进中心	贵州省科技评估中心
商务部外国投资管理司	海南省科技厅
国家开发银行投资业务局	河北省科技厅
中国进出口银行业务开发与创新部	河北省科技金融发展促进中心
中国社会科学院金融研究中心	河北省科学技术情报研究院
中国科技金融促进会	河北省石家庄高新技术产业开发区管委会
中国风险投资研究院	河北省石家庄高新技术产业开发区科技局
中国风险投资有限公司	河南省科技厅
《中国科技投资》杂志社	河南省科研平台服务中心
安徽省科技厅	河南省科研生产试验基地管理服务中心
安徽省科技评估与监管中心	河南省郑州高新技术产业开发区管理委员会
北京市科学技术委员会、中关村科技园区管理委员会	黑龙江省科技厅
北京创业投资协会	黑龙江省哈尔滨市创业投资协会
北京市科技金融促进会	黑龙江省科技资源共享服务中心
中关村创业投资和股权投资基金协会	湖北省创业投资同业公会
福建省科技厅	湖北省科技厅创投引导基金管理中心
福建省高新技术创业服务中心	湖北省武汉东湖新技术开发区管理委员会
福建省厦门火炬高技术产业开发区管委会	湖北省武汉东湖新技术开发区科技创新与新经济发展局
福建省厦门火炬集团创业投资有限公司	湖北省武汉市科技局
福建省厦门市科技局	湖北省武汉市企业科技创新服务中心
甘肃省科技厅	湖南省科技厅
甘肃兰白试验区创新创业投资基金管理有限公司	湖南省产业技术协同创新有限公司
甘肃省兰州高科创业投资担保有限公司	湖南省科学技术事务中心
甘肃省兰州高新技术产业开发区管委会	吉林省科技厅
广东省科技厅	吉林省科技资金运行服务中心
广东省风险投资促进会	吉林省长春市科技局
广东省佛山高新区管委会	江苏省科技厅
广东省佛山高新区火炬服务中心	江苏省创业投资协会
广东省佛山高新区科技创新局	江苏省高新技术创业服务中心
广东省广州高新技术产业开发区管委会	江西省科技厅
广东省广州高新技术产业开发区科技创新局	江西省高新技术产业促进中心
广东省广州火炬高新技术创业服务中心	辽宁省科技厅
广东省深圳市科技创新局	辽宁省大连高新技术产业园区金融工作办公室
广东省深圳市中小科技企业发展促进中心	辽宁省大连市科技局
广东省珠海高新技术产业开发区管委会	辽宁省阜新市高新技术产业开发区管理委员会科技局
广东省珠海高新区科技创新和产业发展局	辽宁省股权和创业投资协会
广西壮族自治区科技厅	辽宁省沈阳市科技局
广西壮族自治区科技情报研究所	辽宁省重要技术创新与研发基地建设工程中心
贵州省科技厅	内蒙古自治区科技风险基金管理办公室

内蒙古自治区生产力促进中心
宁夏回族自治区科技厅
宁夏回族自治区生产力促进中心
青海省科技厅
青海国科创业投资基金（有限合伙）
青海汇富科技成果转化投资基金（有限合伙）
青海省国有科技资产经营管理有限公司
山东省科技厅
山东省科技服务发展推进中心
山东省青岛市科技服务中心
山东省青岛市科技局
山西省科技厅
山西省创新创业服务中心
山西省科技基金发展有限公司
陕西省科技厅
陕西科技控股集团
陕西省宝鸡高新技术产业开发区管委会科技创新局
陕西省创业投资协会
陕西省西安高新技术产业开发区管理委员会
陕西省西安高新技术产业开发区管理委员会金融服务办公室
陕西省杨凌农业高新技术产业示范区地方金融监督管理局
陕西省杨凌农业高新技术产业示范区管委会
上海市创业投资行业协会

四川省科技厅
四川省成都高新技术产业开发区管委会
四川省成都高新区财政金融局
四川省成都生产力促进中心
四川省高新技术产业金融服务中心
四川省绵阳高新技术产业开发区管委会
四川省绵阳科技城科技创新局
天津市科技局
天津市创业投资协会
天津市科技创新发展中心
西藏自治区科技厅
西藏自治区科技信息研究所
新疆维吾尔自治区科技厅
新疆维吾尔自治区新科源科技风险投资管理有限公司
云南省科技厅
云南省科学技术院
浙江省科技厅
浙江省创业投资协会
浙江省宁波市科技局
浙江省宁波市科技金融服务中心
重庆市科技局
重庆市科技创业投资协会

2023年中国创业风险投资市场概况

中国创业风险投资调查写作组

2023年，全球经济秩序面临能源市场震荡、地缘政治冲突等多重冲击，不确定因素增多。在通胀高企、利率上升和劳动力市场不稳定等共同作用下，全球创业投资行业发展步伐放缓，北美洲、欧洲、亚洲等主要的创业市场投资规模走低。Crunchbase数据显示，2023年全球创业投资额2850亿美元，同比下降38%，是自2018年以来的最低水平。尽管美国仍然是最大的创业投资市场，但其在全球创业投资中的份额已不到50%，欧洲的份额达到了历史最高水平。

一、中国创业投资市场主要表现

（一）市场化资本活跃度下降，行业增速明显放缓

近年来，中国创业投资市场活跃度急速下滑。数据显示，2018年以前，中国创业投资管理资本总量10年间平均增速为24.1%，远超美国同期；2018年以后，中国创业投资新募资金量下滑，增速明显放缓。2023年，中国创业投资机构数达到4117家，较2022年增加47家，增幅达1.2%。其中，创业投资基金3013家，出现下滑；创业投资管理机构1104家。管理资本总量达到1.52万亿元，增速下滑至4.6%（图1）。

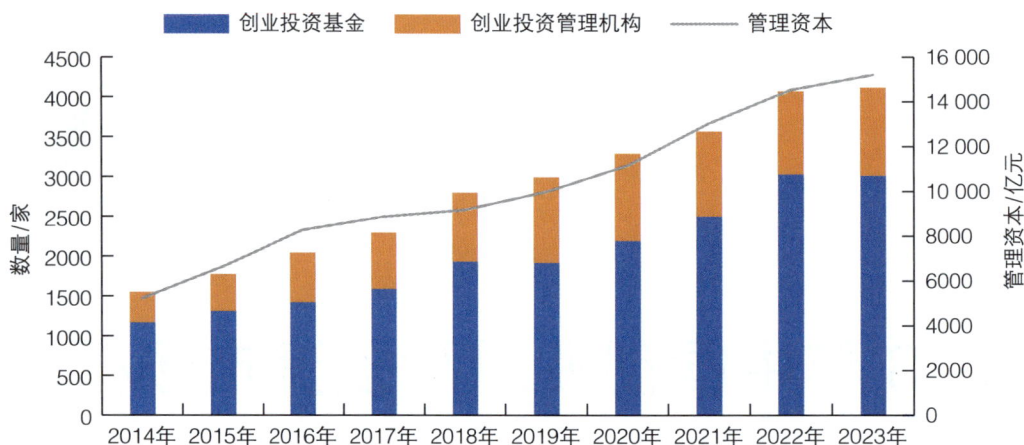

图 1 中国创业投资总体情况（2014—2023 年）

（二）社会资本募集难凸显，资本集聚效应明显

受国际国内环境影响，2018 年以来资金募集难，特别是市场化资金募集难问题日益显现。从资本来源结构方面看，2023 年中国创业投资的资本来源中，最大的资本筹集来源于国有独资投资机构，占比为 35.27%，政府引导基金占比为 15.23%，其他政府财政资金占比 8.15%。国有及财政类资本合计占比 58.65%，同比增长 4.13 个百分点。民营投资机构占比 18.65%，个人占比 9.39%。从趋势看，国有及财政类资本占比由 2017 年的 26.04% 增长至 2023 年的 58.65%，民营、混合及个人资本占比由 2017 年的 42.83% 下滑至 2023 年的 32.48%，其他类型占比由 2017 年的 31.13% 下滑至 2023 年的 8.87%，资本来源结构由多元化转变为以国有及财政类资本占主导（图 2）。

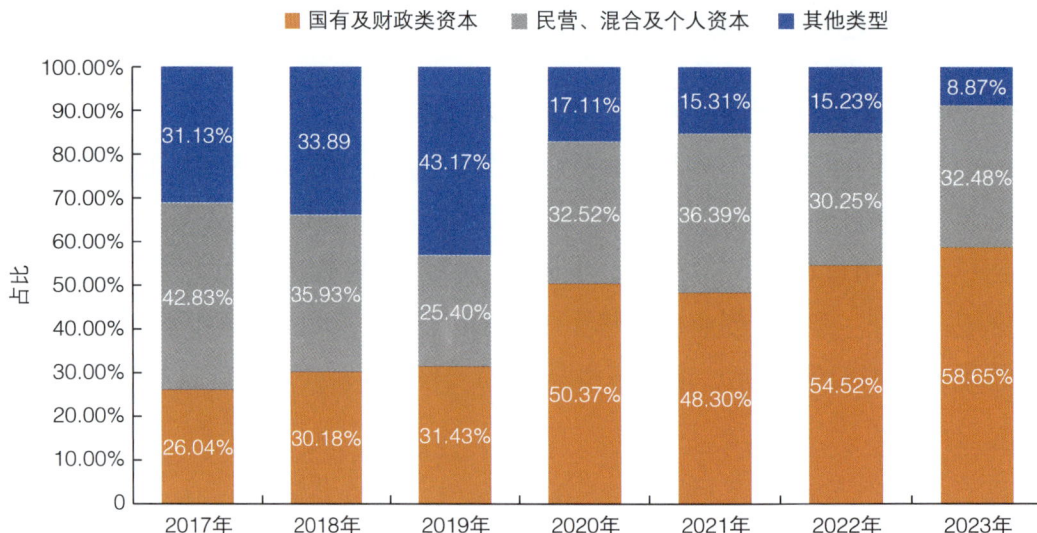

图 2 中国创业投资资本来源占比趋势（2017—2023 年）

（三）美元基金大幅撤离，本土化策略渐行

自 2018 年以来，中美关系发生重大转变，受美国方面政策影响，美元基金大幅撤离。据统计，2023 年外资创投基金资本占比不到 1%。业内人士表示，美元基金的撤离，带走的不仅仅是资本，更多的是由此带来的投资经验、人才，以及信息交流和海外退出通道。与此同时，一些知名美元基金纷纷完成中国本土化转型。2023 年 6 月，红杉资本宣布分拆美欧、中国、印度 / 东南亚三地基金，使其完全独立运作；同年 9 月，蓝驰创投宣布不再与硅谷风险基金 BlueRun Ventures 共享"BlueRun"。

（四）投资总量持续下滑，但高新技术产业投资相对上升

2023 年中国创业投资市场披露的投资项目达到 2893 项，同比下滑 8.1%，较 2021 年下滑 24.9%；披露项目投资金额为 791.6 亿元，同比略有提升，较 2021 年下滑 21.7%。值得肯定的是，在国家政策鼓励号召下，投资于高新技术产业的金额与项目增长明显，2023 年占比分别为 72.7%、71.2%，同比增长 7.0 个百分点、1.4 个百分点。

（五）投资赛道聚焦战略性新兴产业，部分行业逐步萎缩

从投资金额看，半导体，新能源、高效节能技术，生物科技和医药保健吸引了近 50% 的投资金额，投资赛道进一步集聚。从投资趋势看，半导体行业从 2017 年的 0.8% 上升至 2023 年的 20.4%；新能源、高效节能技术行业从 2017 年的 2.0% 上升至 2022 年的 14.0%，2023 年下滑至 10.3%；生物科技、医药保健行业投资较为稳定，2023 年占比分别为 8.9%、7.6%。相比而言，网络产业、消费产品和服务、传播与文化娱乐等行业投资下滑趋势明显（图 3）。

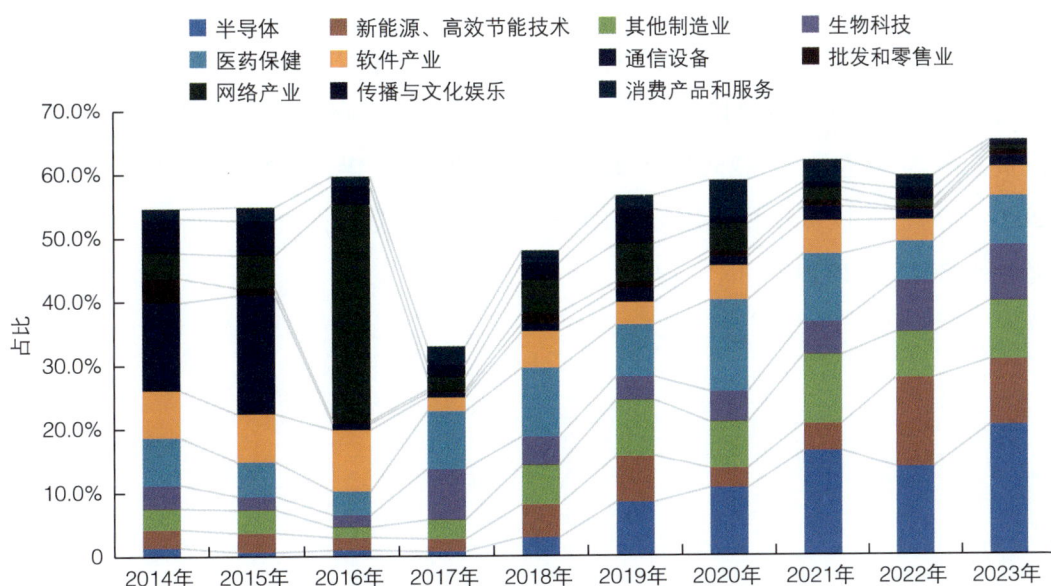

图 3　主要投资行业趋势变化（2014—2023 年）

（六）投资行为"风险厌恶"倾向较为明显，投早、投小依然不足

尽管 2023 年创业投资行业投资于种子期的金额占比上升至 12.9%，但项目占比下滑至 18.4%，远低于美国同期（32.1%），从趋势来看，投早、投小依然不足（图 4）。从投资轮次看，首轮投资占比下滑至 57.7%，越来越多的项目为规避风险，选择联合投资。

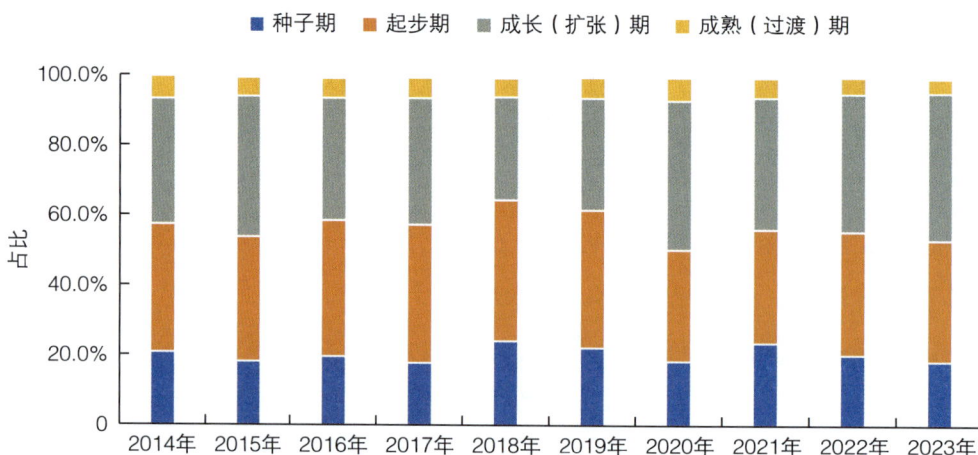

图 4　创业投资项目所处阶段分布（按投资项目）（2014—2023 年）

（七）投资退出渠道不断扩宽，但退出绩效表现仍然不佳

近年来，中国不断丰富市场退出机制，通过开设北交所，鼓励设立接力 / 接续基金、并购基金等，为投资企业股权份额转让提供便利。2023 年全行业共有 1397 个项目实现退出，其中，通过各板块上市退出的项目共计 307 个，占比为 21.98%，并购退出占比下滑至 6.80%，股东回购占比达到 38.58%，11.88% 的项目进行了清算。在 IPO 退出项目中，科创板和北交所表现较为亮眼，32.90% 的项目通过科创板退出，12.05% 的项目选择北交所。整体看来，全行业投资总收益率达到 196.25%，平均退出时间为 5.59 年，略好于 2022 年。从趋势看，2021—2022 年为行业投资项目退出较为困难的阶段，且投资收益率偏低；2023 年略有好转，但表现仍逊于 2015—2019 年（图 5）。

图 5　创业投资项目退出绩效及时间情况（2014—2023 年）

（八）中部地区资本规模上升较快，政府及国有资本占绝对主导

整体上，2023 年中国创业投资机构依旧呈现集中于经济发达地区的分布特点，浙江、江苏和北京无论是创业投资机构数量还是管理资本规模均位居全国前三。与往年不同的是，陕西、山东、湖南、天津、安徽、重庆等地区成为创业投资发展的中坚力量，管理资本总量明显增长。从资本来源看，广西、甘肃、上海、江西、湖南、陕西、安徽、北京等地的国有独资投资机构占比超过 50%；重庆、黑龙江、宁夏、青海、安徽等地的政府引导基金占比超过 40%，中西部地区更加依赖于政府及国有资本。从投资表现看，浙江、江苏、广东、陕西、山东等地的投资环境较为良好，投资项目较多；从落地的项目看，江苏、浙江、广东、北京、上海等地的营商环境较好，被投资项目名列前茅。

（九）政府引导基金在一定程度上带动了重点产业投资，但功能有所弱化

截至 2023 年底，政府创业投资引导基金累计出资 1251.19 亿元，带动的创业投资参股基金 589 支，管理资本规模为 5171.14 亿元。数据显示，政府引导基金更青睐于头部创业投资机构。获得引导基金支持的创业投资机构平均管理资本规模达到 15.12 亿元，同比上升 30.11%，而未获得引导基金支持的创业投资机构平均管理资本规模仅为 2.83 亿元。从投资行业看，获得引导基金支持的创业投资机构更多聚焦于国家导向，半导体行业占比高达 21.9%，新能源、高效节能技术行业占比达到 11.1%；而未获得引导基金支持的创业投资机构投资相对分散，半导体行业占比为 16.9%，其次是生物科技，占比为 12.0%，其他制造业占比为 11.0%，新材料工业占比为 9.8%。从投资阶段看，获得引导基金支持的创业投资机构投资更为前端，投资于种子期的项目占比为 20.1%，略高于未获得引导基金支持的创业投资机构（17.7%）。

二、中国创业投资发展面临的主要问题

近年来，我国创业投资市场活跃度急速下滑。统计数据与业内调研显示，中国创投行业主要面临的问题如下。

一是募资难问题依然严峻，行业投资后劲不足。近年来，募资难问题是业内反映较为突出的问题，募资规模持续下滑。受《关于规范金融机构资产管理业务的指导意见》（简称《资管新规》）影响，银行资本难以直接进入创业投资的渠道；保险类等长线资金由于其低风险偏好、大额投资等导向与创业投资特征错配，较少进入创投领域；民间资本尚未有效转化为创业投资资本；外资投资人受美国相关政策限制和影响开始撤离中国。此外，鉴于我国市场化投资主体投资困难、意愿减弱，以及政府更多将原有产业直接补贴资金转变为引导基金，多元化的创业投资资本来源结构也发生转变，2023 年政府类资本占比达到58.65%，民营资本、银行、证券、保险等金融资本，尤其是各类长期资本占比明显偏低。这种资本来源结构导致投资趋于"安全"与"短期"，对前沿科技投资不足，进而制约着前沿科技领域的产业化进程。

二是国有创业投资和政府引导基金受制于体制机制限制，难以有效实现其功能定位。我国财政类资本已经成为创业投资的主流，但财政和国有资本偏重于"安全性"，在投资审核、投资退出、投资绩效考核及激励机制等方面与市场化投资运作规律不同，这些问题导致投资干预过度和有效投资不足、退出不顺、效率偏低、人才外流等问题，难以有效实现引导功能。

三是创业投资行业退出困境越发凸显，资本循环受阻。创业投资行业的收益主要源于投资项目退出。近年来，随着资本市场改革持续全面深化，拓宽了创业投资的退出和增值通道。据统计，我国创业板、科创板和北交所 IPO 企业中约 80% 以上的企业获得过创业投资。然而，受国际退出环境影响，再加上科创板的科创属性评价标准过细过窄、对科创企业 IPO 募集资金使用和信息披露机制管理过严过细、缺乏创业投资企业的上市安排制度、S 基金发育尚不成熟等，创业投资退出渠道日益收窄，进而影响下一轮资本循环。

四是我国创业投资监管政策过严，差异化监管政策尚未落地。美国把创业投资作为"非公开性"的私募性质投资，即非金融、非特许和非证券化的投资，因而对其采用行业自律管理方式，豁免政策监管。相比而言，我国将创业投资纳入证券投资基金监管框架，基本格局至今还未发生根本变化。2016 年提出的差异化监管政策尚未落实，对创业投资设置的注册、备案、审查、年检、内设机构、资金开户及托管等管理规定过多过繁。

三、政策建议

2023 年调查显示，投资者对行业发展的悲观情绪持续蔓延，认为行业发展"较好"及以上的占比仅为 18.8%，仅 28.7% 的创业投资机构对投资前景持乐观看法，均处于历史冰点。2023 年底中央经济工作会议明确提出"鼓励发展创业投资、股权投资"。2024 年 6 月，国务院出台《促进创业投资高质量发展的若干政策措施》，为行业发展注入新动能。为促进行业高质量发展，建议如下：

加强耐心资本供给，促进创业投资源头活水。以落实《促进创业投资高质量发展的若干政策措施》为契机，研究出台放宽银行资本进入创业投资的细化政策。按照创业投资行业规律，制定保险资金、社保基金等长期资本的考评体系，从制度上保障保险资金、社保基金等长期资本进入创业投资领域。

按照创业投资运行规律特点，重点解决政府及国有资产管理机制体制问题。加强对中央层面的科技类政府引导基金进行整合，提高运作效率。改革政府引导基金考核管理办法，建立容错机制，放宽返投比例、准入门槛、注册地要求、出资比例等限制，引导优质基金管理人参与政府引导基金。建立健全国有创业投资机构容错免责机制，探索按照整个基金生命周期进行考核的管理制度，更好地发挥投早、投小、投长期、投硬科技的关键作用。

畅通创业投资退出通道，促进创业资本有效循环。加强资本市场基础制度建设，推动以信息披露为核心的注册证改革。完善退市制度，建立起与国际接轨的运营体系。鼓励符合条件的创业投资机构发行债务融资工具、公司债券。发展创业投资二级市场基金，扩大私募股权份额转让试点。鼓励高效开展并购重组，提升产业、企业整合功能，畅通创业资本循环通道。

加快落实差异化监管制度，大幅降低创业投资管理成本。加快细化落实创业投资差异化监管政策，以解决机构注册难为突破口，大幅减少过程干预，降低报告报送、机构内设要求，推动行政性监管向法律性监管转变。加大创业投资行业税收优惠力度。推动创业投资税收优惠试点政策向全国推广，降低程序的复杂性，逐步取消前置认定，提高创业投资抵扣应纳税所得额的比例。研究制定普惠性资本利得税收制度，允许投资损失抵扣应税收入。

Overview of China's Venture Capital Market in 2023

China Venture Capital Research Writing Team

Abstract: Since 2023, the activity level in China's venture capital sector has been on a steady decline, drawing significant attention. Based on the national venture capital survey data and field research conducted in 2023, this paper focuses on the main characteristics and development obstacles of the year's venture capital landscape. It also proposes solutions, taking advantage of the opportunity presented by the implementation of *Several Policies and Measures for Promoting the High-Quality Development of Venture Capital*.

In 2023, the global economic order faced multiple shocks, including energy market fluctuations and geopolitical conflicts, leading to an increase in uncertainties. The global venture capital industry experienced a slowdown, with investment scales declining in major markets such as North America, Europe, and Asia, under the combined effects of high inflation, rising interest rates, and unstable labor markets. According to Crunchbase, global venture capital investments amounted to $285 billion in 2023, marking a 38% decrease from the previous year and reaching the lowest level since 2018. Although the United States remains the largest market for venture capital, its share of global venture capital has fallen below 50%, while Europe has reached its highest historical share.

I. Key Performances of China's Venture Capital Market

（ I ）Market–oriented capital activity has decreased, and industry growth has significantly slowed down

In recent years, the vitality of China's venture capital market has sharply declined. Data shows that before 2018, the average annual growth rate of managed capital in China's venture capital (VC) sector was 24.1% over a decade, far exceeding the U.S. rate during the same period. However, since 2018, the amount of newly raised funds in China's VC sector has decreased, with a noticeable slowdown in growth. By 2023, the number of VC institutions in China reached 4,117 an increase of 47 or 1.2% from 2022. Among them, the number of VC funds saw its first decline, totaling 3,013, while there were 1,104 VC management firms. The total managed capital reached 1.52 trillion yuan, with the growth rate falling to 4.6% (Fig. 1).

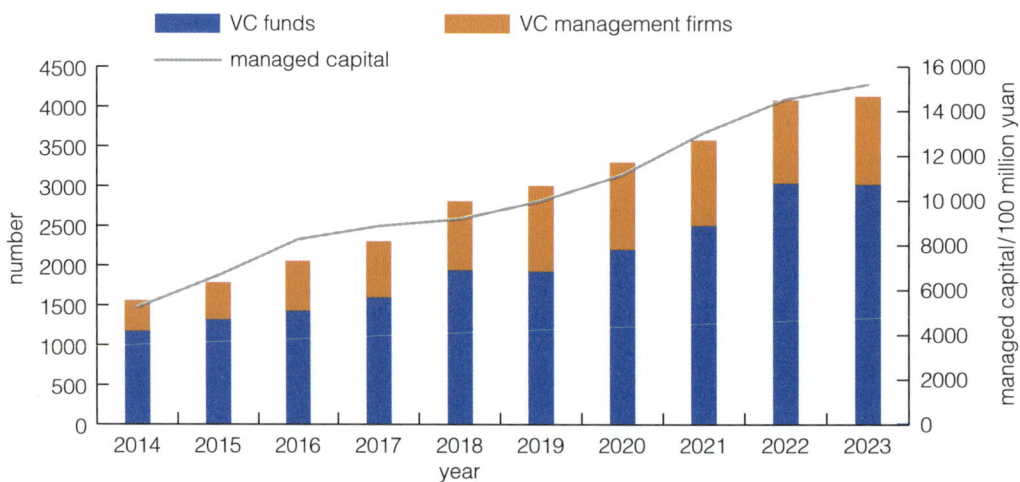

Fig. 1　Overview of China's VC Sector (2014—2023)

（ II ）The difficulty in raising social capital has become more pronounced, highlighting a significant capital concentration effect

Influenced by both international and domestic environments, the challenge of fundraising, particularly for market–oriented funds, has become increasingly evident since 2018. In terms of capital source structure, the largest portion of China's venture capital in 2023 came from state–owned sole proprietorship investment institutions, accounting for 35.27%, followed by government–guided funds at 15.23% and other government fiscal funds at 8.15%. State–owned and fiscal funds together accounted for 58.65%, up 4.13 percentage points from the previous year. Private investment institutions contributed 18.65%, and high – net – worth individual investors made up 9.39%. From a trend perspective, the proportion of state – owned and fiscal funds increased from 26.04% in 2017 to 58.65% in 2023. Conversely, the share of private and individual capital dropped from 42.83% to 32.48%, and other types of capital fell from 31.13% to 8.87%. This indicates a shift in the capital source structure from diversification to dominance by state – owned and fiscal funds (Fig. 2).

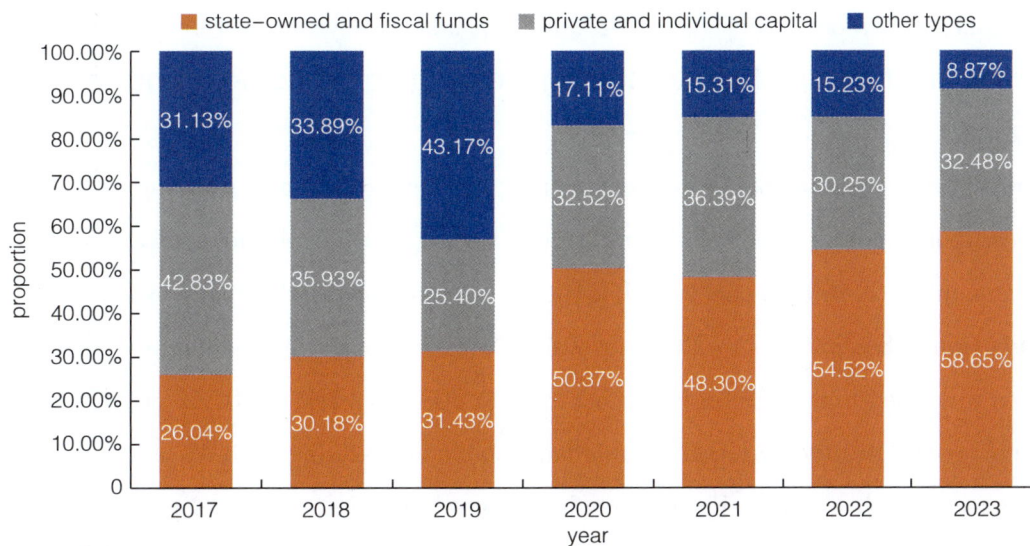

Fig. 2   Trends in the Composition of China's Venture Capital Sources (2017—2023)

（Ⅲ） Dollar – denominated funds have significantly retreated, paving the way for more localized strategies

Since 2018, Sino – U.S. relations have undergone significant changes, with policies from the U.S. side leading to a substantial retreat of dollar – denominated funds. According to statistics, foreign venture capital funds accounted for less than 1% of the capital in 2023. Industry insiders note that the departure of dollar funds not only takes away capital but also valuable investment experience, talent, information exchange opportunities, and overseas exit channels. On the other hand, some well – known dollar funds have successfully transitioned to localized operations in China. In June 2023, Sequoia Capital announced the separation of its funds in the U.S. and Europe, China, and India/Southeast Asia into fully independent entities. In September, BlueRun Ventures declared it would no longer share the "BlueRun" name with its Silicon Valley – based venture fund.

（Ⅳ）While the overall volume of investments continues to decline, investments in high-tech industries have relatively increased

In 2023, the number of disclosed venture capital projects in China reached 2,893, down 8.1% year-over-year and 24.9% compared to 2021. The disclosed investment amount was 79.16 billion yuan, slightly higher year-over-year but down 21.7% from 2021. Notably, encouraged by national policies, investments in high-tech industries have seen continuous growth, accounting for 72.7% and 71.2% of the total amount and number of projects in 2023, up 7.0% and 1.4% year-over-year, respectively.

（Ⅴ）Investment focus shifts to strategic emerging industries, and some sectors shrink

In terms of investment amounts, semiconductors, new energy and high-efficiency energy-saving technologies, biotechnology, and healthcare attracted nearly 50% of the total investment, indicating a further concentration in these sectors. Looking at investment trends, semiconductor investments rose steadily from 0.8% in 2017 to 20.4% in 2023. New energy and high-efficiency energy-saving technologies increased from 2.0% in 2017 to 14.0% in 2022, but fell to 10.3% in 2023. Investments in biotechnology and healthcare remained relatively stable, accounting for 8.9% and 7.6% of the total in 2023, respectively. In contrast, investments in internet industries, consumer products and services, and media and cultural entertainment showed a clear downward trend (Fig. 3).

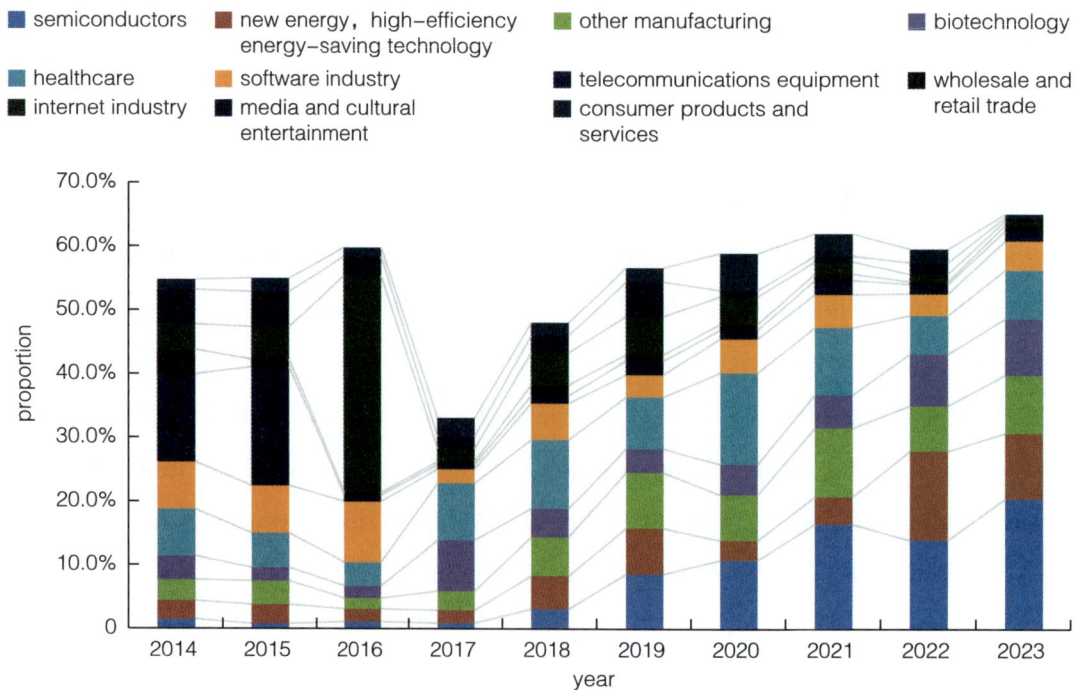

Fig. 3 Trends in Major Investment Industries (2014—2023)

（Ⅵ）Investment behavior shows a clear risk–averse trend and early–stage investments remain insufficient

Despite the fact that investments in seed–stage projects rose to 12.9% of the total investment amount in 2023, the proportion of seed–stage projects fell to 18.4%, significantly lower than the U.S. figure of 32.1% for the same period. This trend suggests that early–stage and small–scale investments remain inadequate (Fig. 4). Looking at investment rounds, the proportion of first–round investments declined to 57.7%, with an increasing number of projects opting for co–investment to mitigate risks.

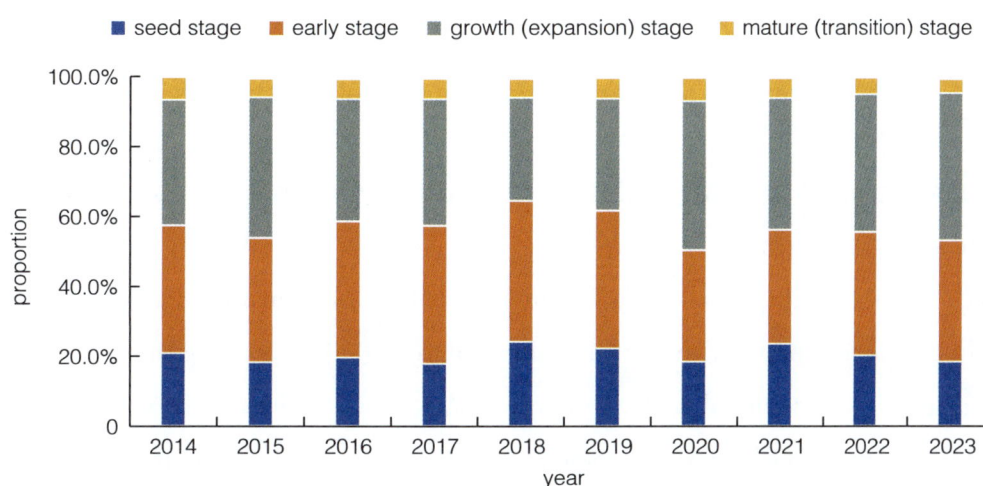

Fig. 4　Distribution of Venture Capital Projects by Stage (by Number of Projects)(2014—2023)

（Ⅶ）Exit channels expand, but performance remains subpar

In recent years, China has continuously enriched exit mechanisms for the market by launching the Beijing Stock Exchange, encouraging the establishment of relay/successor funds, and merger and acquisition (M&A) funds, facilitating the transfer of equity stakes in invested companies. In 2023, a total of 1,397 projects achieved exits across the industry. Of these, 307 projects, or 21.98%, exited through listings on various stock exchanges, M&A exits declined to 6.80%, shareholder buybacks accounted for 38.58%, and 11.88% of the projects underwent liquidation. Among IPO exits, the STAR Market and the Beijing Stock Exchange stood out, with 32.90% of projects exiting via the STAR Market and 12.05% choosing the Beijing Stock Exchange. Overall, the industry's total return on investment reached 196.25%, with an average exit time of 5.59 years, slightly better than in 2022. From a trend perspective, 2021–2022 was the most challenging period for project exits within the industry, marked by low investment returns. While 2023 saw some improvement, performance still lagged behind the 2015–2019 period (Fig. 5).

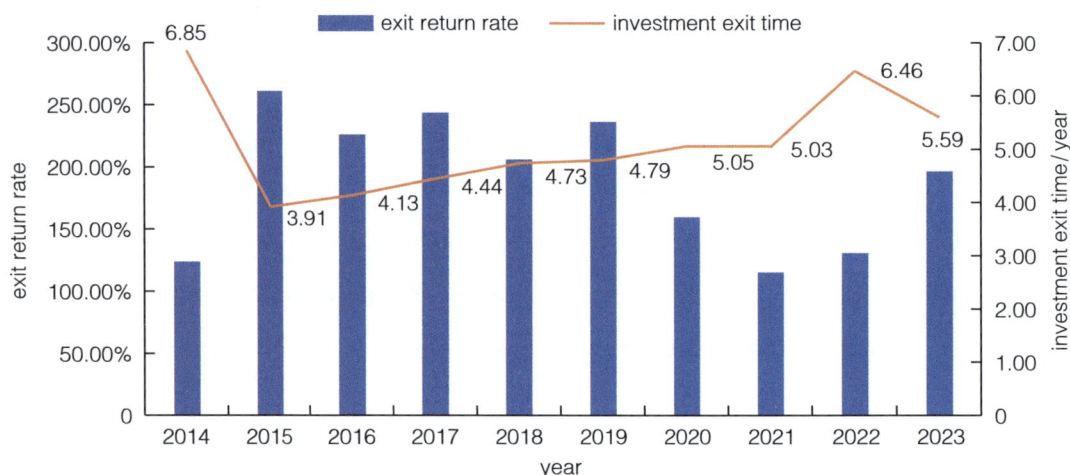

Fig. 5　Exit Performance and Time of Venture Capital Investments (2014—2023)

(Ⅷ) Capital scale in central regions grows rapidly, dominated by government and state-owned funds

Overall, in 2023, China's venture capital institutions continued to be concentrated in economically developed areas, with Zhejiang, Jiangsu, and Beijing leading the country in both the number of institutions and capital scale. Unlike previous years, regions such as Shaanxi, Shandong, Hunan, Tianjin, Anhui, and Chongqing emerged as intermediate forces in venture capital development, showing a significant increase in managed capital. In terms of capital sources, state-owned capital exceeded 50% in Guangxi, Gansu, Shanghai, Jiangxi, Hunan, Shaanxi, Anhui, and Beijing. Government-guided funds surpassed 40% in Chongqing, Heilongjiang, Ningxia, Qinghai, and Anhui, indicating a greater reliance on government and state-owned capital in central and western regions. From an investment perspective, Zhejiang, Jiangsu, Guangdong, Shaanxi, and Shandong offered relatively favorable investment environments with a higher number of investment projects. In terms of business environment for implemented projects, Jiangsu, Zhejiang, Guangdong, Beijing, and Shanghai ranked top, attracting numerous investment projects.

(Ⅸ) Government-guided funds boost key industry investments, but their role has diminished

By the end of 2023, government-guided venture capital funds had cumulatively invested 125.119 billion yuan, supporting 589 venture capital funds with a total managed capital of 517.114 billion yuan. Data shows that these guided funds tend to favor leading venture capital firms. On average, venture capital funds supported by government guidance managed capital of 1.512 billion yuan, a 30.11% increase from the previous year, compared to just 283 million yuan for those without such support. In terms of industry focus, government–supported venture capital funds predominantly invest in nationally directed sectors, with 21.9% allocated to the semiconductor industry and 11.1% to the new energy sector. In contrast, unsupported venture capital funds have a more diversified portfolio, investing 16.9% in semiconductors, 12.0% in biotechnology, 11.0% in other manufacturing, and 9.8% in new materials. Regarding investment stages, government–backed venture capital firms tend to invest earlier, with 20.1% of their investments in seed–stage projects, slightly higher than the 17.7% for those not receiving government guidance.

II. Main Challenges Facing China's Venture Capital Development

In recent years, the vitality of China's venture capital market has sharply declined. According to statistical data and industry surveys, the primary issues facing China's venture capital sector include:

First, raising capital remains a significant challenge, with the industry's investment momentum weakening. In recent years, difficulties in fundraising have become increasingly prominent, with the scale of funds raised continuously declining. The new asset management regulations have restricted banks from directly channeling capital into venture investments. Long–term investors such as insurance companies, due to their low–risk appetite and large–scale investment orientation, do not align well with the characteristics of venture capital and thus rarely enter this sector. Private capital has yet to be effectively converted into venture capital, and foreign investors, influenced by U.S. policies, are beginning to withdraw from China. Moreover, as domestic market–oriented investors face increasing challenges and reduced willingness to invest, and the government shifts more direct subsidies for existing industries into guiding funds, the composition of venture capital sources has changed. By 2023, government funds accounted for 58.65% of the total, while private capital and financial capital from banks, securities, and insurance, especially long–term capital, were notably underrepresented. This capital structure has led to a focus on "safe" and "short–term" investments, resulting in insufficient funding for cutting–edge technologies and thereby hindering the industrialization process in these sectors.

Second, state–owned venture capital and government–guided funds are constrained by institutional mechanisms, limiting their effectiveness. Fiscal funds have become the dominant force in venture capital, but they prioritize "safety" over other considerations. This focus affects investment reviews, exit strategies, performance evaluations, and incentive structures, making them less aligned with market–driven investment practices. As a result, these issues lead to excessive intervention, insufficient effective investments, poor exits, low efficiency, and talent outflows, hindering the funds' ability to fulfill their guiding role.

Third, the challenges in exiting venture capital investments have become more pronounced, hindering capital circulation. The returns in the venture capital industry primarily come from the successful exit of invested projects. Recent reforms in the capital markets have broadened exit and value–adding channels for venture investments. According to statistics, over 80% of IPOs on China's Growth Enterprise Market (GEM), Sci–Tech Innovation Board (STAR Market), and Beijing Stock Exchange have received venture capital support. However, international exit conditions, coupled with overly detailed and narrow criteria for the sci–tech attributes of STAR Market listings, strict regulations on the use of IPO proceeds and information disclosure, and the lack of a dedicated listing arrangement for venture–backed firms, along with the underdeveloped secondary fund market, have narrowed the exit pathways for venture capital, affecting the next round of capital flow.

Fourth, regulatory policies for venture capital in China are too stringent, and differentiated regulatory measures have yet to be implemented. In the United States, venture capital is treated as a private, non–public investment, exempt from financial, licensing, and securities regulations, relying instead on industry self–regulation. In contrast, China has integrated venture capital into the regulatory framework for securities investment funds, a setup that has remained largely unchanged since its introduction. The differentiated regulatory policies proposed in 2016 have not been put into practice, leaving in place numerous and complex management rules for registration, filing, review, annual inspections, internal departments, account opening, and custody of funds.

III. Policy Recommendations

A survey conducted in 2023 revealed widespread pessimism among investors regarding industry development, with only 18.8% viewing the industry's development as "good" or better, and just 28.7% expressing optimism about investment prospects–both figures are at historical lows. At the end of 2023, the Central Economic Work Conference explicitly called for the encouragement of venture capital and equity investment. In June 2024, the State Council issued the *Several Policies and Measures for Promoting the High-Quality Development of Venture Capital*, injecting new momentum into the industry. To promote high–quality development in the industry, the following recommendations are suggested:

Increase the supply of patient capital to invigorate the sources of venture capital. Seize the opportunity presented by the *Several Policies and Measures for Promoting the High-Quality Development of Venture Capital* to develop detailed policies that facilitate bank capital entry into venture investments. Align with the industry's characteristics by establishing evaluation systems for long-term capital sources like insurance and social security funds, ensuring institutional support for their involvement in venture capital.

Address the systemic issues in the management mechanisms of government and state-owned venture capital by focusing on operational regulations specific to venture capital. Enhance the integration and operational efficiency of central government-led technology-focused funds. Reform the performance evaluation and management methods of government-guided funds, introducing a tolerance for errors, and relaxing restrictions on reinvestment ratios, entry thresholds, registration locations, and contribution proportions to attract top fund managers. Establish a robust error-tolerance and exemption mechanism for state-owned venture capital institutions, exploring a management system that evaluates performance over the entire lifecycle of a fund, to better support early-stage, small-scale, long-term, and hard-tech investments.

Facilitate the exit channels for venture capital and promote effective capital circulation. Strengthen the foundational institutions of the capital market and advance registration-based reforms centered on information disclosure. Improve delisting rules to establish an operational system in line with international standards. Encourage qualified venture capital firms to issue debt financing instruments and corporate bonds. Develop secondary market funds for venture capital and expand pilot programs for the transfer of private equity shares. Promote efficient mergers and acquisitions to enhance industry and enterprise integration, thereby smoothing the capital circulation pathway.

Accelerate the implementation of differentiated regulatory systems to significantly reduce the management costs of venture capital. Speed up the detailed implementation of differentiated regulatory policies for venture capital, starting with easing the registration process, reducing procedural interventions, and lowering reporting and internal setup requirements, to shift administrative oversight toward legal regulation. Increase tax incentives for the venture capital industry. Extend pilot tax incentive policies for venture capital nationwide, simplifying procedures, gradually eliminating pre-approval requirements, and raising the proportion of deductible taxable income. Study and implement a broad-based capital gains tax system that allows investment losses to offset taxable income.

目 录

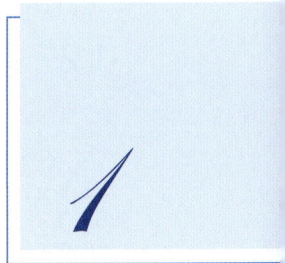

中国创业投资机构与资本

1.1 2023年度调查概述

创业投资机构统计是科技金融工作中的一项重要基础性工作，自2010年起被列入国家科技专项统计。为持续推动我国创业投资行业健康稳健发展，为行业发展提供决策依据，优化科技金融资源配置，2024年1—5月，科技部启动全国创业投资年度调查工作，按照国家统计局要求（国统制〔2022〕11号）和《科技部关于开展2023年度科技统计调查工作的通知》（国科函规〔2024〕50号）的部署，组织了全国34个省（自治区、直辖市）、58个调查实施机构开展全国创业投资机构的网上填报工作。本报告所调查的创业投资机构主要包括两类：①创业投资基金，包括政府引导基金。②创业投资管理机构，其受创业投资基金委托，进行投后管理。创业投资机构的组织形式主要包括公司制、合伙制和契约制。

随着行业的发展与规模的壮大，行业混业经营或者"未实际经营"的企业越来越多，因此，根据创业投资的标准概念，我们统计了"在营"状态，且有实际投资行为，并以创业投资为主业的企业，剔除以下样本：①行业性和综合性投资公司，如电力投资、工交投资集团及其他投资主业模糊不清的投资类公司等；②以基建、房地产等大建设投资为主业的产业投资基金；③以并购、夹层融资等为主业的私募股权投资（PE）基金；④主要从事担保业务、信托业务的金融机构，但持续地开展了创业投资业务的机构除外；⑤在境外注册设立、在境内仅以办公室形式开展商业活动的私募股权投资机构。

本项统计调查工作为中央引导地方科技发展专项资金、科技成果转化引导基金申报，以及创业投资年度评奖等工作提供了有效的数据支持，也为我国创业投资业内重要政策的出台提供了有力支撑，成为我国科技金融工作的重要组成部分。

1.2 创业投资机构和管理资本

　　整体看来，2023 年受各种不利因素影响，创业投资市场依然低迷，机构增长放缓，募资情况和投资情况并不乐观。2023 年，中国创业投资机构数达 4117 家[①]，较 2022 年增加 47 家，增幅达 1.2%。其中，创业投资基金 3013 家，出现下滑；创业投资管理机构 1104 家。当年新募集基金 265 家，较 2022 年大幅下滑 48.3%（表 1–1、图 1–1）。

表 1–1 中国创业投资机构总量、增量（2014—2023 年）[②]

年份	现存的创业投资机构/家	其中：创业投资基金/家	其中：创业投资管理机构/家	当年新募集基金/家[③]	创业投资机构增长率
2014	1551	1167	384	230	10.2%
2015	1775	1311	464	283	14.4%
2016	2045	1421	624	248	15.2%
2017	2296	1589	707	196	12.3%
2018	2800	1931	869	252	22.0%
2019	2994	1916	1078	92	6.9%
2020	3290	2192	1098	288	9.9%
2021	3568	2496	1072	525	8.4%
2022	4070	3029	1041	513	14.1%
2023	4117	3013	1104	265	1.2%

图 1–1 中国创业投资机构总量、增量（2014—2023 年）

---

① 指在营机构数，主要包括：创业投资基金、创业投资管理机构。该数据已剔除不再经营创业投资业务或注销的机构数。
② 由于我国创业投资行业的迅猛发展、基金形态的日趋多样，从 2010 年起，按照国际惯例区分基金和基金管理机构，并对前期数据进行了追溯调整。
③ 这里仅指创业投资基金，不包括创业投资管理机构。

从管理资本规模来看，2023 年中国创业投资管理资本达 1.52 万亿元^①，较 2022 年增加 670.8 亿元，增幅达 4.6%。其中，来自新成立机构的募资 260.5 亿元，来自已有基金的募资 1041.5 亿元。基金平均管理资本规模为 5.05 亿元（表 1-2、图 1-2），略高于 2022 年规模。

表 1-2　中国创业投资管理资本（2014—2023 年）

年份	管理资本 / 亿元	较上年增长	基金平均管理资本规模 / 亿元
2014	5232.4	31.7%	4.48
2015	6653.3	27.2%	5.07
2016	8277.1	24.4%	5.82
2017	8872.5	7.2%	5.58
2018	9179.0	3.5%	4.75
2019	9989.1	8.8%	5.21
2020	11 157.5	11.7%	5.09
2021	13 035.3	16.8%	5.22
2022	14 525.5	11.4%	4.80
2023	15 196.3	4.6%	5.05

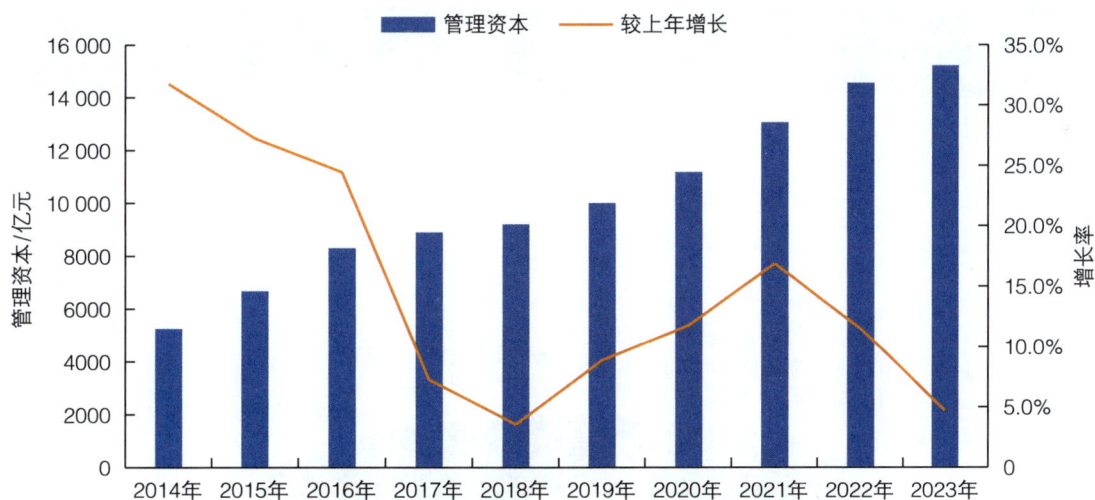

图 1-2　中国创业投资管理资本（2014—2023 年）

① 我国创业投资的业态不断复杂化，存在大量的资嵌套。因此，在计算管理资本时，我们对母子基金，以及基金与受托管理公司之间重复的资本进行了剔除。

1.3 创业投资的资本来源

延续历年的分类方式，我们采用两个维度对我国创业投资的资本来源进行划分。

第一个维度按照资本来源的机构性质进行分类：①政府引导基金；②其他政府财政资金，包括各级政府（含事业单位）对创业风险资本的直接资金支持；③国有独资投资机构，指国有独资公司直接提供的资金，包括企业和银行等国有金融机构；④混合所有制投资机构；⑤民营投资机构；⑥非营利机构；⑦个人；⑧境内外资机构，指通过在中国大陆境内注册并运作的外商独资（含港、澳、台）和合资合作企业取得的创业投资资本；⑨境外投资机构，指境外机构获得的创业投资资本；⑩其他。

据统计，2023 年中国创业投资的资本来源中，最大的资本筹集仍然来源于国有独资投资机构，占比 35.27%，较前几年持续增长。政府引导基金出资占比 15.23%，其他政府财政资金出资占比 8.15%，国有及财政类资本合计占比 58.65%，同比增长 4.13 个百分点。此外，民营投资机构出资占比达 18.65%，个人出资占比 9.39%，均较 2022 年有所增长。外资企业（境外投资机构与境内外资机构）出资占比仅剩 0.17%，约 25.9 亿元，几乎撤离中国市场（表 1–3、图 1–3）。

表 1–3 中国创业投资资本来源占比（2021—2023 年）（维度一）[①②]

年份	国有独资投资机构	政府引导基金	其他政府财政资金	民营投资机构	混合所有制投资机构	个人	境外投资机构	境内外资机构	非营利机构	其他
2021	24.41%	18.33%	5.56%	21.52%	6.36%	8.51%	1.65%	0.54%	0.04%	13.08%
2022	31.61%	14.36%	8.55%	17.94%	3.63%	8.67%	0.21%	0.17%	0.06%	14.79%
2023	35.27%	15.23%	8.15%	18.65%	4.44%	9.39%	0.07%	0.10%	0.02%	8.68%

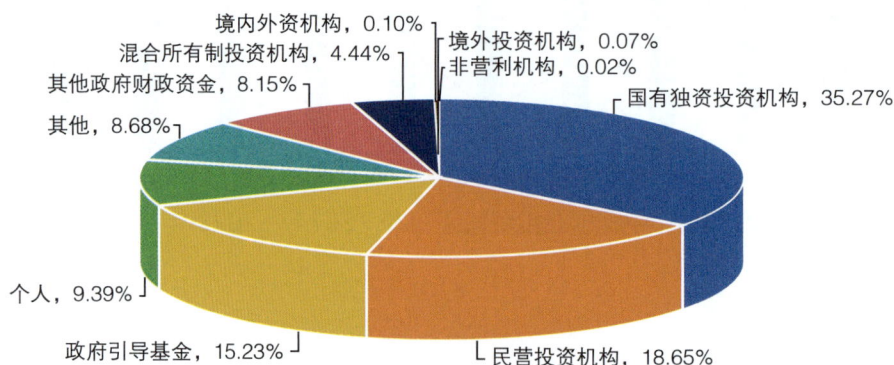

图 1–3 中国创业投资资本来源占比（2023 年）（维度一）

---

① 有效样本数为 3001 份。

② 本书数值进行过四舍五入，故其加总可能不等于 100%。

第二个维度按照资本来源的金融属性划分。2023 年，资本来源仍然以非金融资本为主，占比 45.37%，同比增长 4.18 个百分点。来自基金的资本占比 38.05%，略有下降。银行、保险公司、证券公司等金融机构合计仅占 6.88%，其中保险类资金增长较为明显（表 1-4、图 1-4）。

表 1-4 中国创业投资资本来源占比（2021—2023 年）（维度二）[①]

年份	非金融资本	基金	银行	保险公司	证券公司	信托公司	其他金融资本
2021	45.40%	40.39%	2.26%	1.04%	1.67%	0.54%	8.70%
2022	41.19%	40.82%	1.59%	4.77%	0.26%	0.36%	11.01%
2023	45.37%	38.05%	1.84%	4.88%	0.16%	0.95%	8.75%

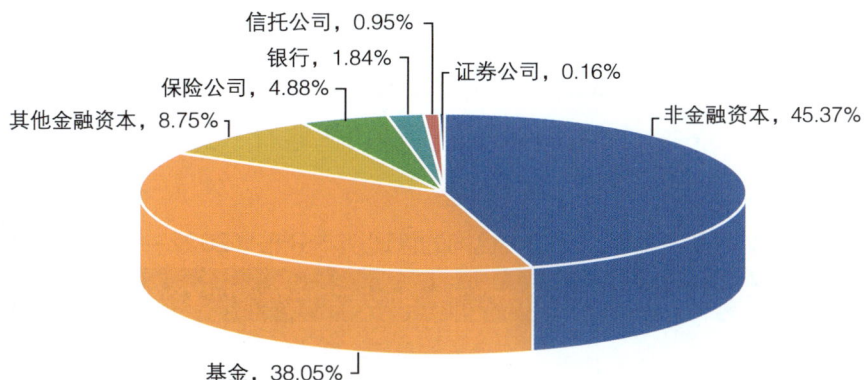

图 1-4 中国创业投资资本来源占比（2023 年）（维度二）

1.4 创业投资机构的资本规模及分布

从资本分布情况看，2023 年资本规模在 5000 万元以下的创业投资机构占机构总数的 38.3%，较 2022 年继续上升；资本规模在 5000 万～1 亿元、1 亿～2 亿元，以及 2 亿～5 亿元的创业投资机构占比均有所下滑；资本规模在 5 亿元以上的创业投资机构占比略有上升，达 13.8%。总体而言，2023 年创业投资机构平均资本规模略有增长，整体趋势表现为两头增大，即小规模企业和大规模企业增长（表 1-5、图 1-5）。

表 1-5 中国不同规模创业投资机构分布（2022—2023 年）

年份	5000 万元以下	5000 万～1 亿元	1 亿～2 亿元	2 亿～5 亿元	5 亿元以上
2022	35.1%	15.3%	18.8%	17.1%	13.7%
2023	38.3%	14.9%	16.8%	16.2%	13.8%

---

① 有效样本数为 2819 份。

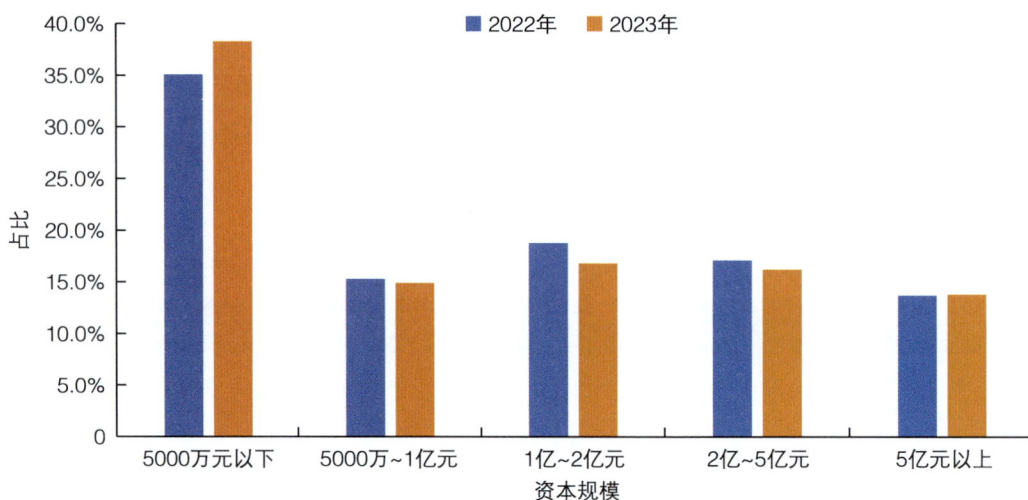

图 1-5　中国不同规模创业投资机构分布（2022—2023 年）[①]

　　按机构的管理资本划分，与 2022 年相比，2023 年资本规模在 5 亿元以上的创业投资机构管理资本占比增长至 85.6%，5000 万 ~ 5 亿元的占比略有下滑（表 1-6、图 1-6）。

表 1-6　中国不同规模创业投资机构的管理资本分布（2022—2023 年）[②]

年份	5000 万元以下	5000 万 ~ 1 亿元	1 亿 ~ 2 亿元	2 亿 ~ 5 亿元	5 亿元以上
2022	1.3%	1.8%	4.4%	9.1%	83.4%
2023	1.3%	1.6%	3.6%	7.9%	85.6%

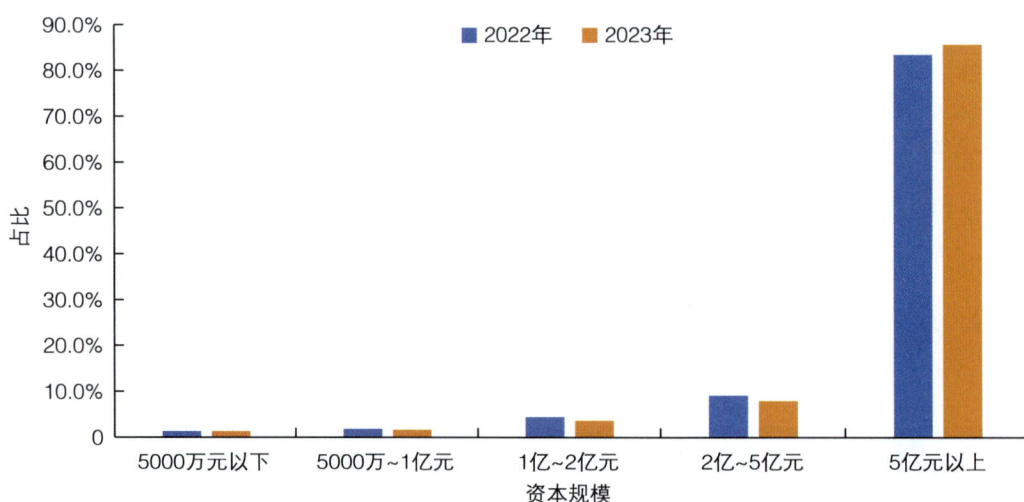

图 1-6　中国不同规模创业投资机构的管理资本分布（2022—2023 年）

---

① 有效样本数为 3011 份。
② 有效样本数为 3011 份。

　　2023 年，中国创业投资市场披露的投资项目达 2893 项，较 2022 年下滑了 8.1%；披露项目投资金额为 791.6 亿元，较 2022 年略有提升。其中，投资于高新技术企业的项目达 1428 项，投资金额为 370.4 亿元，占全部投资的比重分别为 49.4%、46.8%，较 2022 年有所提升（表 1-7）。

表 1-7　中国创业投资当年投资情况（2014—2023 年）[①]

年份	当年投资项目 / 项		当年投资金额 / 亿元	
	全部企业	高新技术企业	全部企业	高新技术企业
2014	2459	689	374.4	124.8
2015	3423	820	465.6	117.2
2016	2744	634	505.5	92.1
2017	2687	825	845.3	153.8
2018	2740	682	527.2	134.3
2019	3015	921	866.8	186.9
2020	2734	1035	636.0	216.6
2021	3851	1702	1011.2	425.1
2022	3149	1490	744.7	341.5
2023	2893	1428	791.6	370.4

　　截至 2023 年底，全国创业投资机构披露的累计投资项目达 37 838 项，累计投资金额为 8819.3 亿元，其中，投资于高新技术企业的项目为 15 755 项，投资金额为 3297.7 亿元，占比分别为 41.6% 和 37.4%（表 1-8）。

表 1-8　中国创业投资累计投资情况（2014—2023 年）[②]

年份	累计投资项目 / 项		累计投资金额 / 亿元	
	全部企业	高新技术企业	全部企业	高新技术企业
2014	14 118	7330	2933.6	1401.9
2015	17 376	8047	3361.2	1493.1

---

① 有效样本数为 3355 份。
② 本表格涉及样本数：累计投资项目样本数为 2846 份，高新技术企业投资项目样本数为 2489 份，累计投资金额样本数为 2821 份，高新技术企业投资金额样本数为 2480 份。

续表

年份	累计投资项目 / 项		累计投资金额 / 亿元	
	全部企业	高新技术企业	全部企业	高新技术企业
2016	19 296	8490	3765.2	1566.8
2017	20 674	8851	4310.2	1627.3
2018	22 396	9279	4769.0	1757.2
2019	25 411	10 200	5635.8	1944.1
2020	28 145	11 235	6271.8	2160.7
2021	31 996	12 937	7283.0	2585.8
2022	35 145	14 427	8027.7	2927.3
2023	37 838	15 755	8819.3	3297.7

2

中国创业投资的投资分析

2.1 中国创业投资行业特征

2.1.1 中国创业投资行业分布 [①]

2023 年，中国创业投资重点行业为半导体，新能源、高效节能技术，生物科技，医药保健和新材料工业。

从投资金额看，半导体，新能源、高效节能技术，生物科技和医药保健吸引了近 50% 的投资，其中，2023 年半导体行业投资金额占比较 2022 年提升了 6.5 个百分点，生物科技、医药保健两个行业均较 2022 年有不同幅度的提升，但新能源、高效节能技术行业投资金额占比有所下降（表 2-1）。

从投资项目看，半导体行业投资项目占比有所上升，从 2022 年的 13.9% 上升至 2023 年的 15.3%；新能源、高效节能技术行业从 2022 年的 8.7% 上升至 2023 年的 9.0%；生物科技、新材料工业两个行业分别从 2022 年的 8.5% 和 7.6% 上升至 2023 年的 9.0% 和 8.9%；医药保健行业从 2022 年的 7.5% 略下降至 2023 年的 7.2%（表 2-2）。

表 2-1 中国创业投资主要投资行业（按投资金额）（2014—2023 年）

行业	2014 年	2015 年	2016 年	2017 年	2018 年	2019 年	2020 年	2021 年	2022 年	2023 年
半导体	1.4%	0.7%	1.0%	0.8%	3.0%	8.5%	10.7%	16.4%	13.9%	20.4%
新能源、高效节能技术	2.9%	3.0%	2.0%	2.0%	5.2%	7.2%	3.1%	4.3%	14.0%	10.3%
生物科技	3.7%	2.1%	1.9%	8.0%	4.5%	3.7%	4.8%	5.2%	8.1%	8.9%
医药保健	7.4%	5.4%	3.7%	9.0%	10.8%	8.1%	14.3%	10.6%	6.1%	7.6%

[①] 有效样本数为 2601 份。

续表

行业	2014 年	2015 年	2016 年	2017 年	2018 年	2019 年	2020 年	2021 年	2022 年	2023 年
新材料工业	3.7%	5.7%	3.4%	1.9%	3.8%	6.1%	4.6%	4.8%	6.3%	7.3%
软件产业	7.4%	7.5%	9.6%	2.2%	5.7%	3.5%	5.4%	5.2%	3.4%	4.6%
科技服务	2.2%	1.8%	1.6%	1.3%	2.9%	3.9%	3.4%	5.0%	3.4%	4.1%
传统制造业	7.6%	3.8%	2.0%	4.0%	5.8%	8.1%	2.2%	3.4%	3.7%	4.1%
金融保险业	2.9%	5.7%	7.0%	5.1%	3.6%	3.9%	2.1%	1.7%	3.8%	3.0%
光电子与光机电一体化	1.9%	0.9%	0.9%	0.8%	1.8%	2.3%	1.4%	1.2%	1.8%	2.2%
计算机硬件产业	4.2%	1.7%	1.3%	0.8%	2.3%	0.8%	4.2%	2.3%	1.6%	2.0%
IT 服务业	3.0%	3.0%	3.3%	2.7%	9.5%	3.6%	3.9%	4.9%	3.3%	1.9%
通信设备	13.8%	18.6%	1.0%	0.7%	1.2%	2.2%	1.4%	2.2%	1.5%	1.6%
批发和零售业	3.8%	1.2%	0.4%	0.5%	1.7%	1.0%	0.9%	1.0%	0.4%	0.9%
网络产业	4.0%	5.1%	34.0%	2.0%	5.1%	6.0%	4.3%	1.9%	1.2%	0.7%
采掘业	0.0%	0.1%	0.0%	20.2%	0.4%	0.2%	0.2%	0.0%	0.0%	0.6%
农林牧副渔	2.0%	1.9%	1.0%	2.4%	1.0%	1.1%	0.8%	0.5%	0.5%	0.5%
交通运输仓储和邮政业	0.2%	1.9%	1.6%	0.9%	0.7%	0.8%	2.3%	1.3%	0.5%	0.5%
房地产业	2.0%	0.9%	0.4%	0.1%	0.8%	0.3%	0.1%	0.0%	0.4%	0.5%
传播与文化娱乐	5.4%	5.5%	3.0%	1.9%	2.7%	5.4%	1.0%	0.9%	1.8%	0.5%
消费产品和服务	1.6%	2.1%	1.4%	2.9%	2.0%	2.2%	5.8%	3.5%	2.1%	0.5%
环保工程	2.8%	2.3%	1.5%	1.8%	1.8%	1.8%	1.1%	1.5%	0.6%	0.3%
核应用技术	0.1%	0.1%	0.0%	0.0%	0.0%	0.1%	0.1%	0.0%	0.0%	0.2%
水电煤气	0.4%	0.5%	0.2%	0.3%	0.1%	0.4%	0.2%	0.3%	0.3%	0.2%
社会服务	2.4%	3.4%	0.9%	2.7%	4.2%	0.6%	4.1%	0.9%	0.1%	0.1%
建筑业	0.6%	0.8%	2.0%	14.4%	0.6%	0.6%	0.7%	0.5%	0.1%	0.0%
其他制造业	3.3%	3.7%	1.7%	3.0%	6.1%	8.8%	7.2%	10.8%	7.1%	9.1%
其他行业	8.5%	10.4%	12.9%	7.5%	9.4%	7.5%	9.4%	9.5%	13.4%	7.7%
其他 IT 产业	1.0%	0.5%	0.6%	0.3%	3.5%	0.5%	0.2%	0.5%	0.6%	0.1%

表 2-2 中国创业投资主要投资行业（按投资项目）(2014—2023 年)

行业	2014 年	2015 年	2016 年	2017 年	2018 年	2019 年	2020 年	2021 年	2022 年	2023 年
半导体	1.8%	1.2%	1.3%	3.1%	3.5%	5.6%	9.4%	11.2%	13.9%	15.3%
新能源、高效节能技术	4.2%	4.2%	3.8%	3.7%	3.9%	4.1%	4.0%	4.9%	8.7%	9.0%
生物科技	4.1%	3.5%	4.4%	5.3%	5.6%	5.6%	7.0%	7.5%	8.5%	9.0%
新材料工业	5.9%	5.5%	5.5%	4.4%	4.4%	5.4%	6.0%	5.9%	7.6%	8.9%
医药保健	5.3%	4.1%	5.4%	6.1%	7.4%	8.7%	10.7%	10.2%	7.5%	7.2%
科技服务	2.6%	3.1%	4.5%	5.4%	4.5%	7.8%	4.3%	5.4%	4.5%	5.6%
软件产业	9.4%	7.4%	7.6%	7.2%	6.8%	5.1%	7.1%	7.1%	6.6%	5.0%
传统制造业	5.0%	4.4%	3.6%	4.7%	4.2%	3.3%	3.1%	2.8%	3.7%	3.8%
IT 服务业	5.7%	5.8%	6.7%	5.1%	8.8%	5.1%	6.2%	6.2%	4.1%	2.8%
光电子与光机电一体化	2.9%	2.1%	2.1%	1.7%	2.0%	2.6%	2.3%	1.9%	1.8%	2.4%
金融保险业	3.6%	5.2%	3.1%	3.5%	2.9%	4.1%	2.4%	2.0%	2.2%	2.4%
计算机硬件产业	1.7%	1.8%	1.9%	2.4%	2.6%	1.9%	3.3%	1.6%	1.5%	2.3%
通信设备	8.3%	5.8%	2.0%	1.5%	2.0%	2.5%	2.0%	1.8%	2.1%	1.7%
网络产业	8.9%	10.6%	11.4%	4.5%	5.3%	5.8%	2.9%	2.4%	1.4%	1.1%
农林牧副渔	2.7%	2.0%	1.9%	1.8%	1.2%	0.8%	0.9%	0.9%	0.7%	1.0%
批发和零售业	1.9%	1.1%	0.7%	1.4%	1.9%	1.3%	1.0%	1.2%	0.8%	0.9%
消费产品和服务	2.6%	2.7%	3.1%	4.9%	3.8%	4.1%	3.6%	3.0%	1.3%	0.8%
传播与文化娱乐	3.8%	4.3%	5.3%	5.1%	3.9%	2.5%	1.4%	0.9%	0.7%	0.6%
环保工程	3.0%	3.1%	3.1%	3.4%	1.9%	2.5%	1.5%	1.7%	0.8%	0.5%
社会服务	1.7%	3.1%	2.0%	1.9%	3.2%	1.0%	1.4%	0.6%	0.4%	0.3%
水电煤气	0.2%	0.3%	0.1%	0.3%	0.1%	0.2%	0.1%	0.2%	0.5%	0.2%
交通运输仓储和邮政业	0.2%	0.9%	0.9%	1.4%	0.9%	0.8%	0.5%	0.7%	0.4%	0.2%
房地产业	0.2%	0.4%	0.2%	0.2%	0.4%	0.3%	0.1%	0.1%	0.1%	0.2%
核应用技术	0.0%	0.0%	0.1%	0.1%	0.1%	0.1%	0.1%	0.0%	0.0%	0.2%
建筑业	0.6%	0.6%	0.6%	1.4%	0.6%	0.4%	0.8%	0.3%	0.2%	0.1%
采掘业	0.0%	0.0%	0.1%	0.4%	0.1%	0.1%	0.1%	0.0%	0.0%	0.1%
其他行业	8.1%	10.9%	13.7%	10.4%	9.0%	7.9%	8.9%	10.9%	9.4%	9.5%
其他制造业	4.1%	5.3%	4.1%	7.2%	6.5%	8.6%	8.6%	8.0%	9.8%	9.0%
其他 IT 产业	1.6%	1.0%	1.0%	1.4%	2.8%	1.2%	0.4%	0.8%	1.0%	0.3%

按行业大类统计，2023年半导体所在的"计算机、通信和其他电子设备制造业"是吸引最多投资项目和投资金额的行业，新能源和环保业、医药生物业分别位列第二、第三（表2-3）。

表2-3 主要投资行业大类分布（2021—2023年）[①]

行业划分（代码）			2021 年		2022 年		2023 年	
			投资金额	投资项目	投资金额	投资项目	投资金额	投资项目
C9	新能源和环保业	核应用技术	10.7%	12.5%	20.8%	17.0%	18.1%	18.6%
		环保工程						
		新材料工业						
		新能源、高效节能技术						
C7	计算机、通信和其他电子设备制造业	半导体	22.1%	16.5%	18.8%	19.3%	26.2%	21.6%
		光电子与光机电一体化						
		计算机硬件产业						
		通信设备						
I	信息传输、软件和信息服务业	IT 服务业	12.4%	16.6%	8.5%	13.0%	7.3%	9.1%
		其他 IT 产业						
		软件产业						
		网络产业						
C8	医药生物业	生物科技	15.7%	17.7%	14.2%	15.9%	16.5%	16.2%
		医药保健						
C12	其他制造业		10.8%	8.0%	7.1%	9.8%	9.1%	9.0%
CA	传统制造业		3.4%	2.8%	3.7%	3.7%	4.1%	3.8%
O	其他行业		9.5%	10.9%	13.4%	9.4%	7.7%	9.5%
N	传播与文化娱乐		0.9%	0.9%	1.8%	0.7%	0.5%	0.6%
J	金融保险业		1.7%	2.0%	3.8%	2.2%	0.5%	2.4%

---

① 有效样本数为 2601 份。

　　按照概念板块划分，自 2018 年以来，整体上看热门概念板块吸引投资在金额和项目上均有所下降（图 2-1、图 2-2）。2023 年从概念板块投资金额情况看，绿色经济、人工智能、物联网与大数据为热门概念板块，占比分别为 8.3%、8.2% 和 6.8%。从投资项目看，人工智能吸引了 10.5% 的投资项目，物联网与大数据、绿色经济投资项目占比分别为 8.0% 和 7.0%。（表 2-4）。

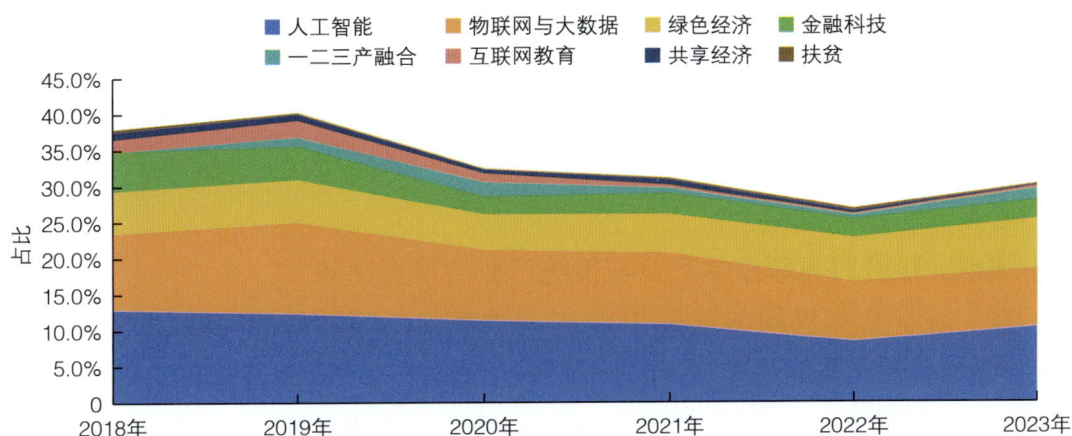

图 2-1　投资项目概念板块分布（按投资项目）（2018—2023 年）

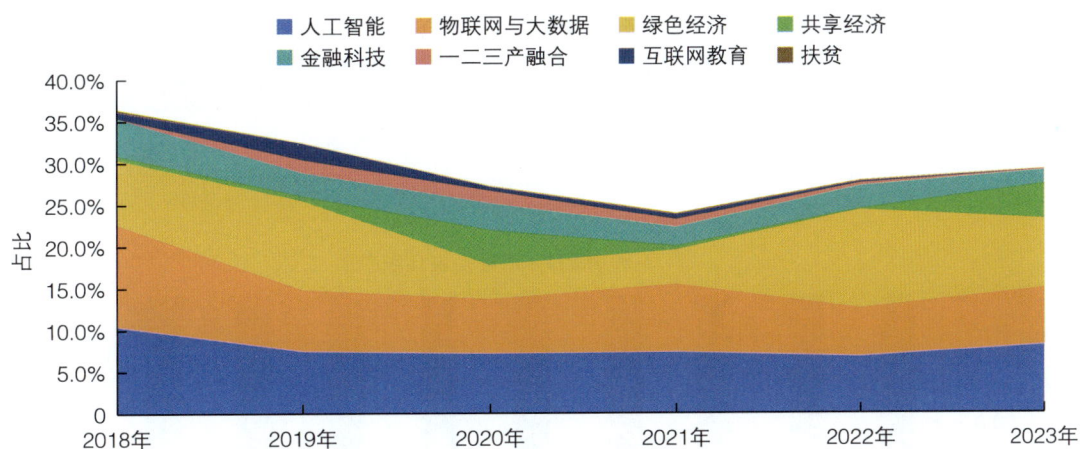

图 2-2　投资项目概念板块分布（按投资金额）（2018—2023 年）

表 2-4　投资项目的概念板块分布（按投资金额与投资项目）（2023 年）[①]

概念板块	投资金额占比	投资项目占比
绿色经济	8.3%	7.0%
人工智能	8.2%	10.5%
物联网与大数据	6.8%	8.0%
金融科技	1.7%	2.5%
一二三产融合	0.1%	1.7%
互联网教育	0.0%	0.4%
扶贫	0.0%	0.1%
共享经济	4.1%	0.1%
其他	70.9%	69.6%

2.1.2　中国创业投资对高新技术产业与传统产业的投资比较[②]

2023 年，创业投资机构的投资重点进一步聚焦，高新技术产业占比为近 10 年来最高。从投资金额看，高新技术产业占比较 2022 年增长了 7.0 个百分点，从 65.7% 上升至 72.7%（表 2-5、图 2-3）。从投资项目看，2023 年高新技术产业占比从 2022 年的 69.8% 上升至 71.2%（表 2-6、图 2-4）。

表 2-5　高新技术产业与传统产业（按投资金额）（2014—2023 年）

产业	2014 年	2015 年	2016 年	2017 年	2018 年	2019 年	2020 年	2021 年	2022 年	2023 年
高新技术产业	65.4%	59.0%	60.9%	55.7%	61.5%	64.0%	67.2%	68.7%	65.7%	72.7%
传统产业	34.6%	41.0%	39.1%	44.3%	38.5%	36.0%	32.8%	31.3%	34.3%	27.3%

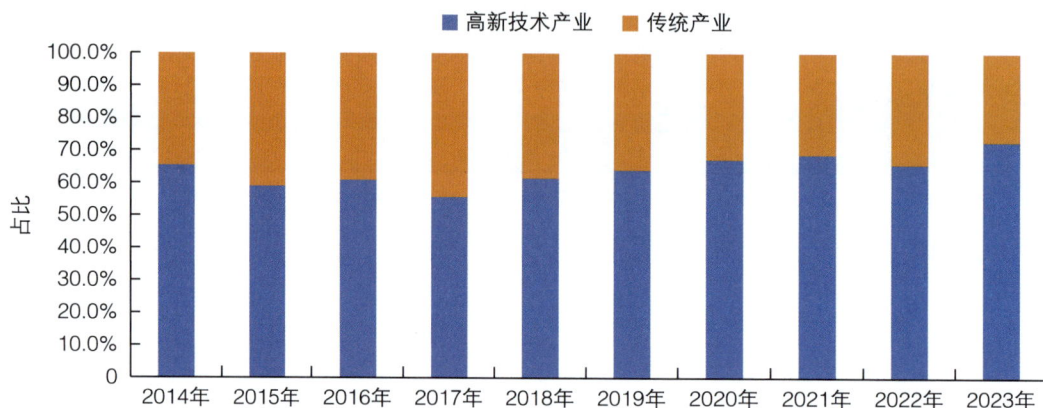

图 2-3　高新技术产业与传统产业（按投资金额）（2014—2023 年）

[①]　有效样本数为 2107 份。表格按投资金额占比排序。
[②]　高新技术产业项目样本数为 1852 份，传统产业项目样本数为 749 份。

表 2–6　高新技术产业与传统产业（按投资项目）（2014—2023 年）

产业	2014 年	2015 年	2016 年	2017 年	2018 年	2019 年	2020 年	2021 年	2022 年	2023 年
高新技术产业	59.3%	58.2%	65.6%	54.5%	61.5%	58.5%	63.2%	65.8%	69.8%	71.2%
传统产业	40.7%	41.8%	34.4%	45.5%	38.5%	41.5%	36.8%	34.2%	30.2%	28.8%

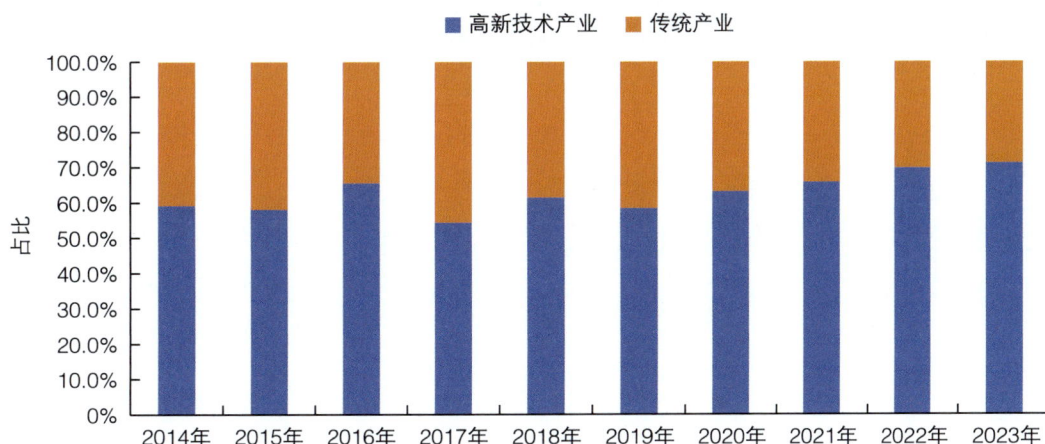

图 2–4　高新技术产业与传统产业（按投资项目）（2014—2023 年）

2.2　中国创业投资的投资阶段

2.2.1　中国创业投资所处阶段总体分布[①]

2023 年，中国创业投资机构的投资仍然主要集中在起步期和成长（扩张）期，从投资金额、投资项目看，累计占比分别为 79.1% 和 76.8%（表 2–7）。

表 2–7　投资项目所处阶段总体分布（按投资金额与投资项目）（2023 年）

阶段	投资金额	投资项目
种子期	12.9%	18.4%
起步期	26.9%	34.7%
成长（扩张）期	52.2%	42.1%
成熟（过渡）期	6.2%	4.2%
重建期	1.8%	0.5%

①　有效样本数为 2510 份。

从投资金额看，与 2022 年相比，2023 年种子期、成长（扩张）期的占比有所上升，起步期占比有所下降。种子期、起步期、成长（扩张）期占比分别为 12.9%、26.9% 和 52.2%（表 2-8、图 2-5）。

表 2-8　投资项目所处阶段分布（按投资金额）（2014—2023 年）

阶段	2014 年	2015 年	2016 年	2017 年	2018 年	2019 年	2020 年	2021 年	2022 年	2023 年
种子期	5.6%	8.1%	4.3%	4.5%	10.9%	15.6%	9.1%	13.2%	8.8%	12.9%
起步期	25.2%	21.5%	30.3%	20.8%	33.0%	34.8%	23.9%	28.0%	33.1%	26.9%
成长（扩张）期	59.0%	54.4%	38.5%	44.7%	44.6%	35.7%	55.6%	43.5%	48.0%	52.2%
成熟（过渡）期	10.1%	15.2%	26.3%	29.9%	10.4%	13.7%	11.2%	14.6%	9.8%	6.2%
重建期	0.1%	0.7%	0.6%	0.2%	1.1%	0.2%	0.2%	0.7%	0.3%	1.8%

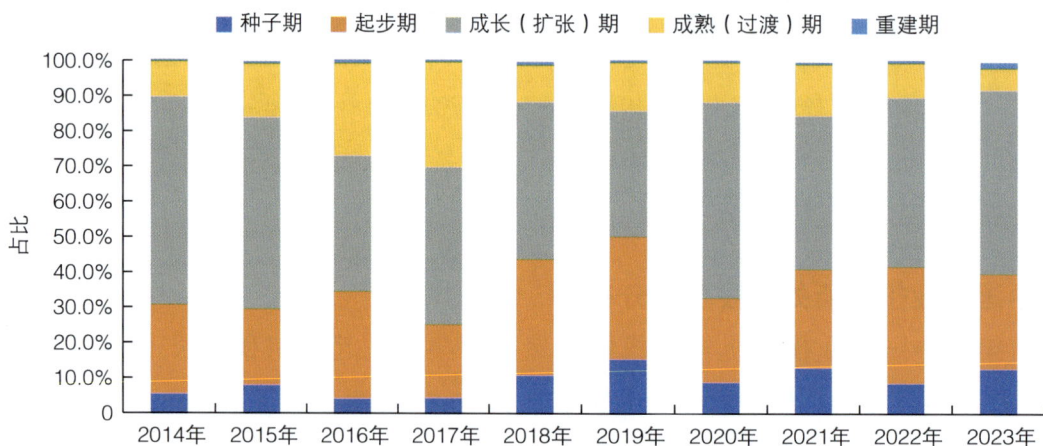

图 2-5　投资项目所处阶段分布（按投资金额）（2014—2023 年）

从投资项目看，投早、投小不足，种子期、起步期占比从 2022 年的 20.2% 和 35.3% 分别下降到 2023 年的 18.4% 和 34.7%，成长（扩张）期占比略有上升，从 2022 年的 39.4% 上升至 2023 年的 42.1%（表 2-9、图 2-6）。

表 2-9　投资项目所处阶段分布（按投资项目）（2014—2023 年）

阶段	2014 年	2015 年	2016 年	2017 年	2018 年	2019 年	2020 年	2021 年	2022 年	2023 年
种子期	20.8%	18.2%	19.6%	17.8%	24.1%	22.2%	18.4%	23.6%	20.2%	18.4%
起步期	36.6%	35.6%	38.9%	39.5%	40.3%	39.4%	31.9%	32.5%	35.3%	34.7%
成长（扩张）期	35.9%	40.2%	35.0%	36.2%	29.5%	32.0%	42.6%	37.7%	39.4%	42.1%

阶段	2014 年	2015 年	2016 年	2017 年	2018 年	2019 年	2020 年	2021 年	2022 年	2023 年
成熟（过渡）期	6.5%	5.4%	5.7%	5.9%	5.4%	6.0%	6.7%	5.7%	4.8%	4.2%
重建期	0.3%	0.7%	0.8%	0.6%	0.8%	0.3%	0.4%	0.4%	0.3%	0.5%

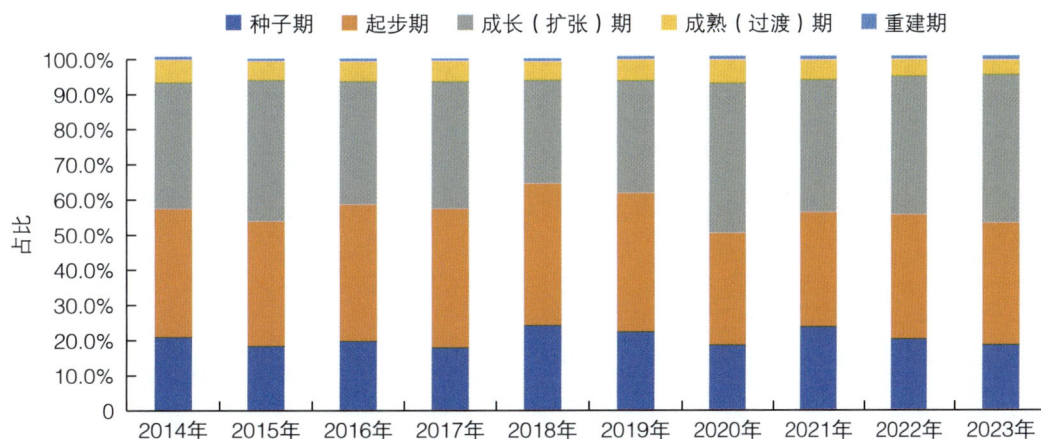

图 2-6　投资项目所处阶段分布（按投资项目）(2014—2023 年)

2.2.2　中国创业投资在主要行业投资项目的阶段分布

按照行业划分，从投资金额看，2023 年社会服务、其他 IT 产业投资于种子期的金额占比相对较高。而半导体、医药保健和生物科技等行业投资于起步期和成长（扩张）期的金额占比较多（表 2-10）。

表 2-10　主要行业投资阶段分布（按投资金额）(2023 年) ①

行业	种子期	起步期	成长（扩张）期	成熟（过渡）期	重建期
社会服务	31.9%	9.1%	59.0%	—	—
其他 IT 产业	30.6%	6.3%	63.2%	—	—
光电子与光机电一体化	21.4%	36.6%	31.7%	10.4%	—
金融保险业	19.9%	25.7%	43.5%	10.9%	—
消费产品和服务	19.8%	9.7%	70.5%	—	—
其他行业	19.1%	34.3%	42.9%	3.3%	0.4%
科技服务	18.2%	25.7%	49.5%	6.2%	0.5%
半导体	16.5%	29.6%	47.9%	4.9%	1.1%

---

① 有效样本数为 2479 份。表格按种子期占比高低排序，同表 2-11。

续表

行业	种子期	起步期	成长（扩张）期	成熟（过渡）期	重建期
新材料工业	16.1%	19.7%	53.8%	10.4%	—
计算机硬件产业	15.7%	18.7%	64.0%	1.6%	—
传统制造业	15.6%	15.0%	56.7%	12.2%	0.5%
新能源、高效节能技术	12.9%	27.3%	50.8%	7.3%	1.8%
医药保健	12.7%	30.1%	53.0%	4.1%	—
批发和零售业	12.6%	22.3%	65.1%	—	—
环保工程	12.3%	22.1%	43.8%	21.8%	—
水电煤气	9.4%	—	14.3%	76.3%	—
生物科技	7.0%	29.3%	52.5%	3.5%	7.7%
其他制造业	6.6%	20.9%	60.2%	9.9%	2.5%
核应用技术	5.4%	—	94.6%	—	—
通信设备	5.4%	32.7%	60.3%	1.7%	—
IT 服务业	4.9%	34.6%	56.4%	1.8%	2.3%
网络产业	4.5%	47.6%	25.0%	23.0%	—
软件产业	4.5%	16.9%	76.3%	2.4%	—
传播与文化娱乐	0.9%	53.3%	45.5%	—	0.3%
农林牧副渔	0.0%	20.6%	40.2%	39.2%	—
采掘业	—	—	100.0%	—	—
交通运输仓储和邮政业	—	17.4%	13.8%	—	68.8%

　　从投资项目看，2023 年半导体，新能源、高效节能技术，医药保健，生物科技等行业主要投资于起步期、成长（扩张）期，早期投资偏少（表 2–11）。

表 2–11 主要行业投资阶段分布（按投资项目）（2023 年）[①]

行业	种子期	起步期	成长（扩张）期	成熟（过渡）期	重建期
社会服务	50.0%	25.0%	25.0%	—	—
其他 IT 产业	44.4%	11.1%	44.4%	—	—
消费产品和服务	40.0%	25.0%	35.0%	—	—
金融保险业	39.6%	41.5%	17.0%	1.9%	—
光电子与光机电一体化	35.5%	32.3%	29.0%	3.2%	—
核应用技术	33.3%	—	66.7%	—	—
水电煤气	25.0%	—	25.0%	50.0%	—
其他行业	24.0%	25.8%	46.2%	3.6%	0.5%
医药保健	21.8%	39.7%	35.8%	2.8%	—
网络产业	21.4%	39.3%	32.1%	7.1%	—
新能源、高效节能技术	21.4%	36.4%	37.7%	4.1%	0.5%
科技服务	19.9%	30.2%	43.4%	5.9%	0.7%
新材料工业	18.7%	31.8%	43.0%	6.5%	—
生物科技	17.8%	40.9%	37.8%	2.6%	0.9%
计算机硬件产业	16.7%	37.0%	42.6%	3.7%	—
软件产业	16.4%	35.9%	44.5%	3.1%	—
环保工程	15.4%	23.1%	38.5%	23.1%	—
其他制造业	14.6%	30.5%	48.7%	5.3%	0.9%
IT 服务业	14.3%	38.6%	44.3%	1.4%	1.4%
传统制造业	13.0%	21.7%	53.3%	10.9%	1.1%
通信设备	11.4%	36.4%	47.7%	4.6%	—
半导体	10.8%	41.4%	44.2%	3.1%	0.5%
批发和零售业	9.1%	31.8%	59.1%	—	—
传播与文化娱乐	6.3%	62.5%	25.0%	—	6.3%
采掘业	—	—	100.0%	—	—
交通运输仓储和邮政业	—	60.0%	20.0%	—	20.0%

---

① 有效样本数为 2479 份。

按照投资的概念板块划分。从投资金额看，2023 年，投资于物联网与大数据、人工智能的资金主要集中在起步期和成长（扩张）期。一二三产融合主要的投资集中在成长（扩张）期和成熟（过渡）期。互联网教育、绿色经济、金融科技的投资则主要集中在成长（扩张）期（表 2-12）。

表 2-12　概念板块投资阶段分布（按投资金额）（2023 年）[①]

概念板块	种子期	起步期	成长（扩张）期	成熟（过渡）期	重建期
互联网教育	0.2%	2.4%	97.5%	—	—
物联网与大数据	7.6%	38.8%	48.9%	4.0%	0.9%
绿色经济	13.2%	21.1%	55.9%	10.0%	—
共享经济	99.1%	—	0.9%	—	—
人工智能	11.1%	38.7%	43.6%	5.7%	1.1%
金融科技	6.8%	10.2%	78.5%	4.8%	
扶贫	—	—	100.0%	—	—
一二三产融合	21.1%	14.7%	31.1%	33.3%	—
其他	14.1%	26.3%	60.0%	5.7%	0.1%

从投资项目看，2023 年人工智能概念板块的投资项目主要集中在起步期；而一二三产融合、绿色经济、互联网教育、物联网与大数据、金融科技等概念板块都集中在了成长（扩张）期（表 2-13）。

表 2-13　概念板块投资阶段分布（按投资项目）（2023 年）[②]

概念板块	种子期	起步期	成长（扩张）期	成熟（过渡）期	重建期
一二三产融合	20.0%	25.7%	45.7%	8.6%	—
人工智能	23.5%	46.2%	27.2%	2.3%	0.9%
绿色经济	22.6%	31.5%	42.5%	3.4%	—
互联网教育	12.5%	12.5%	75.0%	—	—
扶贫	—	—	100.0%	—	—
物联网与大数据	14.0%	37.2%	43.3%	4.3%	1.2%
金融科技	32.7%	20.4%	44.9%	2.0%	—
共享经济	66.7%	—	33.3%	—	—
其他	17.9%	34.9%	43.0%	4.1%	0.1%

---

① 有效样本数为 2057 份。

② 有效样本数为 2107 份。

2.3 中国创业投资的投资强度

2.3.1 中国创业投资强度的变化趋势与行业差异 [①]

数据显示，我国创业投资强度自 1995 年以来总体呈上升趋势，到 2011 年达到顶峰，此后逐年下滑，2016 年到达谷底后开始出现探底回升。2023 年投资强度从 2022 年的 1454.23 万元/项提升至 1549.43 万元/项（表 2-14、图 2-7）。

表 2-14 项目的投资强度分布（2014—2023 年）　　　　单位：万元/项

年份	投资强度	年份	投资强度
2014	1129.53	2019	1231.60
2015	1089.26	2020	1426.36
2016	1014.76	2021	1493.46
2017	1085.55	2022	1454.23
2018	1222.06	2023	1549.43

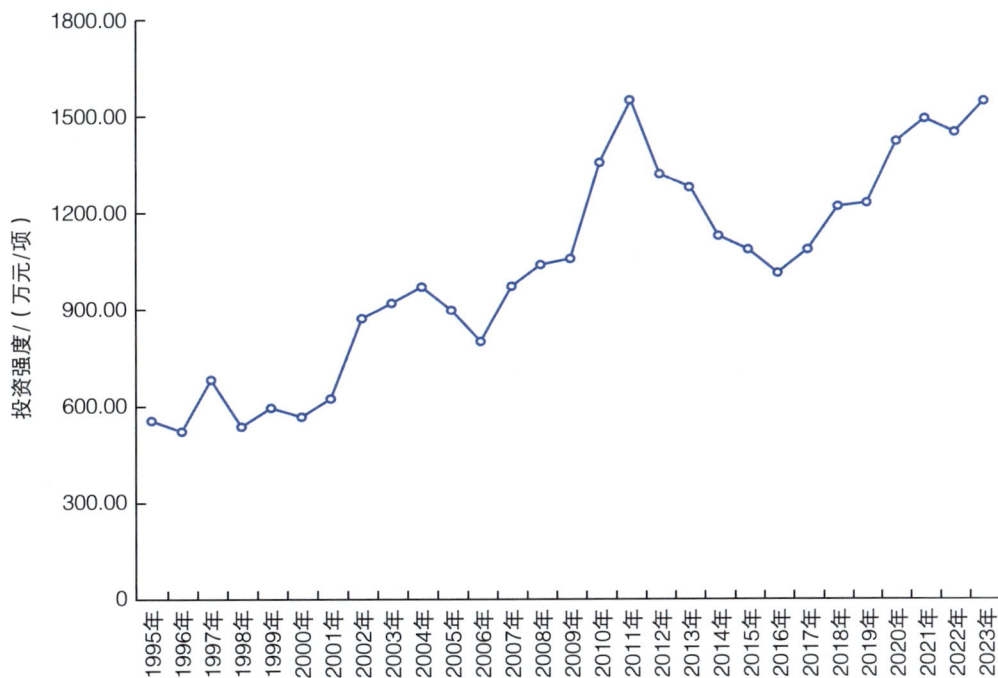

图 2-7 中国创业投资的投资强度（1995—2023 年）

---

① 有效样本数为 2686 份。

按行业划分[①]，2023 年水电煤气、交通运输仓储和邮政业、采掘业的投资强度超过 2000 万元/项；半导体的投资强度超过 1800 万元/项，不足 1900 万元/项（表 2-15、图 2-8）。

表 2-15　不同行业的投资强度（2014—2023 年）　　　　单位：万元/项

行业	2014 年	2015 年	2016 年	2017 年	2018 年	2019 年	2020 年	2021 年	2022 年	2023 年
水电煤气	1232.5	1845.4	—	2790.0	1315.9	1698.3	699.3	425.0	1685.8	2298.0
交通运输仓储和邮政业	1762.5	1633.9	1148.4	1198.3	825.9	1032.4	1084.3	1635.8	1088.3	2264.8
采掘业	200.0	3002.0	290.0	1968.4	6000.0	3750.0	3146.7	2000.0	2000.0	2200.0
批发和零售业	1638.7	947.8	1075.6	1069.3	762.8	1063.6	1292.3	1441.5	1203.4	1970.9
半导体	1322.8	856.4	1064.9	892.6	1133.0	1399.6	1666.7	1675.9	1623.1	1864.1
新能源、高效节能技术	1059.2	1054.3	1089.9	1430.0	1390.4	1204.5	1352.9	1492.0	1765.5	1768.5
其他制造业	1181.2	1107.6	921.1	1031.7	999.4	1291.4	1522.5	1606.3	1337.7	1740.9
通信设备	1540.4	1268.5	1200.5	948.5	899.0	1100.2	1633.5	1609.1	1229.1	1725.3
核应用技术	2500.0	4000.0	1176.0	352.5	180.0	2600.0	3263.0	1260.0	—	1680.0
传统制造业	1032.4	1115.1	1122.4	1356.7	1239.2	1593.7	1586.8	1892.4	1563.9	1636.5
医药保健	1429.6	1190.4	1212.9	1321.3	1805.7	1445.9	1772.6	1656.2	1499.5	1634.7
新材料工业	1006.4	1416.6	1033.1	1194.0	1176.0	1280.6	1510.3	1517.9	1455.3	1529.6
环保工程	1559.3	1311.4	1184.6	1291.8	846.1	947.2	1290.7	1106.8	1373.9	1502.3
计算机硬件产业	1225.9	1067.8	908.0	991.1	1294.7	1002.2	1599.1	1451.7	1511.8	1474.0
IT 服务业	843.4	895.5	854.1	1005.4	1064.5	1087.3	1209.3	1522.8	1314.4	1461.5
传播与文化娱乐	1543.3	961.0	907.5	872.3	865.4	859.3	1044.1	1071.8	1504.9	1442.4
软件产业	945.0	907.7	751.3	939.7	1031.6	1063.0	1062.4	1502.3	1086.4	1394.4
光电子与光机电一体化	863.4	769.8	708.2	1290.4	1113.1	1353.7	1190.2	1668.0	1285.6	1394.3
消费产品和服务	1053.3	1260.2	781.0	877.3	833.2	889.6	1654.3	1564.9	1364.8	1387.2
房地产业	511.0	2193.6	365.0	2160.0	634.3	2223.5	980.3	795.5	2700.0	1326.7
其他行业	1400.5	1156.7	1179.8	1204.1	1135.0	962.4	1240.4	1043.8	1421.7	1323.6
生物科技	1059.2	1130.9	1091.2	1110.0	1227.1	1249.8	1534.1	1377.6	1515.3	1304.1
农林牧副渔	1036.7	1517.0	1073.9	1107.3	1217.9	996.9	883.2	1551.2	1395.4	1253.4
金融保险业	929.0	1216.9	1469.1	931.3	1166.4	1579.4	1235.5	1099.2	1117.8	1241.6

---

① 有效样本数为 2686 份。

续表

行业	2014年	2015年	2016年	2017年	2018年	2019年	2020年	2021年	2022年	2023年
科技服务	903.1	854.1	708.9	709.2	990.5	1036.7	1227.9	1419.0	1230.8	1235.1
网络产业	742.8	794.4	1007.9	891.1	1022.3	772.4	1070.7	1703.9	852.7	1022.3
社会服务	1147.2	752.7	771.4	977.3	1058.3	885.6	1410.6	1585.9	649.0	809.6
其他IT产业	971.1	849.4	695.7	729.3	1342.8	868.5	1050.8	1357.4	1306.3	618.1
建筑业	1346.9	1181.1	700.3	1809.1	1644.5	1244.4	1433.2	1166.7	1027.9	398.5

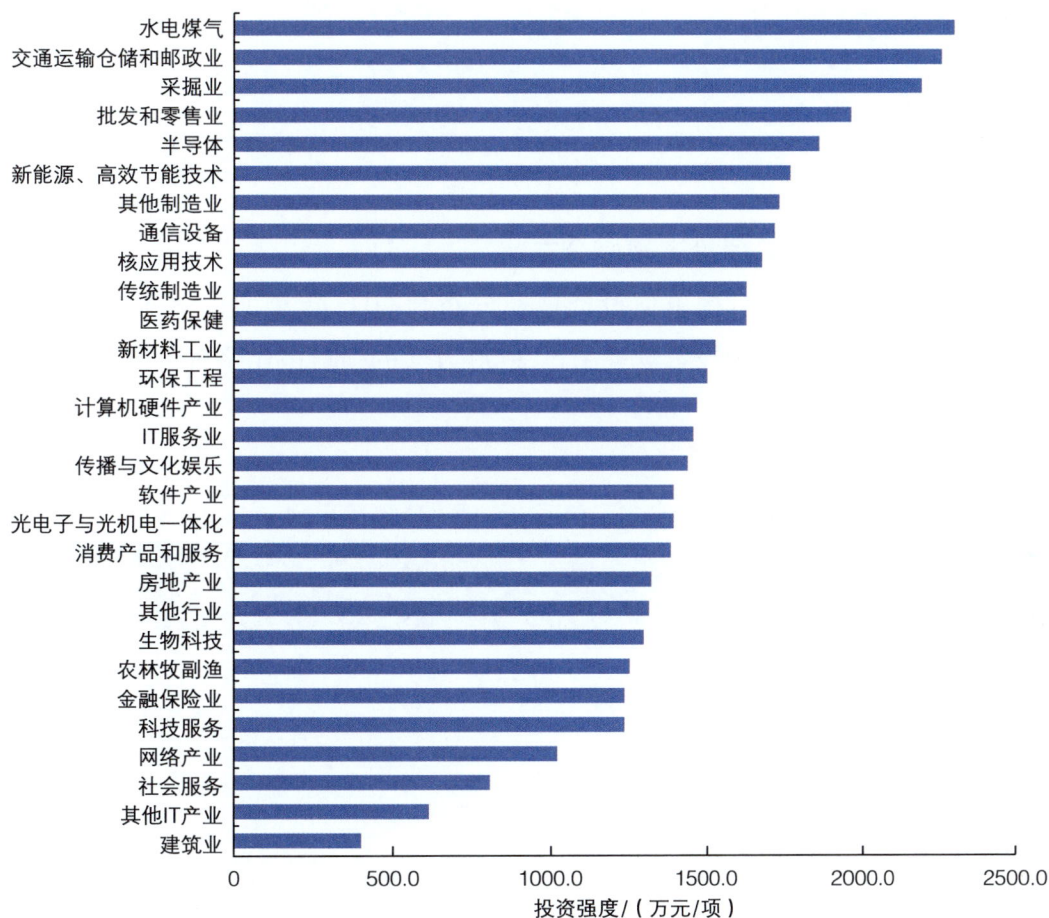

图 2-8 不同行业的投资强度（2023年）

从概念板块看投资强度[①]，2023年，金融科技投资强度远超其他概念板块，从2022年的2509.8万元/项提升至3795.6万元/项。绿色经济投资强度较2022年大幅下降，从2022年的4191.1万元/项下降至2730.8万元/项（表2-16）。

————————
① 有效样本数为2107份。

表 2-16 概念板块的投资强度（2020—2023 年）　　　　　　单位：万元/项

概念板块	2020 年	2021 年	2022 年	2023 年
金融科技	2541.7	2022.8	2509.8	3795.6
绿色经济	1509.8	1877.5	4191.1	2730.8
其他	1980.4	2738.6	2164.5	2351.2
一二三产融合	1332.3	2835.7	1240.7	2308.8
物联网与大数据	1229.5	2042.2	1544.4	1954.8
人工智能	1157.4	1676.7	1758.6	1791.3
互联网教育	650.1	3221.4	1505.6	851.3
扶贫	1485.0	1786.0	591.7	366.7
共享经济	14 387.7	1325.3	172.5	37.0

2.3.2　中国创业投资机构单项投资规模分布[①]

2023 年，中国创业投资机构单项投资规模分布与 2022 年相似，主要集中在 500 万元以上，累计占比为 72.9%，单项投资规模超过 2000 万元的项目占比略有上升，占比为 23.3%（表 2-17、图 2-9）。

表 2-17　中国创业投资机构单项投资规模分布（2014—2023 年）

年份	100 万元以下	100 万～300 万元	300 万～500 万元	500 万～1000 万元	1000 万～2000 万元	2000 万元以上
2014	12.3%	19.1%	13.9%	18.3%	20.4%	15.9%
2015	14.5%	17.5%	15.3%	19.9%	17.2%	15.6%
2016	15.9%	18.1%	15.5%	20.9%	15.8%	13.8%
2017	10.7%	18.0%	17.7%	21.2%	18.1%	14.2%
2018	8.9%	18.1%	16.9%	20.0%	18.3%	17.9%
2019	8.9%	16.0%	16.1%	23.1%	19.5%	16.4%
2020	7.4%	12.0%	14.1%	22.2%	22.7%	21.5%
2021	9.9%	9.5%	11.0%	23.1%	23.5%	22.9%
2022	9.0%	9.3%	12.4%	23.6%	24.1%	21.5%
2023	5.6%	9.1%	12.6%	25.2%	24.4%	23.3%

①　有效样本数为 2686 份。

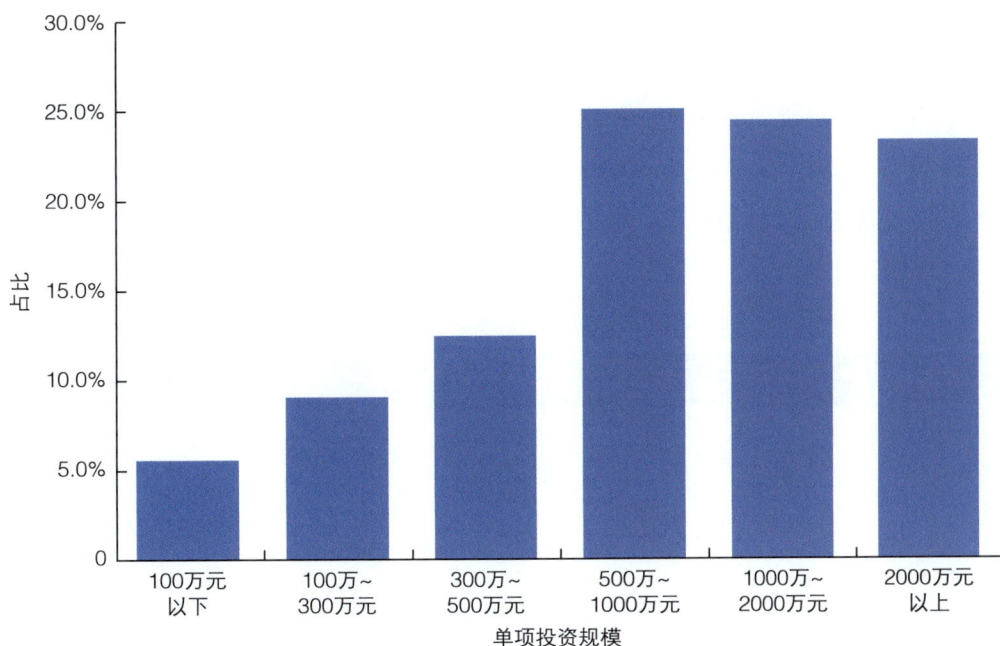

图 2-9　中国创业投资机构单项投资规模分布（2023 年）

2.3.3　中国创业投资机构联合投资的单项投资规模分布

2023 年，联合投资项目中单项投资规模在 100 万元以下的占比从 2022 年的 11.3% 上升至 14.0%，而单项投资规模在 2000 万元以上的联合投资项目占比从 2022 年的 23.4% 下降至 18.5%（表 2-18）。

表 2-18　联合投资的单项投资规模分布（2014—2023 年）[①]

年份	100 万元以下	100 万 ~ 500 万元	500 万 ~ 1000 万元	1000 万 ~ 2000 万元	2000 万元以上
2014	16.0%	27.6%	10.4%	23.3%	22.7%
2015	11.4%	28.5%	23.2%	21.3%	15.6%
2016	14.6%	32.5%	20.4%	10.7%	21.8%
2017	11.1%	32.9%	19.6%	19.6%	16.9%
2018	15.0%	29.9%	18.7%	20.9%	15.5%
2019	10.3%	37.6%	21.2%	22.4%	8.5%
2020	16.5%	26.3%	19.1%	17.5%	20.6%
2021	26.8%	20.3%	20.9%	18.4%	13.6%
2022	11.3%	27.6%	17.6%	20.1%	23.4%
2023	14.0%	18.5%	27.0%	22.1%	18.5%

---

① 有效样本数为 222 份。

2.4 中国创业投资的首轮投资与后续投资

2023 年，中国创业投资的首轮投资与后续投资^①占比分别为 57.7% 和 42.3%。与 2022 年相比，首轮投资从 64.1% 下降至 57.7%，后续投资从 35.9% 上升至 42.3%。总体来看，新项目的投资有所减少（表 2-19、图 2-10）。

表 2-19 首轮投资与后续投资（2014—2023 年）

年份	首轮投资	后续投资
2014	68.1%	31.9%
2015	62.7%	37.3%
2016	69.0%	31.0%
2017	72.7%	27.3%
2018	70.9%	29.1%
2019	70.3%	29.7%
2020	64.3%	35.7%
2021	61.3%	38.7%
2022	64.1%	35.9%
2023	57.7%	42.3%

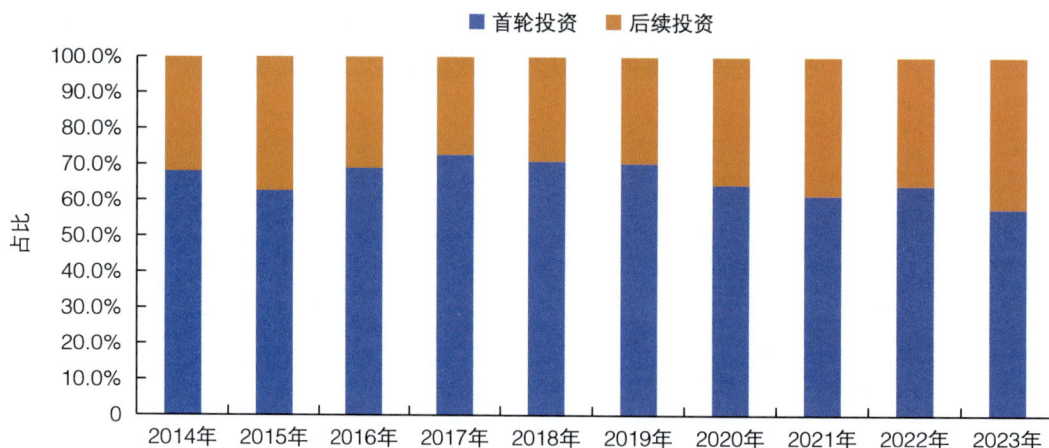

图 2-10 首轮投资与后续投资（2014—2023 年）

① 有效样本数为 1744 份。

2.5 中国创业投资机构持股结构

2023 年，中国创业投资机构的持股结构 [①] 仍然以参股为主，持股比例在 10% 以下的项目占比从 2022 年的 83.2% 下降至 82.8%（表 2-20、图 2-11）。

表 2-20 中国创业投资机构持股结构分布（2014—2023 年）

年份	10% 以下	10% ~ 20%	20% ~ 30%	30% ~ 40%	40% ~ 50%	50% 以上
2014	50.8%	26.4%	9.3%	5.6%	4.6%	3.3%
2015	63.5%	21.9%	6.1%	3.0%	2.1%	3.5%
2016	67.0%	19.2%	5.0%	3.3%	2.4%	3.1%
2017	68.6%	18.1%	5.7%	3.1%	2.2%	2.3%
2018	67.0%	16.9%	5.8%	3.4%	2.4%	4.6%
2019	70.0%	17.5%	5.4%	2.5%	1.7%	2.8%
2020	78.8%	12.2%	3.3%	1.8%	1.4%	2.5%
2021	80.8%	11.5%	2.8%	1.6%	1.4%	1.9%
2022	83.2%	9.1%	2.6%	1.7%	1.4%	2.1%
2023	82.8%	9.3%	2.3%	1.6%	1.0%	3.1%

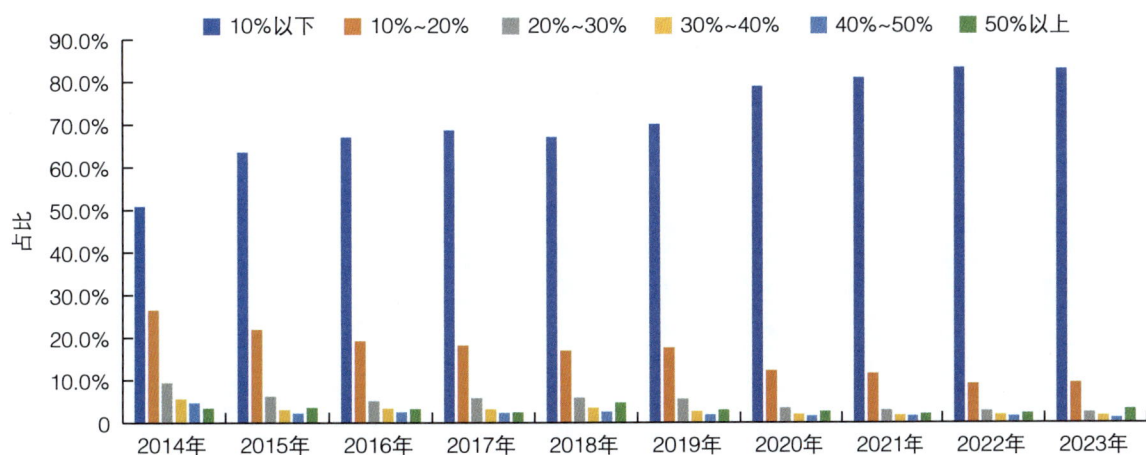

图 2-11 中国创业投资机构持股结构分布（2014—2023 年）

---

① 有效样本数为 2621 份。

2.6 中国创业投资项目平均 R&D 投入

2.6.1 中国创业投资行业的平均 R&D 投入

整体而言，2023年被投行业R&D投入较2022年有所下降。其中，2023年计算机硬件产业、半导体的平均R&D投入大幅提升，分别从2022年的2043.0万元和3630.9万元大幅提升至6615.1万元和6592.6万元（表2-21）[①]。

表 2-21 不同行业的平均 R&D 投入（2020—2023 年）　　　　　单位：万元

行业	2020 年	2021 年	2022 年	2023 年
计算机硬件产业	3411.8	3056.3	2043.0	6615.1
半导体	12 528.3	8759.4	3630.9	6592.6
其他制造业	2288.6	2344.5	3388.1	4804.1
科技服务	3619.7	3274.7	4896.0	4330.4
通信设备	2803.9	2481.4	3014.0	3797.5
新能源、高效节能技术	6398.2	5271.7	3698.6	3724.3
IT 服务业	6363.3	3825.5	4879.4	3516.6
软件产业	5746.9	3433.8	2339.9	3374.1
生物科技	8463.0	8753.8	2630.3	2941.7
其他 IT 产业	1384.6	1368.6	606.2	2782.0
医药保健	3666.8	3276.0	3528.3	2663.6
新材料工业	1831.7	1598.7	2352.5	2077.1
传统制造业	3967.8	3353.2	1847.5	2051.4
批发和零售业	1632.1	1462.9	4596.0	1579.9
社会服务	1946.0	1876.2	12.6	1100.0
建筑业	778.9	1057.7	704.0	1000.0
光电子与光机电一体化	1677.2	1536.5	1773.7	991.9
农林牧副渔	1271.1	1299.3	591.8	724.4
环保工程	544.1	688.1	1493.5	707.4
网络产业	1974.1	1909.0	1482.8	489.7
交通运输仓储和邮政业	347.0	371.0	233.6	275.0
传播与文化娱乐	173.1	285.7	650.3	145.0
消费产品和服务	590.7	836.2	1367.1	126.5

[①] 2023 年有效样本数为 886 份。

2.6.2 中国创业投资概念板块的平均 R&D 投入

从概念板块看，2023 年金融科技的平均 R&D 投入最多，达到 7092.7 万元，人工智能、一二三产融合的平均 R&D 投入均超过 4000 万元，分别为 4593.6 万元和 4011.5 万元（表 2-22）[①]。

表 2-22 不同概念板块的平均 R&D 投入（2020—2023 年）　　单位：万元

概念板块	2020 年	2021 年	2022 年	2023 年
互联网教育	540.3	4399.7	152.9	630.7
人工智能	3364.1	4301.2	2859.5	4593.6
物联网与大数据	1303.1	3377.5	3146.6	2650.8
绿色经济	3941.3	2598.9	3212.2	2568.1
金融科技	1708.2	2149.8	3026.2	7092.7
一二三产融合	249.9	1014.9	1173.3	4011.5
共享经济	5109.8	195.3	65.3	53.7

2.6.3 中国创业投资所处阶段的平均 R&D 投入

2023 年，种子期、起步期、成长（扩张）期的平均 R&D 投入全部较 2022 年上升，仅有成熟（过渡）期的平均 R&D 投入较 2022 年大幅下降，从 2022 年的 22 709.0 万元下降到 5003.0 万元（表 2-23）[②]。

表 2-23 不同所处阶段的平均 R&D 投入（2020—2023 年）　　单位：万元

阶段	2020 年	2021 年	2022 年	2023 年
种子期	524.3	1318.5	900.9	1291.4
起步期	2387.9	1917.6	1797.8	2612.8
成长（扩张）期	3884.7	5051.1	3856.5	5824.3
成熟（过渡）期	31 132.3	20 548.3	22 709.0	5003.0
重建期	1335.0	1279.6	—	1247.7

[①] 2023 年有效样本数为 283 份。

[②] 有效样本数为 716 份。

3

中国创业投资的退出

3.1 中国创业投资退出的基本情况

2023 年末，A 股上市公司数量达到 5346 家，合计总市值达 78.37 万亿元，规模稳居全球第二。全年合计实现营业收入 72.54 万亿元，同比增长 1.4%；实现归母净利润 5.29 万亿元，同比减少 1.2%。

2023 年，中国创业投资行业共披露了 1295 个退出项目，较 2022 年增加了 9.9%。从退出项目实现的收入分布情况来看，收入在 2000 万元以上的退出项目占 35.2%，较 2022 年增加了 3.5 个百分点；收入在 100 万～500 万元、500 万～1000 万元、1000 万～2000 万元的退出项目占比均较 2022 年有所降低（表 3-1、图 3-1）。

表 3-1 中国创业投资退出项目的收入分布（2014—2023 年）[①]

年份	100 万元以下	100 万～500 万元	500 万～1000 万元	1000 万～2000 万元	2000 万元以上
2014	15.7%	24.7%	14.4%	12.7%	32.4%
2015	10.3%	22.4%	13.8%	19.3%	34.2%
2016	16.8%	22.3%	15.3%	16.2%	29.3%
2017	15.3%	23.3%	12.6%	17.6%	31.2%
2018	12.7%	24.6%	12.5%	15.9%	34.3%
2019	15.9%	24.3%	14.6%	14.0%	31.2%
2020	16.8%	23.7%	15.6%	16.2%	27.7%
2021	16.6%	24.7%	17.5%	13.7%	27.5%

---

① 有效样本数为 1295 份。

续表

年份	100万元以下	100万~500万元	500万~1000万元	1000万~2000万元	2000万元以上
2022	12.0%	24.6%	14.6%	17.1%	31.7%
2023	13.0%	21.4%	14.1%	16.3%	35.2%

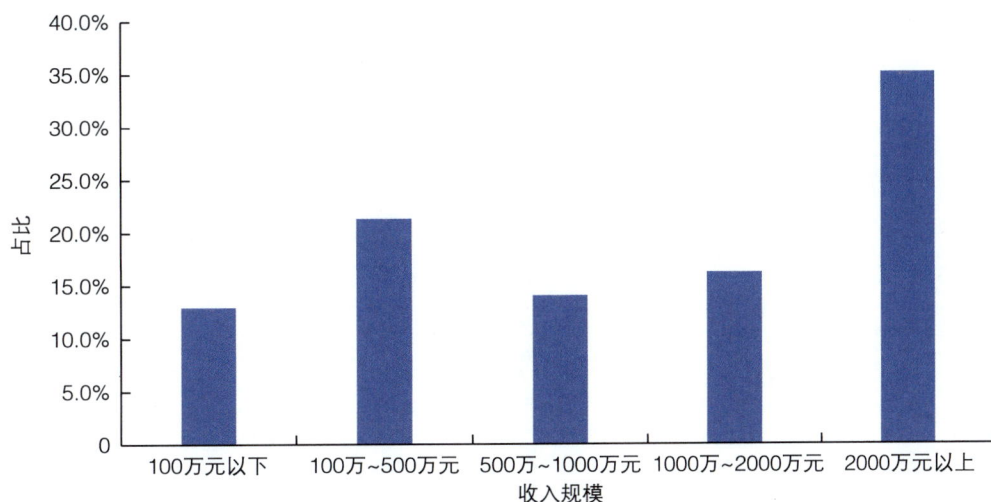

图3-1　中国创业投资退出项目的收入分布（2023年）

3.2　中国创业投资的退出方式 [①]

3.2.1　中国创业投资的主要退出方式

按照退出方式划分（表3-2、图3-2），2023年创业投资机构中通过上市实现退出的占比为21.98%，比2022年增加了2.58个百分点。相对而言，回购交易仍然是退出的主要渠道，占比达38.58%，比2022年略有下降。自2020年以来，并购退出情况持续萎靡，2023年创投行业并购退出占比进一步下降至6.80%。

表3-2　中国创业投资的退出方式分布（2014—2023年）

年份	上市	并购	回购	清算	新三板	其他
2014	20.65%	32.19%	39.88%	4.86%	2.43%	—
2015	15.60%	26.75%	41.75%	6.54%	9.36%	—
2016	17.38%	24.10%	45.61%	8.09%	4.82%	—
2017	13.66%	28.55%	38.93%	8.88%	9.97%	—
2018	16.23%	26.10%	46.10%	9.87%	1.69%	—

---

① 有效样本数为1397份。

续表

年份	上市	并购	回购	清算	新三板	其他
2019	16.62%	22.97%	45.33%	10.77%	2.46%	1.85%
2020	17.91%	18.33%	42.51%	10.13%	4.02%	7.11%
2021	16.83%	12.92%	44.25%	10.52%	1.73%	13.75%
2022	19.40%	8.97%	41.55%	9.78%	1.62%	18.67%
2023	21.98%	6.80%	38.58%	11.88%	1.57%	19.18%

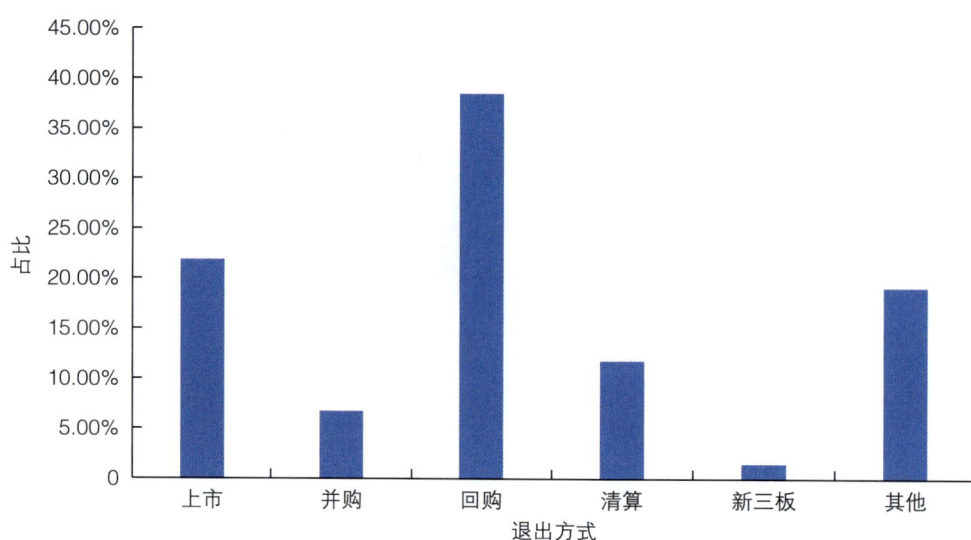

图 3-2 中国创业投资的退出方式分布（2023 年）

3.2.2 中国创业投资的 IPO 退出情况

2023 年，我国资本市场全面深化改革持续推进，股票发行注册制改革走深走实，加大力度推进投资端改革，促进投融资动态平衡，资本市场枢纽功能进一步强化，中介机构职责、投资者结构、退市机制与行政执法等一整套制度体系全面铺开，中国特色现代资本市场建设迈入新征程，进一步优化了创业投资的退出环境。

2023 年，境内科创板上市依然是创业投资机构 IPO 退出的主要渠道，占比高达 32.90%，但比 2022 年下降了 10.02 个百分点[1]。此外，2023 年调查的创业投资机构境外上市退出的占比也从 2022 年的 2.50% 上升至 5.54%（表 3-3、图 3-3）。

---

[1] 从退出结构看，科创板的快速发展对于创业投资行业具有深远的影响，尤其在提高硬科技项目退出率方面效果显著。科创板是专门服务科技创新企业的股票市场，它降低了科技创新企业的上市门槛，为这些企业提供了更多的融资机会。科创板的市场价格发现机制也能够更好地反映科技创新企业的真实价值，科创板的退出和注册制的率先试点吸引了更多的投资者参与科技创新企业的股票交易，从而大大提高了市场的流动性，使得创业投资机构能够通过股票转让等方式更便利地退出对硬科技项目的投资，有助于提高硬科技项目的投资退出率。

表 3-3　中国创业投资 IPO 退出的市场分布（2014—2023 年）[①]

年份	境内主板（中小板）上市	境内创业板上市	境内科创板上市	境内北交所上市	境外上市
2014	44.12%	43.14%	—	—	12.75%
2015	65.71%	27.62%	—	—	6.67%
2016	67.33%	29.70%	—	—	2.97%
2017	64.00%	31.00%	—	—	5.00%
2018	59.20%	29.60%	—	—	11.20%
2019	64.20%	28.40%	1.23%	—	6.17%
2020	52.80%	24.77%	18.69%	—	3.74%
2021	33.93%	28.13%	29.46%	2.68%	5.80%
2022	25.00%	27.50%	42.92%	2.08%	2.50%
2023	22.48%	27.04%	32.90%	12.05%	5.54%

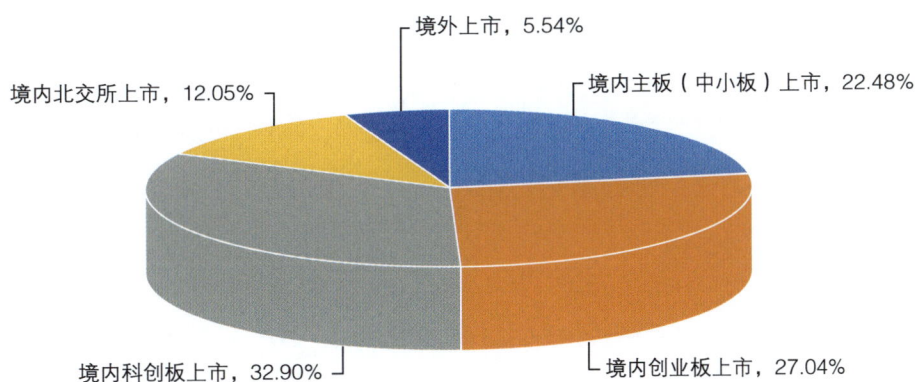

图 3-3　中国创业投资 IPO 退出的市场分布（2023 年）

3.3　中国创业投资退出项目的行业分布 [②]

从行业划分情况看（表 3-4），2023 年中国创业投资退出项目的行业分布与往年基本保持一致。其中，半导体的投资依然是热点，得益于资本市场对半导体等典型硬科技企业上市的支持，2023 年退出占比达到 6.3%，但较上年下降了 0.8 个百分点。医药保健的退出占比上升至 7.2%。此外，传播与文化娱乐，金融保险业，科技服务，农林牧副渔，新能源、高效节能技术，其他 IT 产业等行业的退出占比均较上年有所上升。

---

① 有效样本数为 307 份。
② 有效样本数为 1317 份。

表 3-4 中国创业投资退出项目的行业分布（2014—2023 年）

行业	2014 年	2015 年	2016 年	2017 年	2018 年	2019 年	2020 年	2021 年	2022 年	2023 年
IT 服务业	3.9%	5.0%	3.5%	3.5%	6.4%	6.1%	4.4%	6.0%	5.2%	4.8%
半导体	2.0%	0.9%	2.9%	3.7%	3.2%	3.4%	4.5%	3.2%	7.1%	6.3%
采掘业	0.6%	0.3%	0	0.4%	0.1%	0.1%	0.1%	0.1%	0	0.1%
传播与文化娱乐	5.5%	2.3%	5.9%	3.9%	5.0%	5.0%	3.5%	3.4%	2.1%	3.4%
传统制造业	12.2%	9.3%	8.5%	8.3%	8.9%	7.5%	7.4%	6.8%	5.7%	5.7%
光电子与光机电一体化	4.3%	4.7%	2.8%	3.2%	2.4%	2.2%	3.5%	2.5%	2.2%	2.1%
核应用技术	0.2%	0.3%	0	0.1%	0	0	0	0.1%	0.1%	0
环保工程	4.1%	3.2%	4.7%	4.1%	1.9%	1.7%	2.4%	2.6%	3.0%	2.4%
计算机硬件产业	2.6%	1.1%	1.6%	1.0%	1.9%	1.8%	1.6%	1.3%	1.2%	1.5%
金融保险业	1.8%	2.9%	1.6%	2.4%	3.9%	2.8%	2.1%	1.7%	1.7%	3.0%
科技服务	1.2%	2.8%	2.4%	3.5%	3.7%	2.9%	4.1%	5.0%	3.6%	4.7%
农林牧副渔	4.3%	3.2%	3.3%	2.8%	1.1%	1.5%	1.9%	1.1%	1.0%	1.2%
批发和零售业	1.4%	0.9%	0.7%	0.4%	1.1%	1.2%	0.8%	1.1%	0.9%	0.8%
其他 IT 产业	1.8%	1.4%	1.6%	2.5%	2.2%	1.0%	0.5%	1.4%	0.4%	0.5%
其他行业	8.7%	7.3%	12.5%	11.1%	7.2%	9.3%	12.1%	12.7%	11.4%	12.9%
软件产业	5.9%	7.0%	6.1%	8.1%	5.8%	6.9%	8.0%	6.9%	6.1%	6.6%
生物科技	1.6%	3.8%	2.8%	3.5%	3.5%	3.6%	4.9%	6.7%	5.5%	4.1%
通信设备	5.3%	3.2%	3.6%	3.4%	3.9%	2.0%	2.5%	1.1%	2.0%	2.4%
网络产业	4.7%	6.9%	4.7%	4.2%	5.8%	6.4%	5.2%	4.8%	5.7%	3.6%
消费产品和服务	1.6%	2.3%	1.9%	2.0%	3.2%	4.0%	3.4%	3.9%	2.7%	4.9%
新材料工业	6.3%	6.1%	7.5%	6.3%	7.8%	5.6%	3.9%	6.2%	6.9%	6.0%
新能源、高效节能技术	4.7%	6.1%	5.2%	5.3%	5.1%	4.7%	5.4%	4.1%	4.8%	4.9%
医药保健	6.7%	5.5%	8.0%	3.8%	6.5%	7.4%	5.9%	6.4%	6.6%	7.2%
房地产业	0.4%	0.8%	0.2%	0.3%	0.4%	0.2%	0.2%	0.2%	0.7%	0.2%
建筑业	1.8%	1.2%	1.7%	1.8%	1.2%	0.8%	1.0%	0.7%	1.0%	0.8%
交通运输仓储和邮政业	0.8%	1.4%	0.3%	1.0%	0.8%	0.8%	0.5%	1.1%	0.1%	0.8%
其他制造业	4.1%	7.5%	4.7%	6.5%	5.4%	9.2%	8.7%	7.5%	11.3%	7.5%
社会服务	1.4%	1.5%	1.6%	2.4%	1.1%	1.6%	1.4%	1.1%	0.7%	1.1%
水电煤气	0.2%	0.2%	0	0.4%	0.3%	0.2%	0.3%	0.3%	0.4%	0.2%

3.4 中国创业投资退出项目的地区分布 [①]

近年来，中国创业投资退出项目的地区分布总体上没有明显波动，与创业投资机构投资分布情况较为一致，区域集聚效应明显。因东部地区创业投资发展相对成熟，投资项目较多，退出项目占比也较高，其中江苏、浙江、广东、北京、上海等地区退出项目占比长期处于领先地位。

2023年，退出项目占比排名前10的地区合计占比为85.7%，较上年（81.2%[②]）上升了4.5个百分点（图3-4、表3-5）。值得注意的是，西部地区中陕西连续4年进入创业投资退出项目占比前10名，四川（占比3.3%）时隔4年重新排入前10名。

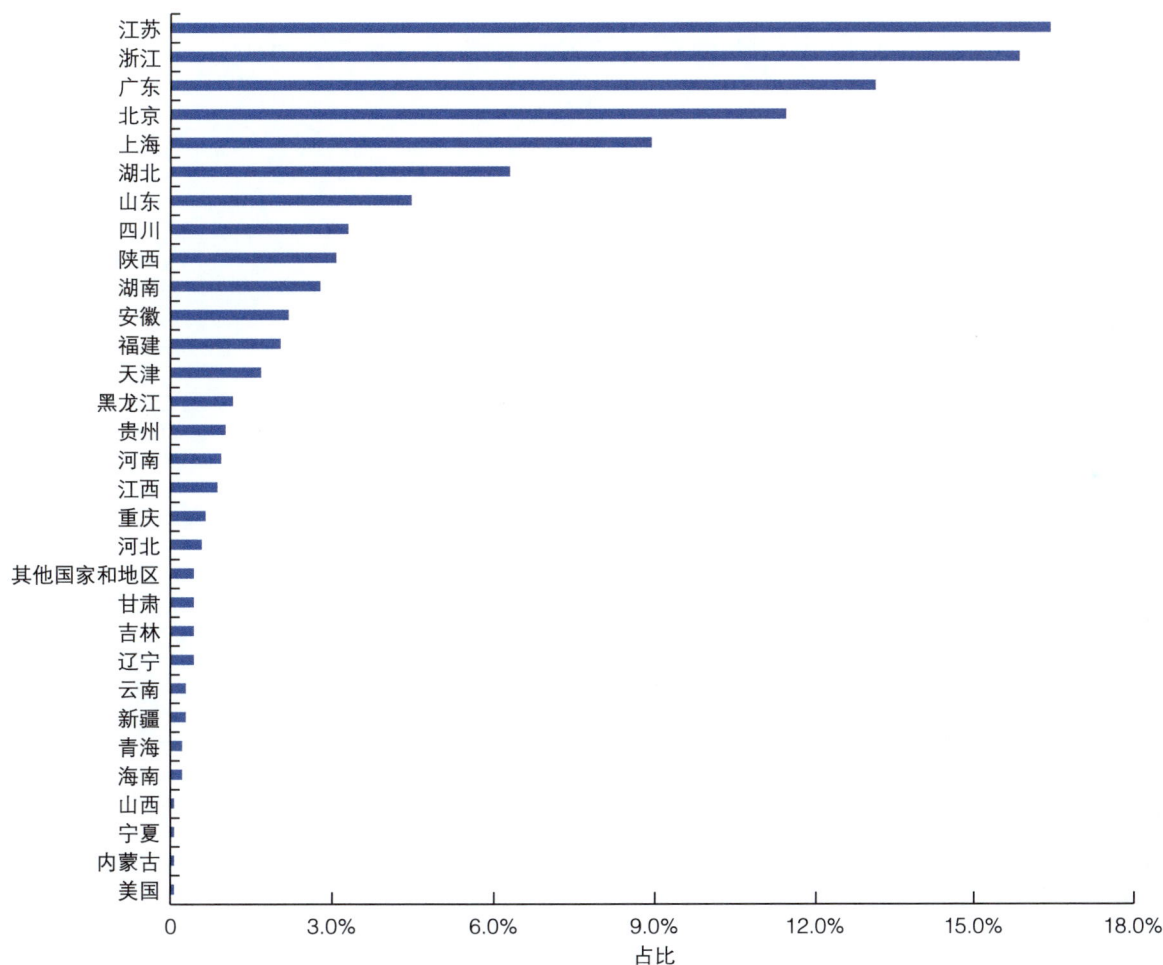

图3-4　中国创业投资退出项目的地区分布情况（2023年）

---

① 有效样本数为1365份。
② 本书数值是以四舍五入前的统计数据计算得出，结果可能与四舍五入后的有差异。

表 3-5　中国创业投资退出项目的地区分布前 10 名（2014—2023 年）

2014 年		2015 年		2016 年		2017 年		2018 年		2019 年		2020 年		2021 年		2022 年		2023 年	
地区	比例	地区	比例	地区	比例	地区	比例	地区	比例	地区	比例	地区	比例	地区	比例	地区	比例	地区	比例
江苏	20.4%	江苏	24.3%	江苏	29.7%	江苏	20.1%	江苏	17.2%	江苏	23.0%	江苏	20.0%	江苏	19.9%	江苏	18.0%	江苏	16.4%
浙江	13.5%	北京	13.2%	浙江	12.7%	广东	11.4%	浙江	13.0%	浙江	14.0%	浙江	16.1%	浙江	19.9%	浙江	16.9%	浙江	15.8%
广东	13.3%	浙江	10.4%	北京	11.8%	浙江	10.9%	广东	12.9%	广东	13.6%	上海	10.4%	北京	11.0%	广东	14.2%	广东	13.1%
上海	10.2%	广东	8.6%	广东	8.0%	北京	8.5%	北京	11.2%	上海	8.7%	广东	9.8%	广东	9.1%	上海	9.3%	北京	11.4%
北京	9.8%	上海	5.3%	上海	6.1%	上海	7.7%	上海	6.9%	北京	7.4%	北京	8.1%	上海	6.6%	北京	7.7%	上海	9.0%
湖北	3.8%	河南	4.2%	山东	4.3%	湖南	4.3%	湖南	5.1%	湖南	4.0%	安徽	4.6%	山东	5.5%	山东	4.0%	湖北	6.3%
辽宁	3.3%	安徽	4.2%	天津	4.0%	山东	3.9%	福建	5.0%	福建	3.9%	山东	4.5%	湖北	4.9%	湖北	2.9%	山东	4.5%
湖南	3.1%	天津	4.1%	安徽	3.5%	福建	3.8%	安徽	3.5%	安徽	3.1%	陕西	4.1%	湖南	3.7%	湖南	2.8%	四川	3.3%
山东	2.9%	湖北	3.6%	福建	2.9%	重庆	3.6%	山东	3.4%	湖北	2.8%	福建	3.7%	陕西	2.6%	黑龙江	2.8%	陕西	3.1%
天津	2.7%	四川	3.1%	湖南	2.8%	湖北	3.5%	四川	3.1%	天津	2.7%	湖北	3.3%	福建	2.1%	陕西	2.7%	湖南	2.8%

3.5 中国创业投资项目的退出绩效

3.5.1 中国创业投资退出的总体绩效表现

2023年，资本市场改革持续全面深化，科创板继续保持强劲的发展势头，进一步扩大容量，更多科技型企业得以在公众视野中崭露头角。随着北交所的改革和制度的不断完善，上市企业的审核流程得到了优化。在此背景下，全行业的项目退出收益率达到了196.25%，较2022年（130.36%）增加了65.89个百分点（表3-6）。全行业投资退出步伐有所加快，项目平均退出时间为5.59年（图3-5）；平均收益率为38.99%，比2022年增长了13.00个百分点。

表3-6 中国创业投资退出的收益率（2014—2023年）[①]

年份	收益率	平均收益率
2014	123.44%	24.15%
2015	260.67%	33.86%
2016	225.73%	31.62%
2017	243.35%	38.66%
2018	205.78%	31.72%
2019	236.01%	42.32%
2020	159.28%	24.35%
2021	114.87%	19.96%
2022	130.36%	25.99%
2023	196.25%	38.99%

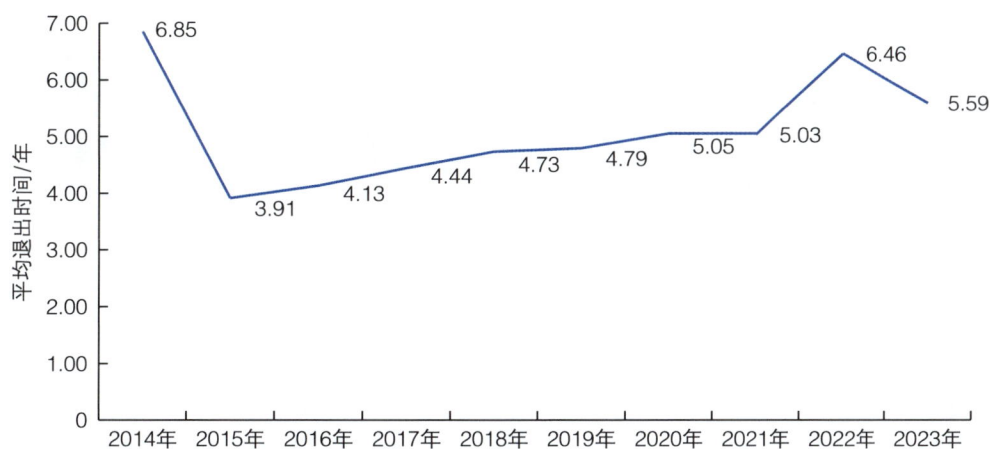

图3-5 中国创业投资平均退出时间（2014—2023年）

---

① 有效样本数为8820份。

退出项目的收益率分布情况显示（表 3-7、图 3-6）：2023 年创业投资机构发生亏损的退出项目占比为 49.8%，与 2022 年基本持平（比 2022 年上升 0.6 个百分点）。此外，与 2022 年相比，收益率在 0 ~ 15%、20% ~ 50%、50% ~ 100% 的项目占比有所减少，收益率在 15% ~ 20% 及 100% 以上的项目占比有所增加。

表 3-7　中国创业投资退出收益率分布（2014—2023 年）[①]

年份	亏损	0 ~ 15%	15% ~ 20%	20% ~ 50%	50% ~ 100%	100% 以上
2014	56.9%	4.7%	4.1%	9.4%	11.6%	13.3%
2015	48.9%	12.1%	3.5%	11.8%	7.4%	16.2%
2016	57.0%	9.7%	2.6%	9.9%	5.8%	15.1%
2017	53.0%	7.5%	3.1%	9.4%	7.7%	19.3%
2018	45.9%	8.0%	2.3%	13.6%	11.2%	19.0%
2019	51.2%	10.1%	2.7%	13.6%	6.4%	16.0%
2020	52.3%	7.8%	3.1%	12.4%	7.0%	17.4%
2021	54.9%	6.9%	2.7%	10.8%	7.5%	17.2%
2022	49.2%	9.3%	2.0%	12.7%	8.2%	18.7%
2023	49.8%	6.9%	3.5%	12.4%	7.5%	20.0%

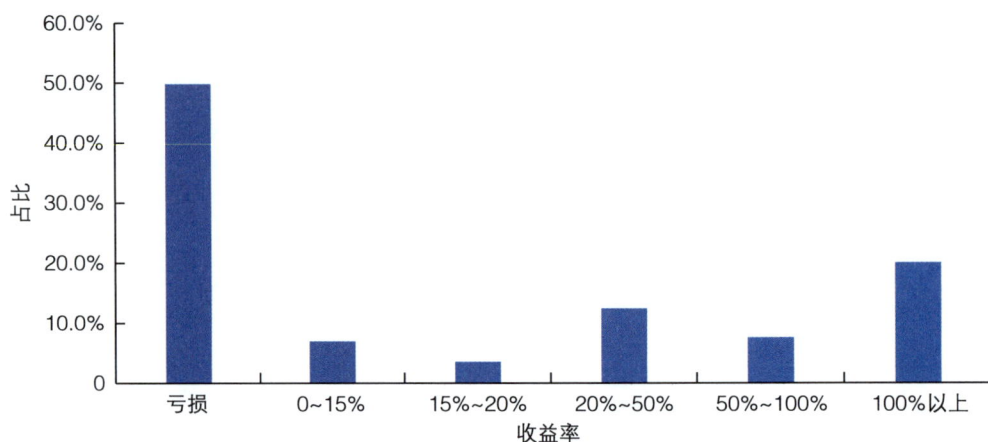

图 3-6　中国创业投资退出收益率分布（2023 年）

3.5.2　中国创业投资不同退出方式的绩效表现

总体上看，上市仍是收益率最高的退出方式，2023 年退出账面回报达到 3.12 倍，但相比 2022 年下降幅度较大。相较而言，并购的退出收益率大幅提升，回购的退出收益率有所下降（表 3-8、图 3-7）。

---

① 有效样本数为 1295 份。

表 3-8 不同退出方式的总体收益率（2014—2023 年）①

年份	上市	新三板	并购	回购	清算
2014	601.66%	27.23%	63.53%	−6.93%	−34.43%
2015	779.27%	16.86%	136.27%	19.01%	−15.60%
2016	891.14%	251.10%	144.08%	−1.37%	−43.62%
2017	603.08%	50.34%	159.84%	−0.67%	−38.91%
2018	318.39%	164.7%	90.46%	9.50%	−18.49%
2019	594.25%	−0.07%	75.42%	23.85%	−22.95%
2020	473.86%	27.91%	75.34%	30.12%	−9.58%
2021	322.76%	49.81%	110.38%	31.16%	−25.28%
2022	403.73%	3.53%	80.89%	39.83%	−12.16%
2023	311.84%	23.14%	210.39%	36.60%	1.57%

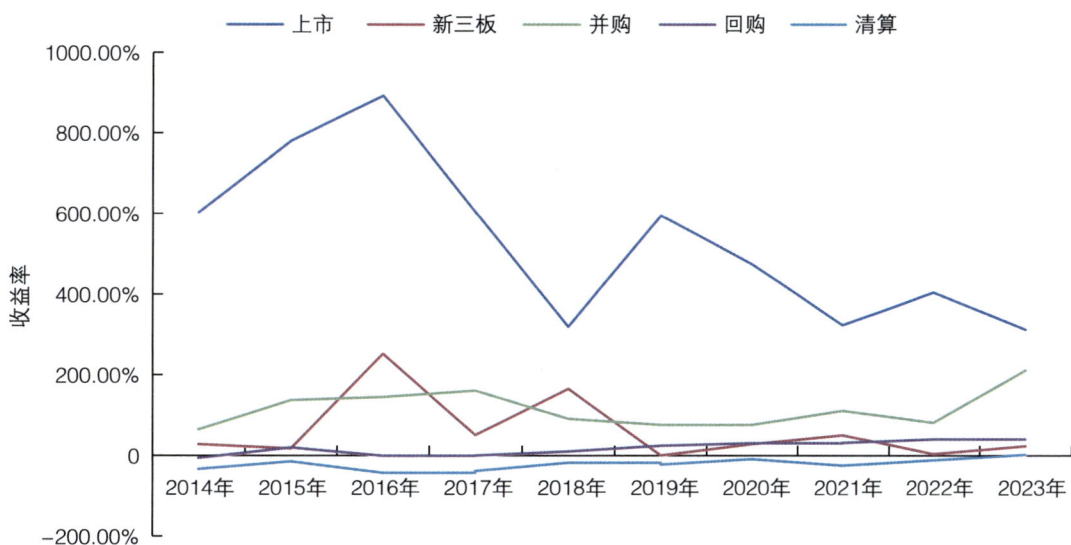

图 3-7 不同退出方式的总体收益率（2014—2023 年）

从各退出方式的年均收益率来看，多数年份上市是年均收益率最高的退出方式，但相比而言，上市的年均收益率呈下滑趋势，2023 年年均收益率下降为 47.56%（表 3-9、图 3-8）。

---

① 有效样本数为 8480 份。

表 3-9 不同退出方式的年均收益率（2014—2023 年）[①]

年份	上市	新三板	并购	回购	清算
2014	107.19%	12.93%	17.41%	−4.22%	−11.48%
2015	114.38%	6.10%	44.72%	4.05%	−2.00%
2016	120.35%	43.89%	37.58%	0.38%	−10.66%
2017	129.72%	9.55%	66.89%	−5.41%	−9.54%
2018	67.49%	27.73%	25.49%	0.20%	−4.11%
2019	71.89%	0.11%	96.90%	3.98%	−4.43%
2020	93.92%	5.25%	16.46%	6.53%	−2.92%
2021	64.88%	7.76%	24.03%	4.66%	−5.91%
2022	66.94%	3.14%	16.58%	8.42%	−2.33%
2023	47.56%	11.16%	31.41%	27.34%	−1.77%

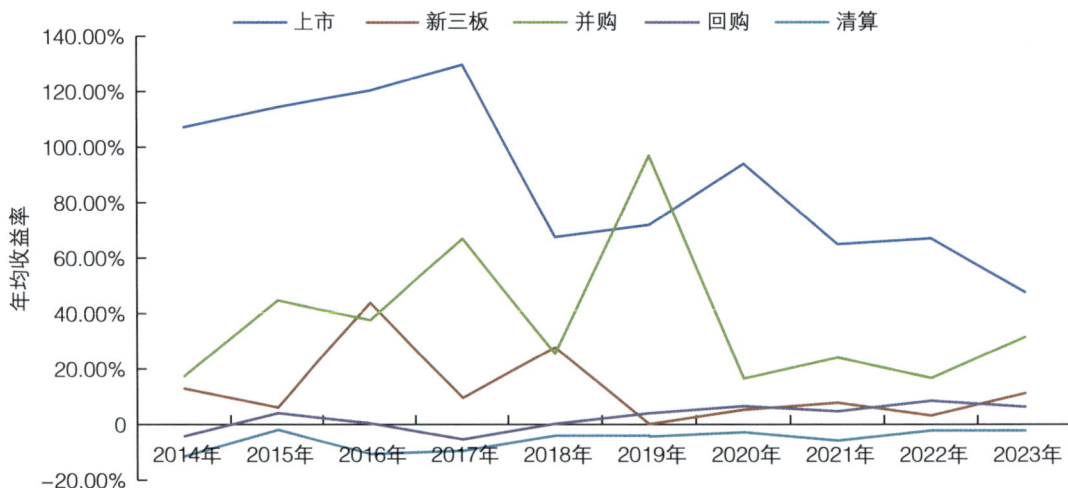

图 3-8 不同退出方式的年均收益率（2014—2023 年）

3.5.3 中国创业投资不同行业退出的绩效表现

随着我国创业投资企业管理能力的逐步提升，无论是高新技术行业还是传统行业，退出的盈利项目占比总体呈上升趋势。相比而言，高新技术行业 2023 年较 2022 年增长了 0.49 个百分点，且高新技术行业盈利项目的占比明显高于传统行业（表 3-10、图 3-9、表 3-11、图 3-10）。

---

① 有效样本数为 8239 份。

表 3-10　高新技术行业创业投资退出项目盈亏情况（2014—2023 年）[1]

类别	2014 年	2015 年	2016 年	2017 年	2018 年	2019 年	2020 年	2021 年	2022 年	2023 年
亏损	52.76%	48.94%	55.1%	53.91%	46.84%	49.50%	50.58%	52.55%	45.50%	45.01%
盈利	47.24%	51.06%	44.9%	46.09%	53.16%	50.50%	49.42%	47.45%	54.50%	54.99%

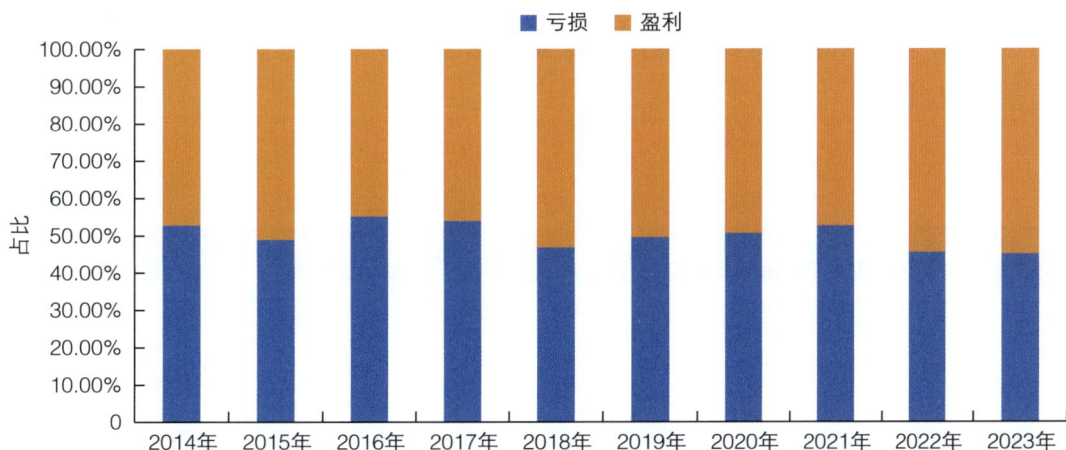

图 3-9　高新技术行业创业投资退出项目盈亏情况（2014—2023 年）

表 3-11　传统行业创业投资退出项目盈亏情况（2014—2023 年）[2]

类别	2014 年	2015 年	2016 年	2017 年	2018 年	2019 年	2020 年	2021 年	2022 年	2023 年
亏损	61.44%	50.00%	59.73%	53.79%	49.03%	53.00%	54.35%	59.13%	54.08%	57.62%
盈利	38.56%	50.00%	40.27%	46.21%	50.97%	47.00%	45.65%	40.87%	45.92%	42.38%

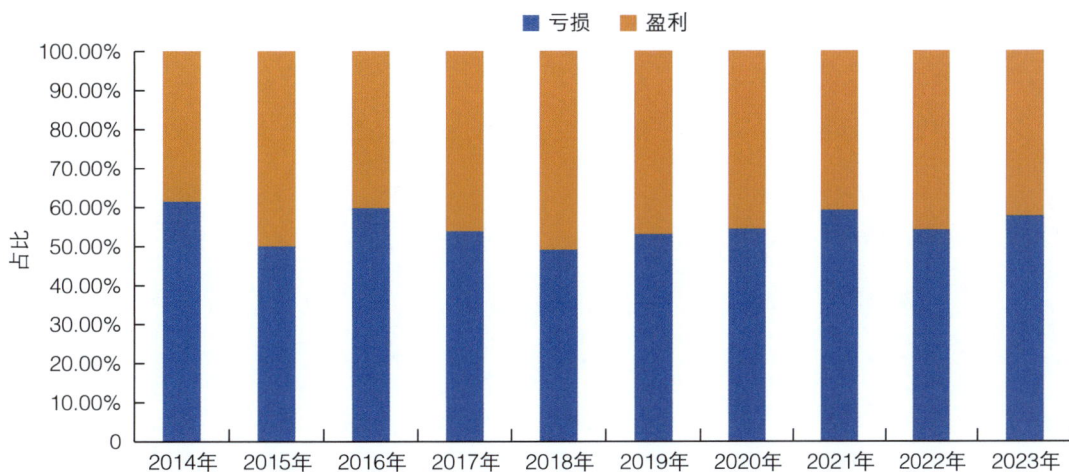

图 3-10　传统行业创业投资退出项目盈亏情况（2014—2023 年）

---

[1]　有效样本数为 722 份。

[2]　有效样本数为 505 份。

按行业划分，2023 年生物科技的退出平均收益率达到 1101.43%（表 3-12），随着全球范围内对健康和寿命的关注度不断提高，生物科技行业迎来了风险投资的青睐，也获取了较好的回报和较高的收益。另外，半导体，通信设备，新能源、高效节能技术的退出平均收益率也分别达到 279.24%、250.64%、212.92%，随着全球经济摆脱疫情束缚，以及 AI 技术发展引起全球对 GPU 的需求暴增、5G 技术的全球普及、全球能源转型的深度进行，半导体，通信设备，新能源、高效节能技术行业将会迎来新一轮投资热潮，并给创投基金带来可观的退出回报。

表 3-12　按行业分创业投资的退出平均收益率（2023 年）

行业	退出平均收益率
IT 服务业	84.67%
半导体	279.24%
采掘业	−98.90%
传播与文化娱乐	−47.95%
传统制造业	88.44%
房地产业	−38.58%
光电子与光机电一体化	172.17%
环保工程	32.62%
计算机硬件产业	88.10%
建筑业	−37.62%
交通运输仓储和邮政业	−33.75%
金融保险业	−992.97%
科技服务	35.73%
农林牧副渔	−29.01%
批发和零售业	57.71%
其他 IT 产业	220.00%
其他行业	−14.09%
其他制造业	64.61%
软件产业	102.22%
社会服务	−28.04%
生物科技	1101.43%

续表

行业	退出平均收益率
水电煤气	−41.50%
通信设备	250.64%
网络产业	84.70%
消费产品和服务	52.91%
新材料工业	56.56%
新能源、高效节能技术	212.92%
医药保健	167.23%

4

中国创业投资的绩效

4.1　创业投资机构的收入

4.1.1　创业投资机构的收入情况

2023 年，中国创业投资机构的投资相关业务[①] 总收入和平均收入分别为 317.42 亿元和 2969.36 万元[②]（图 4-1），与 2022 年相比总收入和平均收入均有大幅提高，2023 年多家机构获得股权转让、基金清算等大额收入。

图 4-1　中国创业投资机构平均收入趋势（2014—2023 年）

---

① 包括股权转让、分红、基金清算、管理费和咨询费等收入。
② 1244 家机构披露了收入相关信息，剔除异常值后，有 1069 家机构有投资相关收入。

4.1.2　创业投资机构的收入来源结构

2023 年，1069 家创业投资机构披露了投资收入情况。总体而言，获得了管理费收入的机构数量最多，但股权转让是最大的收入来源。

① 超过一半机构获得了管理费收入。2023 年，有 607 家机构获得管理费收入，占样本总量的 56.78%；475 家机构获得分红收入，占比为 44.43%；380 家机构获得股权转让收入，占比为 35.55%；151 家机构获得咨询费收入，占比为 14.13%；只有 43 家机构从基金清算中获利，占比仅为 4.02%。

② 股权转让为创业投资机构最大收入来源。股权转让收入占全部投资相关收入的59.82%；分红收入占全部投资相关收入的 22.35%，管理费和咨询费收入占比分别为 15.70%和 0.85%，而来自基金清算的收入占比为 1.28%。

③ 多数创业投资管理机构获得管理费或咨询费收入。根据 498 家披露收入的创业投资管理机构数据分析：435 家获得管理费收入，共计 44.89 亿元，平均管理费收入为 1031.95万元；100 家获得咨询费收入，共计 2.35 亿元；89 家获得股权转让收入，共计 69.06 亿元；161 家获得 24.89 亿元分红收入；32 家从基金清算中获得 1.86 亿元收入。

④ 创业投资基金的收入来源以股权转让和分红为主。共 571 家创业投资基金披露了收入情况：其中 291 家获得股权转让收入，共计 120.81 亿元，平均股权转让收入 4151.15 万元；313 家获得分红收入，共计 46.07 亿元；172 家获得管理费收入，共计 4.95 亿元；51 家获得咨询费收入，共计 0.35 亿元；11 家因基金清算获利 2.28 亿元。

4.1.3　创业投资机构当年最大收入来源[①]

2023 年统计调查[②]显示，中国创业投资机构最大收入来源结构与往年相比未发生显著的变化[③]。

① 以股权转让为最大收入来源的创业投资机构占 29.9%，以分红为最大收入来源的创业投资机构占 21.6%；以管理费为最大收入来源的创业投资机构占 43.4%，以咨询费为最大收入来源的创业投资机构占 4.5%；以基金清算为最大收入来源的创业投资机构占 0.8%（图 4-2、表 4-1）。

---

① 有效样本数为 1069 份，若部分机构出现一种以上收入比重并列最高，则会重复记入。

② 2020 年对机构收入分类进行了调整，不再区分主营业务收入和非主营业务收入，仅区分收入类别，在保留股权转让、分红、管理费和咨询费的基础上，增加基金清算，并对管理费和咨询费单独统计；取消了主营业务收入中的其他收入，单列其他收入。

③ 由于存在一种以上收入来源比重相同且均为最大的情况，最大收入来源占比合计大于 100%。

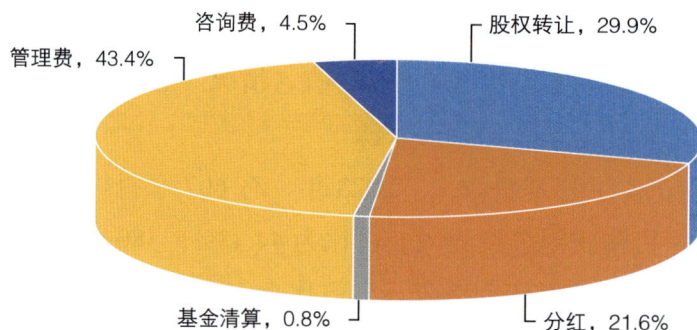

图 4-2　中国创业投资机构最大收入来源结构（2023 年）

② 创业投资管理机构中以管理费或咨询费为最大收入来源的机构占比为 76.71%，其中以管理费为最大收入来源的机构占比达到 70.88%，而以股权转让或分红为最大收入来源的机构占比不足 20%。相应地，以管理费为最大收入来源的机构中，有 76.24% 是创业投资管理机构。

③ 创业投资基金中以股权转让为最大收入来源的机构占比为 46.41%，以分红为最大收入来源的机构占比为 30.64%，以管理费或咨询费为最大收入来源的机构占比为 22.24%。相应地，以股权转让为最大收入来源的机构中，有 82.81% 是创业投资基金。

表 4-1　中国创业投资机构最大收入来源结构（2014—2023 年）

年份	股权转让	分红	管理费、咨询费等	其他[①]
2014	26.9%	19.1%	30.5%	23.5%
2015	27.8%	18.8%	35.9%	17.5%
2016	25.8%	17.6%	41.3%	15.3%
2017	22.2%	17.0%	44.3%	16.5%
2018	23.2%	20.4%	39.3%	17.2%
2019	23.9%	10.2%	59.7%	6.2%
2020	32.5%	21.8%	45.3%	0.4%
2021	30.2%	20.9%	48.0%	1.0%
2022	28.9%	22.2%	48.0%	1.1%
2023	29.9%	21.6%	47.9%	0.8%

---

① 2020 年以来统计的是以基金清算为最大收入来源的机构占比。

4.2 创业投资项目的收益情况

调查显示，2023 年中国创业投资机构披露了 2893 个项目的投资情况[①]。

4.2.1 创业投资项目的主营业务收入[②]

与 2022 年相比，2023 年创业投资项目的主营业务收入分布情况变化不大（表 4-2、图 4-3），仍然呈"W 形"分布。

① 5000 万元以上项目和 100 万元以下项目占比均有所提高，其中 5000 万元以上项目占比提高到 41.0%，100 万元以下项目占比提高到 28.9%。

② 中等收入规模项目的占比有所下降，其中 100 万～500 万元的项目占比下降了 2.0 个百分点，1000 万～3000 万元和 3000 万～5000 万元的项目占比也分别下降了 1.2 个百分点和 1.3 个百分点。

表 4-2　创业投资项目的主营业务收入分布（2014—2023 年）

年份	100 万元以下	100 万～500 万元	500 万～1000 万元	1000 万～3000 万元	3000 万～5000 万元	5000 万元以上
2014	54.0%	5.8%	3.4%	8.7%	4.8%	23.3%
2015	34.9%	13.9%	6.8%	11.1%	4.2%	29.1%
2016	36.8%	13.3%	6.5%	12.2%	4.7%	26.5%
2017	28.6%	12.0%	6.4%	11.3%	6.0%	35.7%
2018	32.8%	12.8%	7.4%	11.3%	5.3%	30.5%
2019	29.4%	13.5%	7.8%	12.5%	7.2%	29.7%
2020	31.5%	10.6%	6.2%	12.4%	5.8%	33.5%
2021	24.6%	10.6%	7.2%	12.9%	6.0%	38.7%
2022	24.8%	11.6%	5.8%	10.6%	7.2%	40.0%
2023	28.9%	9.6%	5.1%	9.4%	5.9%	41.0%

---

① 部分项目被多家机构投资，统计中会重复记录。

② 有效样本数为 1228 份。

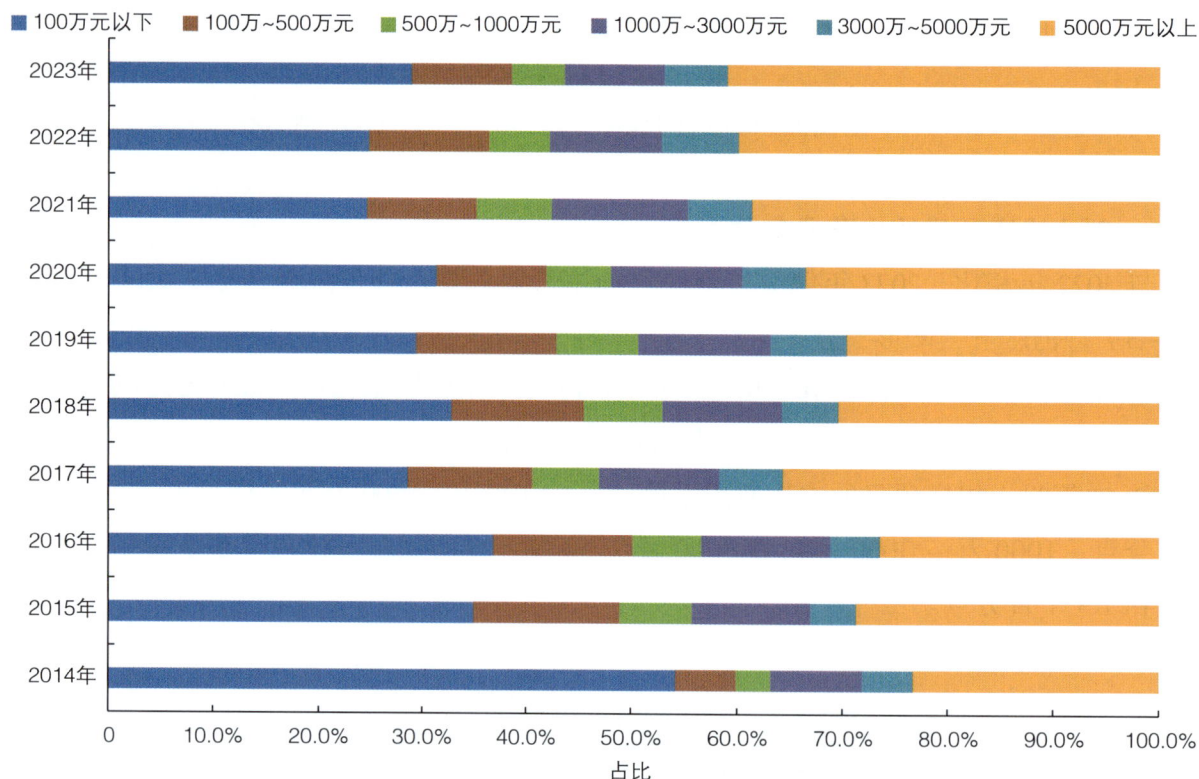

图 4-3　创业投资项目的主营业务收入分布（2014—2023 年）

4.2.2　创业投资项目的平均主营业务收入

2023 年，中国创业投资项目的平均主营业务收入整体上相对于上年有所下降①。

① 2023 年，主营业务收入 500 万元以下的项目平均主营业务收入偏低，其中 100 万元以下的项目平均主营业务收入仅为 12.1 万元。

② 中型项目的收入比较平均。2023 年，主营业务收入 100 万 ~ 5000 万元的项目平均主营业务收入分布相对均衡，其中 500 万 ~ 1000 万元和 3000 万 ~ 5000 万元的项目平均主营业务收入接近组别中间值。

③ 大项目平均主营业务收入有所下降。2023 年，主营业务收入 5000 万元以上的项目平均主营业务收入有所下降，达到 5.57 亿元，处于近 5 年较低水平（表 4-3）②。

① 有效样本数为 1228 份。

② 规模较大的创业投资项目数量相对较少，但个别大项目对该组别项目的平均值影响较大，因此该组别项目的平均主营业务收入波动较大。

表4-3　不同规模创业投资项目的平均主营业务收入（2014—2023年）　　单位：万元

年份	100万元以下	100万~500万元	500万~1000万元	1000万~3000万元	3000万~5000万元	5000万元以上
2014	33.0	290.0	725.0	1871.0	4028.0	775 370.0
2015	16.0	249.4	741.1	1775.4	3883.5	52 008.3
2016	14.6	277.9	765.2	1824.2	3948.5	33 239.5
2017	13.9	270.8	753.0	1740.0	4038.9	75 334.2
2018	14.1	277.9	757.0	1853.4	4064.4	92 073.1
2019	1.1	265.6	710.1	1873.9	4009.3	47 750.0
2020	10.8	249.1	726.0	1745.2	4137.5	85 940.4
2021	10.7	288.3	732.2	1885.3	3885.3	59 760.8
2022	12.0	308.4	736.3	1857.5	4045.2	67 140.9
2023	12.1	274.5	754.9	1764.5	4025.6	55 724.0

4.3　创业投资项目的总体运行情况

截至2023年底，中国创业投资机构累计投资项目达到37 838项。其中，69.9%的项目处于继续运行状态；13.6%的项目被并购或回购；境内外上市项目占比为6.4%；被清算的项目占比为4.5%（图4-4、表4-4）[①]。

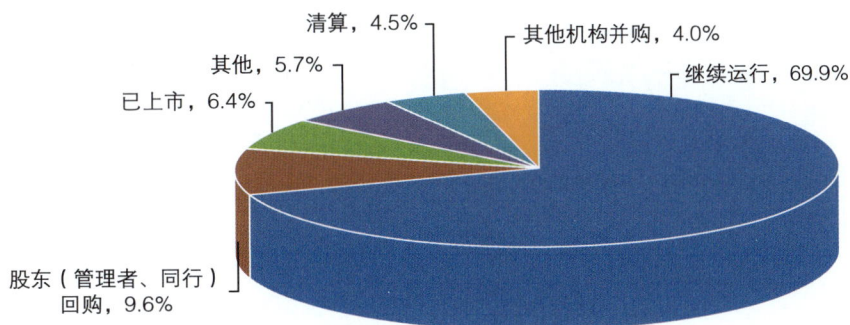

图4-4　创业投资项目的总体运行情况（2023年）

① 2021年，由于资本市场板块的变化，调查根据实际情况对项目运行情况进行了重新归并整理。

① 继续运行项目占比与资本市场息息相关。累计投资项目中继续运行项目占比主要受境内资本市场行情影响，2023 年受资本市场政策影响，上市企业数量减少，继续运行项目占比较上年略有增加，达到 69.9%。

② 管理者、同行回购是退出的首要渠道。累计投资项目中管理者、同行回购的项目占比始终处于首位，2023 年占比为 9.6%。

③ 境内上市依然是上市退出的主要渠道。2023 年，上市项目占比为 6.4%，是中国创投退出的重要渠道；其中主要是境内上市，占比达到 6.0%，境外上市占比仅为 0.4%。

④ 并购以境内并购为主。2023 年，并购项目占比为 4.0%，其中境内并购占比为 3.8%，境外并购占比为 0.2%。

⑤ 被清算项目占比仍然处于高位。2023 年，累计投资项目中有 4.5% 的项目被清算，处于近 10 年较高水平，是企业经营困境的直接反映。

表 4-4　创业投资项目的总体运行情况分布（2014—2023 年）

年份	已上市		并购		股东（管理者、同行）回购	继续运行	清算	其他
	境内	境外	境内	境外				
2014	6.0%	1.6%	4.4%	0.3%	7.3%	79.0%	1.4%	—
2015	8.0%	1.3%	4.9%	0.2%	9.0%	74.7%	1.9%	—
2016	6.6%	0.3%	4.8%	0.1%	9.0%	76.5%	2.7%	—
2017	7.0%	0.3%	5.4%	0.3%	8.7%	74.8%	3.5%	—
2018	6.5%	0.6%	5.6%	0.1%	8.5%	74.9%	3.8%	—
2019	4.7%	0.9%	3.6%	0.1%	7.5%	78.3%	4.9%	—
2020	6.9%	1.3%	5.1%	0.1%	11.2%	71.9%	3.5%	—
2021	3.9%	0.2%	2.5%	0.1%	7.4%	75.8%	2.8%	7.3%
2022	5.8%	0.3%	4.1%	0.1%	9.9%	69.6%	4.4%	5.9%
2023	6.0%	0.4%	3.8%	0.2%	9.6%	69.9%	4.5%	5.7%

4.4　创业投资机构的总体运行情况评价

4.4.1　创业投资机构对全行业发展情况的评价[①]

2023 年，中国创业投资机构对全行业发展情况的整体评价悲观情绪更加严重（图 4-5）。认为全行业发展情况"非常好"和"较好"的机构合计占比仅为 18.8%，为近年来最低水平；认为"不好"和"非常不好"的机构合计占比为 28.2%，为近年来最高水平，且均远高于上年预期；认为全行业发展情况"一般"的机构占比为 49.2%，略高于上年；对全行业发展情况评价"不好说"的机构占比与上年变化不大（表 4-5）。

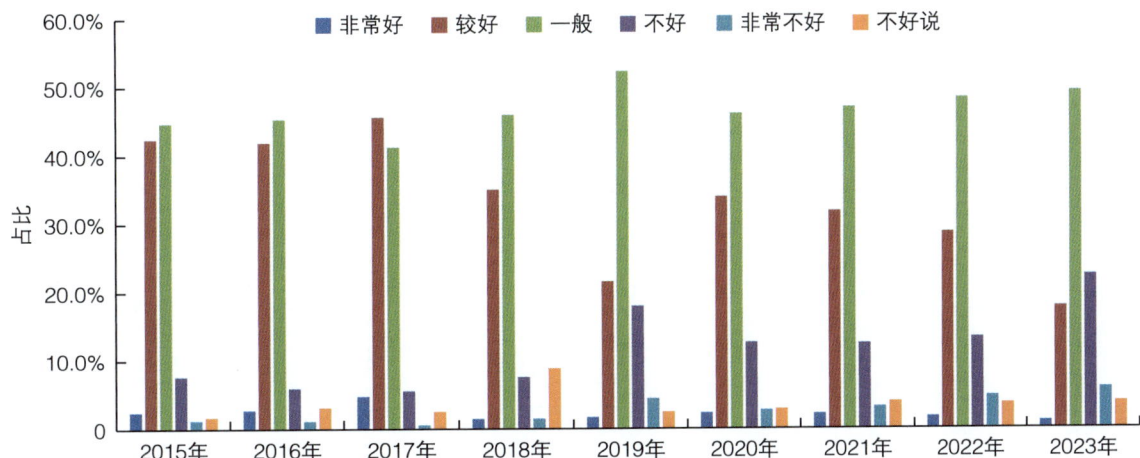

图 4-5　创业投资机构对全行业发展情况的整体评价分布（2015—2023 年）

表 4-5　创业投资机构对全行业发展情况的整体评价分布（2015—2023 年）

年份	非常好	较好	一般	不好	非常不好	不好说
2015	2.4%	42.4%	44.7%	7.6%	1.2%	1.7%
2016	2.7%	41.9%	45.3%	5.9%	1.1%	3.1%
2017	4.7%	45.6%	41.2%	5.5%	0.5%	2.5%
2018	1.4%	35.0%	45.9%	7.5%	1.4%	8.8%
2019	1.6%	21.5%	52.2%	17.9%	4.3%	2.4%
2020	2.2%	33.9%	46.0%	12.5%	2.6%	2.8%
2021	2.1%	31.7%	46.9%	12.4%	3.1%	3.8%
2022	1.6%	28.6%	48.2%	13.3%	4.7%	3.6%
2023	1.0%	17.8%	49.2%	22.4%	5.8%	3.8%

[①]　有效样本数为 2924 份。

4.4.2 创业投资机构的投资前景预测 [①]

对于 2024 年投资前景，中国创业投资机构整体上给出了较为悲观的预测。仅有 28.7% 的机构对 2024 年投资前景预测乐观，其中预测"非常好"和"好"的机构占比分别为 3.7% 和 25.0%，处于近 10 年的较低水平；预测"非常不好"和"不好"的机构占比分别为 4.5% 和 12.9%，处于近 10 年的较高水平（表 4–6、图 4–6）。

表 4–6　创业投资机构的投资前景预测分布（2015—2024 年）

年份	非常好	好	一般	不好	非常不好	不确定
2015	5.6%	65.2%	27.7%	1.3%		0.2%
2016	3.7%	49.3%	37.8%	5.3%		3.8%
2017	3.6%	55.0%	34.1%	3.2%		4.1%
2018	7.4%	53.7%	31.3%	2.4%	0.3%	4.8%
2019	2.4%	43.5%	41.1%	4.6%	0.7%	7.6%
2020	1.7%	25.2%	44.6%	17.3%	3.5%	7.7%
2021	4.2%	49.9%	36.0%	4.6%	1.3%	4.1%
2022	2.8%	37.2%	42.7%	10.0%	2.4%	4.9%
2023	6.2%	51.8%	34.3%	2.5%	0.2%	4.9%
2024	3.7%	25.0%	47.5%	12.9%	4.5%	6.5%

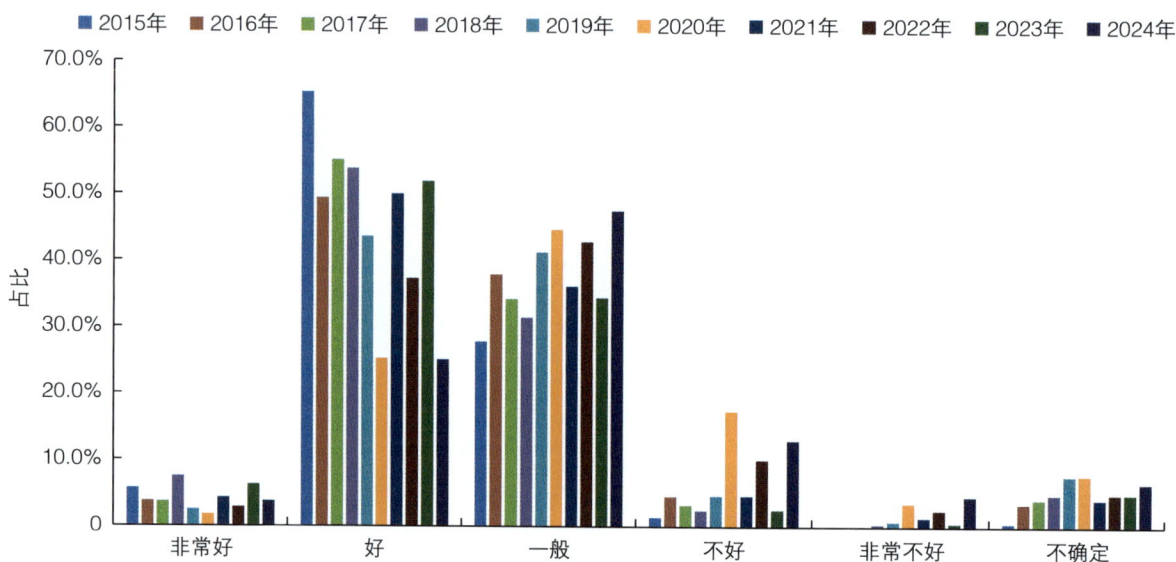

图 4–6　创业投资机构的投资前景预测分布（2015—2024 年）

---

① 有效样本数为 2926 份。

5

中国创业投资的经营管理

5.1 中国创业投资项目来源

2023 年,中国创业投资项目来源依然以"政府部门推荐""项目中介机构""朋友介绍""股东推荐"为主[1],合计占比为 71.3%。其中,"政府部门推荐"占比较 2022 年上升了 0.6 个百分点,"项目中介机构"和"朋友介绍"占比较 2022 年分别上升了 1.0 个百分点和 0.1 个百分点,"股东推荐"占比较 2022 年下降了 0.3 个百分点(表 5-1、图 5-1)。总体来看,"中介渠道"仍然是主要来源,占比为 62.8%,"自有渠道"占比为 37.4%,两者差距与 2022 年基本持平[2]。

表 5-1 创业投资机构获取项目信息的来源渠道(2014—2023 年)[3]

年份	政府部门推荐	项目中介机构	朋友介绍	股东推荐	项目业主	科技金融服务平台	众创空间（孵化器）	其他	银行介绍	媒体宣传
2014	24.9%	17.1%	17.7%	14.3%	11.0%	—	—	3.6%	7.4%	3.9%
2015	21.3%	15.2%	14.6%	13.9%	11.3%	—	10.4%	2.7%	7.1%	3.5%
2016	20.2%	15.1%	15.4%	14.1%	11.5%	—	11.3%	2.7%	6.1%	3.5%
2017	21.9%	16.0%	14.0%	11.4%	9.5%	11.0%	9.1%	3.2%	2.5%	1.4%
2018	22.5%	16.5%	12.9%	9.8%	8.6%	11.7%	10.3%	3.4%	2.5%	1.8%
2019	21.4%	17.3%	13.8%	11.4%	9.0%	11.4%	8.9%	3.1%	2.2%	1.5%

---

① 有效样本数为 2956 份。

② 自有渠道:朋友介绍、股东推荐、项目业主;中介渠道:政府部门推荐、项目中介机构、银行介绍、媒体宣传、众创空间(孵化器)、科技金融服务平台及其他。

③ 表格排序按 2023 年调查数据排列。以下表格排序相同。

续表

年份	政府部门推荐	项目中介机构	朋友介绍	股东推荐	项目业主	科技金融服务平台	众创空间（孵化器）	其他	银行介绍	媒体宣传
2020	21.4%	18.8%	14.5%	12.3%	8.0%	10.7%	8.3%	3.0%	1.1%	1.8%
2021	21.1%	17.8%	15.2%	13.5%	8.8%	9.3%	6.9%	3.4%	1.8%	2.0%
2022	21.6%	19.7%	16.8%	11.8%	8.6%	8.9%	6.2%	3.4%	1.3%	1.6%
2023	22.2%	20.7%	16.9%	11.5%	9.0%	8.4%	6.0%	3.0%	1.3%	1.2%

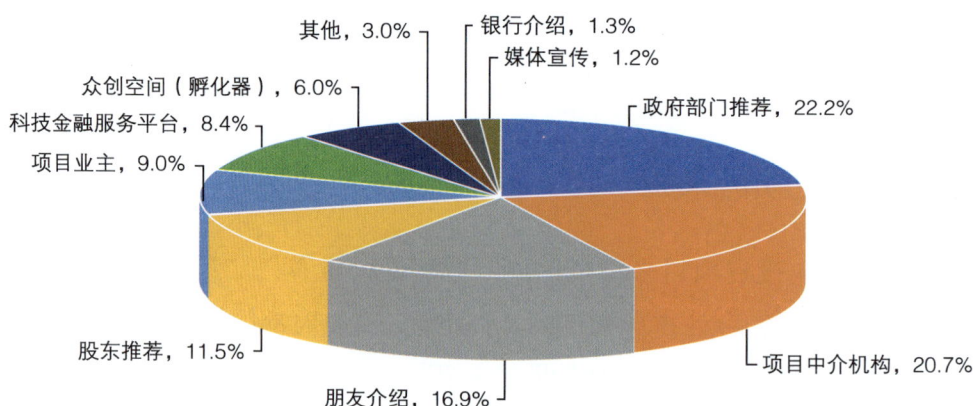

图 5-1　创业投资机构获取项目信息的来源渠道（2023 年）

5.2　中国创业投资决策要素

2023 年，影响创业投资机构进行投资决策的因素与 2022 年相比没有明显变化，"市场前景""技术因素""管理团队"仍然是影响创业投资机构进行投资决策的 3 个最主要因素[①]（表 5-2、图 5-2），合计占比为 78.9%。国家"投早、投小、投长期、投硬科技"的引导作用已经显现，相较于互联网模式创新时更看重"盈利模式"，"技术因素"占比从 2014 年的 13.7% 上升至 2023 年的 23.3%。

表 5-2　影响创业投资机构进行投资决策的因素（2014—2023 年）

年份	市场前景	技术因素	管理团队	财务状况	盈利模式	公司治理结构	股权价格	竞争对手情况	资信状况	投资地点	其他	中介服务质量
2014	24.3%	13.7%	21.4%	8.8%	11.7%	5.6%	4.4%	3.3%	3.7%	2.1%	0.4%	0.7%
2015	20.3%	12.7%	18.2%	11.0%	10.8%	7.2%	5.8%	4.7%	5.1%	2.6%	0.6%	1.1%

---

① 有效样本数为 2961 份。

年份	市场前景	技术因素	管理团队	财务状况	盈利模式	公司治理结构	股权价格	竞争对手情况	资信状况	投资地点	其他	中介服务质量
2016	18.3%	12.2%	17.2%	11.6%	10.3%	8.1%	6.4%	5.4%	5.7%	3.3%	0.4%	1.1%
2017	30.5%	17.9%	24.7%	9.9%	8.3%	2.6%	2.5%	1.1%	1.3%	0.8%	0.2%	0.2%
2018	31.0%	17.8%	24.1%	9.9%	8.6%	2.9%	2.0%	1.1%	1.4%	0.8%	0.2%	0.3%
2019	30.2%	19.1%	25.1%	9.2%	8.5%	3.0%	1.6%	0.9%	1.1%	0.8%	0.1%	0.2%
2020	31.2%	21.0%	24.2%	9.2%	6.3%	3.4%	1.6%	1.1%	0.9%	0.7%	0.2%	0.1%
2021	31.5%	21.2%	22.8%	8.8%	6.3%	3.9%	2.0%	1.4%	0.9%	0.8%	0.2%	0.1%
2022	31.3%	22.7%	23.7%	8.6%	5.8%	2.7%	1.6%	1.6%	1.0%	0.8%	0.2%	0.2%
2023	32.9%	23.3%	22.7%	9.0%	4.9%	2.4%	1.8%	1.3%	0.9%	0.6%	0.2%	0.1%

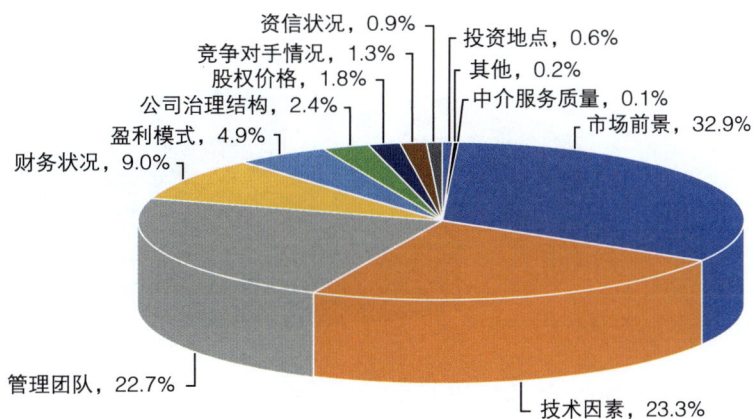

图 5-2　影响创业投资机构进行投资决策的因素（2023 年）

5.3　中国创业投资对被投资项目的管理方式

2023 年，创业投资机构对被投资项目的管理方式没有明显变化。"财务投资""提供管理咨询""董事会席位""只限监管"仍然是创业投资机构选择的主要管理方式，占比分别为 33.2%、32.0%、17.5% 及 12.5%，四者占比合计为 95.2%（图 5-3）[1]。

---

[1]　有效样本数为 2945 份。

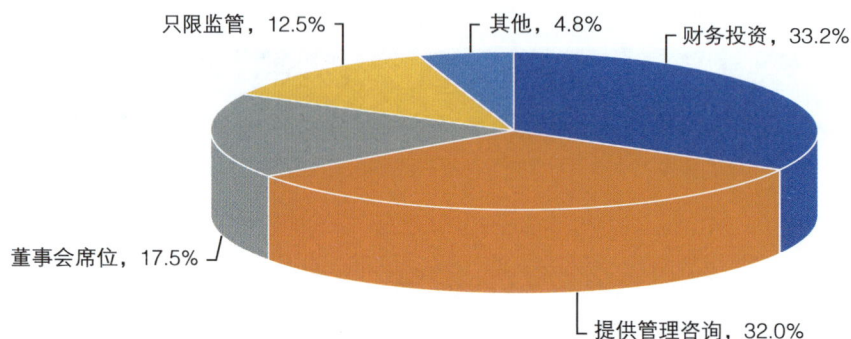

图 5-3　创业投资机构对被投资项目的管理方式（2023 年）

　　2023 年，创业投资机构采取的投后管理服务模式主要为"资源整合""提供咨询服务""提供培训服务"[①]。调查结果显示，约 59.7% 的创业投资机构采取"资源整合"方式进行管理，约 32.6% 的创业投资机构采取"提供咨询服务"的投后管理服务模式（图 5-4）。

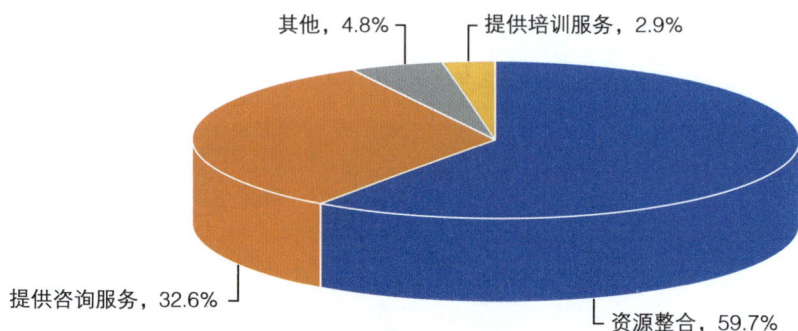

图 5-4　创业投资机构采取的投后管理服务模式（2023 年）

　　2023 年，"一般参股"作为创业投资机构的主要参股方式[②]，占比较 2022 年略有下降。"相对控股"占比较 2022 年略下降了 0.6 个百分点，"绝对控股"占比较 2022 年提升了 0.9 个百分点（表 5-3）。

表 5-3　创业投资机构股权参与程度（2014—2023 年）

年份	绝对控股	相对控股	一般参股
2014	3.4%	12.3%	84.3%
2015	3.5%	7.1%	89.5%
2016	3.1%	7.9%	89.0%

---

① 有效样本数为 2934 份。
② 有效样本数为 2629 份。

年份	绝对控股	相对控股	一般参股
2017	2.4%	7.4%	90.2%
2018	4.6%	7.8%	87.6%
2019	2.8%	6.2%	91.1%
2020	2.5%	4.3%	93.2%
2021	1.9%	4.0%	94.1%
2022	2.1%	4.0%	94.0%
2023	3.0%	3.4%	93.6%

5.4　与创业投资经营管理有关的人力资源因素

2023 年，合格的创业投资经营管理从业人员所具备的基本素质要求与 2022 年相比没有明显变化[①]。"资本运作能力""技术背景""判断力和洞察力"依然是最重要的 3 项素质，占比分别为 26.6%、20.9% 和 17.6%。"财务管理能力""商务谈判能力""人际关系网络和协调能力"占比分别为 15.8%、10.7% 和 7.9%（图 5-5）。

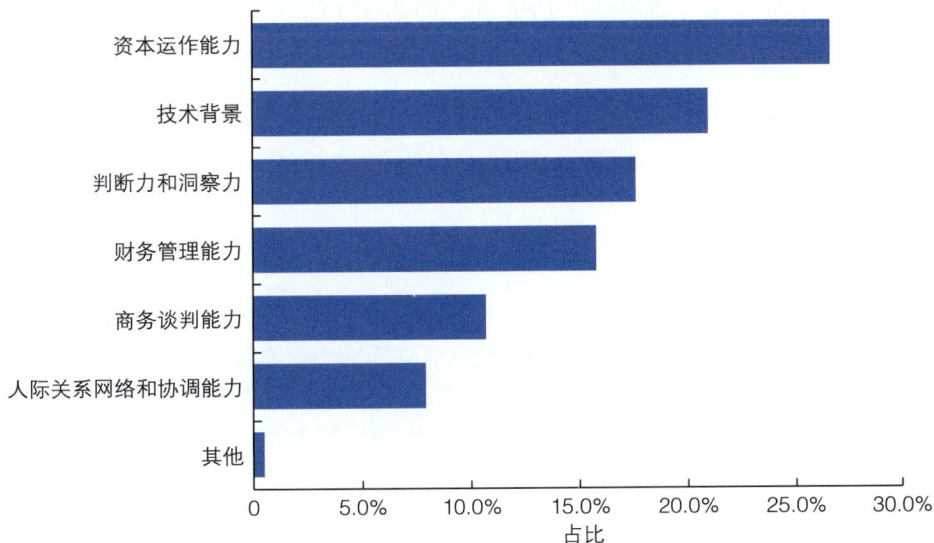

图 5-5　合格的创业投资经营管理从业人员应该具备的基本素质（2023 年）

---

① 有效样本数为 2941 份。

图 5-6 给出了 2023 年创业投资人员相对缺乏的专业知识的统计情况 [1]。2023 年，"技术评估""资本运作"仍然是创业投资人员最缺乏的两项知识，占比分别为 21.9% 和 18.4%；"项目识别"占比为 14.1%，"企业管理"占比为 13.6%，"技术背景"成为第 5 个相对缺乏的专业知识，占比为 12.9%。

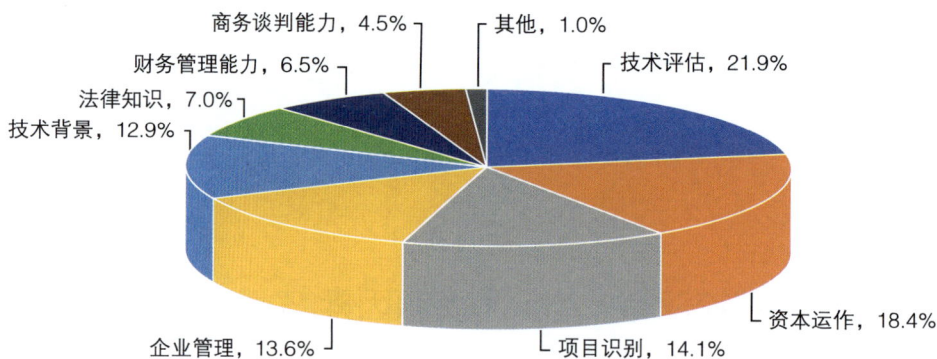

图 5-6　创业投资人员相对缺乏的专业知识（2023 年）

5.5　投资效果不理想的主要原因

2023 年，我国创业投资行业整体发展不甚理想。"政策环境变化"依然是影响投资效果的最主要原因，2023 年占比为近 10 年最高，调研中创业投资机构也普遍反映，政策预期稳定性需要进一步提升。"市场竞争"占比同样为近 10 年来最高。随着我国多层次资本市场不断完善，"退出渠道不畅"问题已经有所缓解，但 2023 年占比较 2022 年明显提升了 3.5 个百分点。"后续融资不力""内部管理水平有限""技术不成熟"也是投资效果不理想的重要原因（表 5-4、图 5-7）。

表 5-4　创业投资机构投资效果不理想的主要原因（2014—2023 年）[2]

年份	政策环境变化	市场竞争	退出渠道不畅	后续融资不力	内部管理水平有限	技术不成熟	缺乏诚信	其他
2014	23.4%	19.4%	25.4%	8.0%	9.5%	7.1%	2.6%	4.6%
2015	23.7%	17.6%	26.2%	8.4%	10.3%	6.7%	2.4%	4.7%
2016	23.2%	17.0%	25.9%	9.1%	10.4%	7.7%	2.2%	4.5%
2017	17.3%	18.3%	18.5%	11.5%	17.1%	12.4%	3.9%	1.0%

---

① 有效样本数为 2932 份。
② 有效样本数为 2924 份。

续表

年份	政策环境变化	市场竞争	退出渠道不畅	后续融资不力	内部管理水平有限	技术不成熟	缺乏诚信	其他
2018	18.7%	17.4%	20.8%	13.1%	13.9%	11.8%	0.9%	3.4%
2019	17.4%	18.2%	19.4%	14.4%	14.2%	12.9%	2.9%	0.6%
2020	17.6%	19.1%	17.1%	14.3%	14.2%	14.2%	2.7%	0.6%
2021	20.7%	20.2%	16.7%	13.3%	12.4%	13.4%	2.2%	1.1%
2022	21.3%	20.4%	16.1%	13.3%	12.9%	12.8%	2.0%	1.2%
2023	23.7%	22.2%	19.6%	12.3%	10.4%	9.4%	1.4%	1.0%

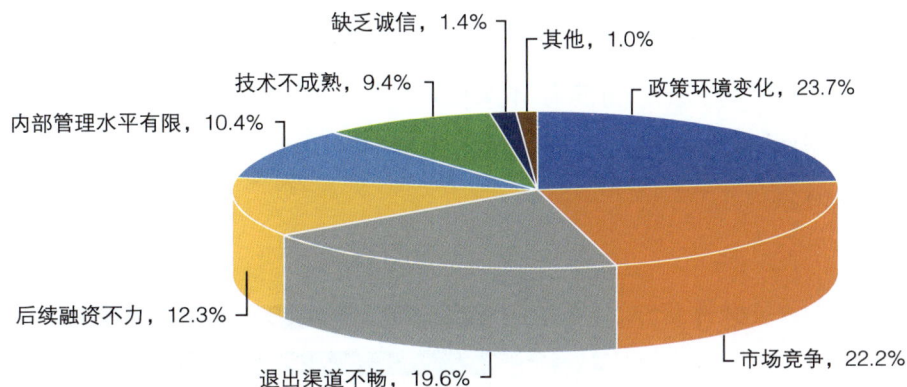

图 5-7　创业投资机构投资效果不理想的主要原因（2023 年）

2023 年，我们继续对创业投资机构首选退出渠道进行跟踪调查。调查结果显示，"国内主板市场"仍然是各个机构选择上市时的首选渠道[①]。选择"国内创业板"的比例从 2022 年的 21.6% 下降到 2023 年的 20.8%，选择"科创板"的比例从 2022 年的 29.5% 下降到 2023 年的 27.5%[②]，选择"北交所"的比例从 2022 年的 1.4% 上升至 2023 年的 4.0%（图 5-8）。

[①] 有效样本数为 2897 份。

[②] 2020 年我们也针对科创板是否对投资机构有积极作用进行了调查，2036 份有效调查结果显示，有 89.9% 的机构认为"科创板对创业投资具有积极意义"。

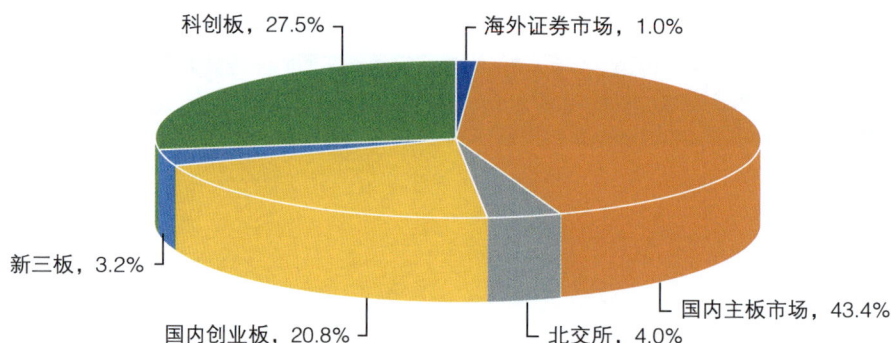

图 5-8　创业投资机构选择上市退出时的首选渠道（2023 年）

5.6　创业投资机构最看好的投资领域

2023 年，"硬科技"仍然是创业投资机构最看好的投资领域，"计算机、通信等电子设备制造业（人工智能行业）""新能源环保行业""医药与生物科技""软件与网络行业"仍然是创业投资机构最看好的四大投资领域，占比分别为 29.9%、26.3%、19.1% 和 10.2%[①]（图 5-9、图 5-10）。

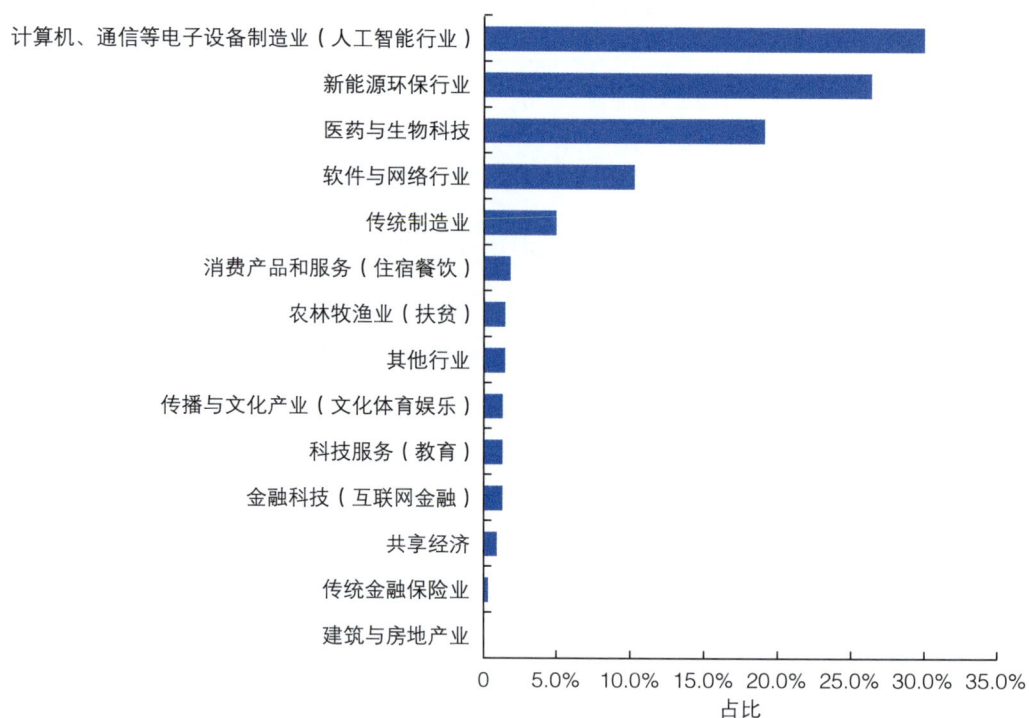

图 5-9　创业投资机构最看好的投资领域（2023 年）

---

① 有效样本数为 2930 份。

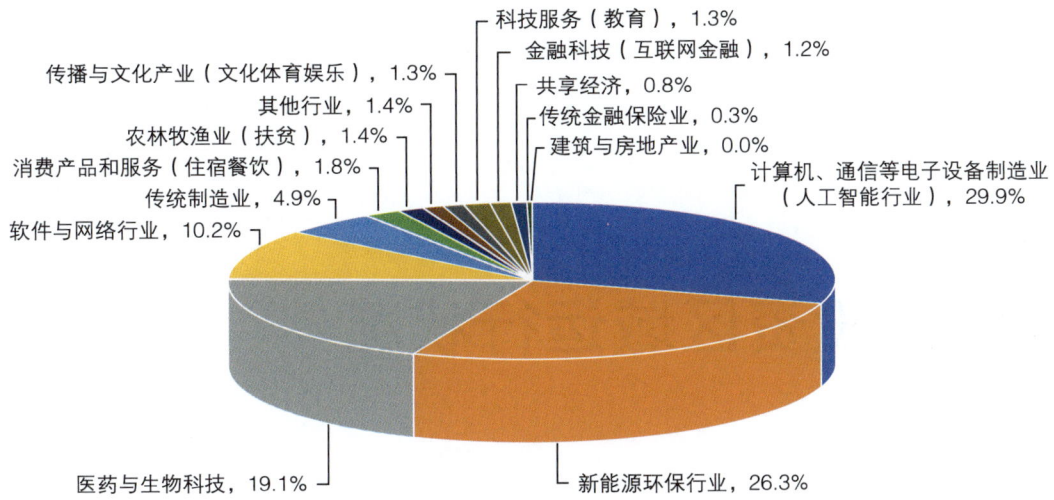

图 5-10　创业投资机构最看好的投资领域（2023 年）

- 科技服务（教育），1.3%
- 金融科技（互联网金融），1.2%
- 共享经济，0.8%
- 传统金融保险业，0.3%
- 建筑与房地产业，0.0%
- 传播与文化产业（文化体育娱乐），1.3%
- 其他行业，1.4%
- 农林牧渔业（扶贫），1.4%
- 消费产品和服务（住宿餐饮），1.8%
- 传统制造业，4.9%
- 软件与网络行业，10.2%
- 计算机、通信等电子设备制造业（人工智能行业），29.9%
- 新能源环保行业，26.3%
- 医药与生物科技，19.1%

6

中国创业投资区域运行状况

6.1 创业投资机构数量地区分布

根据调查统计，2023 年，中国创业投资机构数量是 4117 家，比 2022 年增加了 47 家。其中，创业投资基金数量是 3013 家，比 2022 年减少了 16 家；创业投资管理机构数量是 1104 家，比 2022 年增加了 63 家。

整体上，2023 年中国创业投资机构依旧呈现集中在东部沿海和经济发达地区的分布特点，浙江、江苏、北京、广东、山东、天津、福建、上海 8 个地区创业投资机构数量占总数的 75.4%。

与往年一样，浙江、江苏和北京的创业投资机构数量位居全国前三。这 3 个地区的创业投资机构数量明显高于其他地区，近 3 年的排序也完全相同；不过三地创业投资机构数量合计占总数的比例是 57.2%，比 2022 年的 61.0% 有所减少，主要是江苏和北京两地的创业投资机构数量比上年有所减少，只有浙江的创业投资机构数量保持增加态势。

陕西、山东、安徽、江西、湖南等地创业投资机构较多，机构数量都在 100 家以上，成为国内创业投资发展的新兴中坚力量。这些地区创业投资机构数量占全国的比例是 20.1%。

与往年情况类似，经济欠发达地区的创业投资机构数量较少，机构数量都是个位数，如新疆、吉林、甘肃、广西、宁夏、青海、西藏和海南等（表 6-1）。

表6-1 中国各地区创业投资机构数量（2023年）   单位：家

地区	创业投资机构数量	创业投资基金数量	创业投资管理机构数量
浙江	1272	1088	184
江苏	587	479	108
北京	495	253	242
广东	334	245	89
陕西	216	96	120
山东	198	133	65
安徽	145	122	23
江西	141	137	4
湖南	128	74	54
天津	100	79	21
福建	68	48	20
湖北	62	43	19
上海	52	42	10
重庆	49	14	35
山西	44	7	37
四川	39	25	14
河南	38	26	12
黑龙江	28	20	8
贵州	27	23	4
河北	27	26	1
辽宁	21	9	12
云南	13	7	6
新疆	7	2	5
吉林	6	4	2
甘肃	5	5	0
广西	5	4	1
宁夏	5	0	5
青海	2	2	0

续表

地区	创业投资机构数量	创业投资基金数量	创业投资管理机构数量
西藏	2	0	2
海南	1	0	1
合计	4117	3013	1104

6.2　创业投资机构管理资本的地区分布

表6-2显示了2023年我国部分地区创业投资机构的管理资本。2023年，全国创业投资机构管理资本达1.52万亿元，同比增长4.6%，增速明显放缓。其中，全国31个省（自治区、直辖市）中有20个地区的创业投资机构管理资本实现增长，2个地区不变，9个地区减少。

2023年，江苏、北京、浙江、广东四省市仍然是创业投资机构管理资本排名前4的地区，创业投资机构管理资本都在1000亿元以上，这充分显示这4个地区在中国创业投资发展中的重要性。

山东、湖南、天津、安徽、重庆、陕西、四川成为国内创业投资发展的中坚力量，这些地区政府高度重视创业投资在促进科技创新和高科技产业发展中的重要作用，采取政府出资设立创业投资引导基金的方式，以直接投资和与社会资本成立子基金方式，联合社会资本共同为本地种子期、初创期和成长期的科技型企业提供股权资金支持，促进科技成果的转化和产业化，因此促进了当地创业投资的持续稳定发展。

与往年类似，包括青海、广西、云南等在内的经济欠发达地区创业投资仍不发达，管理资本相对较少。

表6-2　部分地区创业投资机构的管理资本（2023年）　　　　单位：亿元

地区	管理资本
江苏	3705.90
北京	3042.35
浙江	1556.27
广东	1375.70
陕西	684.37
上海	640.13
山东	632.72

地区	管理资本
湖南	609.87
天津	568.63
安徽	504.83
重庆	422.88
陕西	341.37
四川	273.52
山西	207.70
河南	161.11
湖北	147.16
福建	145.17

6.3　各地区创业投资机构的规模分布

表6-3显示了2023年我国各地区创业投资机构的管理资本规模分布。

2023年，国内大部分地区创业投资机构的管理资本低于5000万元。例如，陕西、江苏、黑龙江、河南、湖南、山东、广东、重庆、江西、宁夏、山西、浙江、广西和海南等14个省（自治区、直辖市）管理资本在5000万元以下的创业投资机构数量占比超过30%，机构数量位居全国第一的浙江这一比例则超过50%。这也是上述浙江创业投资机构数量排名全国第一而管理资本只排在全国第3位的原因。

北京创业投资机构的管理资本规模较大，管理资本5亿元以上的机构数量占比为38.6%，这与北京的首都位置、众多金融机构总部和高科技企业在北京聚集等因素有关，但该数值较2022年（52.0%）出现明显下降。江苏和广东管理资本规模较小的创业投资机构数量较多，但是管理资本在5亿元以上的机构数量也同样较多，占比分别为16.5%和16.5%。

表6-3　各地区创业投资机构的管理资本规模分布（2023年）

地区	5000万元以下	5000万~1亿元	1亿~2亿元	2亿~5亿元	5亿元以上
安徽	14.0%	18.6%	18.6%	32.6%	16.3%
北京	9.1%	9.1%	15.9%	27.3%	38.6%

地区	5000 万元以下	5000 万 ~ 1 亿元	1 亿 ~ 2 亿元	2 亿 ~ 5 亿元	5 亿元以上
福建	26.3%	26.3%	8.8%	22.8%	15.8%
甘肃	0	0	20.0%	20.0%	60.0%
广东	36.6%	12.9%	19.0%	15.1%	16.5%
广西	75.0%	25.0%	0	0	0
贵州	25.9%	18.5%	25.9%	25.9%	3.7%
海南	100.0%	0	0	0	0
河北	28.0%	20.0%	28.0%	8.0%	16.0%
河南	32.4%	17.7%	17.7%	14.7%	17.7%
黑龙江	32.0%	20.0%	20.0%	12.0%	16.0%
湖北	18.8%	9.4%	6.3%	43.8%	21.9%
湖南	32.5%	11.4%	14.9%	21.9%	19.3%
吉林	20.0%	0	20.0%	40.0%	20.0%
江苏	31.3%	13.5%	20.2%	18.5%	16.5%
江西	40.0%	5.0%	40.0%	5.0%	10.0%
辽宁	26.7%	20.0%	0	40.0%	13.3%
宁夏	40.0%	0	20.0%	0	40.0%
青海	0	0	50.0%	50.0%	0
山东	35.8%	13.0%	16.7%	16.7%	17.9%
山西	41.9%	9.3%	11.6%	11.6%	25.6%
陕西	31.2%	10.1%	10.1%	28.4%	20.2%
上海	25.8%	6.5%	16.1%	22.6%	29.0%
四川	11.8%	20.6%	35.3%	11.8%	20.6%
天津	18.2%	17.1%	21.6%	27.3%	15.9%
西藏	0	0	0	0	100.0%
新疆	28.6%	0	28.6%	28.6%	14.3%
云南	10.0%	20.0%	40.0%	10.0%	20.0%
浙江	50.2%	17.0%	14.4%	11.1%	7.4%
重庆	39.1%	8.7%	21.7%	13.0%	17.4%

6.4 各地区创业投资机构管理资本来源

6.4.1 按资本来源的机构性质划分

表6-4显示了2023年各地区创业投资机构管理资本的所有制性质构成，具有以下特点。

（1）政府依然是国内大部分地区创业投资机构的主要资本提供方

国内大部分地区创业投资的管理资本主要来源于财政资金。数据显示：国有独资投资机构、政府引导基金及其他政府财政资金构成的财政资金占管理资本比重超过50%的地区有26个，其中以陕西、上海、广西、湖南、江西、安徽、北京等地明显。而在经济欠发达地区，财政资金在助力地区创业投资发展过程中的作用更为明显。广西、黑龙江、新疆、重庆、贵州、安徽、甘肃和海南的财政资金占比都在80%以上；江西、湖南和吉林的财政资金占比在70%以上；另外，北京、安徽、陕西、湖南、江西、上海、甘肃和广西是以国有独资投资机构为主，占比超过了50%。

在财政资金支持方式上，绝大部分地区都通过设立政府引导基金来推动创业投资的发展，2023年有30个地区设立了政府引导基金。其中，海南、重庆、黑龙江、宁夏、青海、安徽、吉林和贵州等地政府出资设立的引导基金对推动当地创业投资发展作用较大，政府引导基金占比超过了30%。

（2）民营投资机构是国内创业投资的重要资金来源

2023年，29个地区的创业投资管理资本中包括民营投资机构，表明国内各地区民营投资机构广泛参与创业投资。其中，民营投资机构占比较高的地区有西藏、浙江、宁夏、天津和福建等。

（3）个人投资者是中国创业投资管理资本的有益补充

2023年，26个地区的创业投资管理资本中包含个人，比2022年增加1个。其中，个人占比较高的地区有四川、福建、广东、北京和浙江，占比都超过了10%。

（4）部分地区混合所有制投资机构的占比较高

与往年相同，2023年有24个地区创业投资管理资本中包括混合所有制投资机构。其中，混合所有制投资机构占比较高的地区有云南、河北、河南和山西。

（5）外资参与国内创业投资的地区增长缓慢

受中美科技竞争的影响，美国限制创业投资机构对华投资量子、人工智能、芯片等高科技领域，以美国资本为首的外资参与中国创业投资受到很大影响。2023年，只有7个地区的创业投资管理资本有外资[1]参与，而且外资占比仍然比较低。其中，外资占比最高的是四川，占比为1.4%，其余地区的占比都不超过0.3%。

---

[1] 包括境内外资机构和境外投资机构。

表 6-4　2023 年各地区创业投资的资本来源（按机构性质）

地区	个人	国有独资投资机构	混合所有制投资机构	民营投资机构	其他	其他政府财政资金	政府引导基金	非营利机构	境内外资机构	境外投资机构
安徽	0.7%	53.1%	0.1%	2.3%	0.1%	1.3%	42.4%	0	0	0
北京	16.1%	51.5%	2.0%	10.6%	10.5%	2.7%	6.1%	0.1%	0	0.3%
福建	22.0%	22.7%	1.3%	31.3%	9.3%	0.7%	12.8%	0	0	0
甘肃	0	64.0%	0	0.1%	0	23.4%	12.6%	0	0	0
广东	19.9%	27.9%	2.9%	13.9%	11.2%	7.5%	16.3%	0	0.1%	0.1%
广西	0	74.5%	11.2%	4.1%	0	0	10.2%	0	0	0
贵州	0.2%	45.9%	0.5%	9.8%	0	13.5%	30.2%	0	0	0
海南	0	0	0	0	0	0	100.0%	0	0	0
河北	2.6%	20.5%	34.8%	6.0%	0.1%	24.0%	12.1%	0	0	0
河南	2.6%	15.2%	31.9%	8.2%	23.4%	11.7%	6.9%	0	0	0
黑龙江	0.7%	8.8%	0	3.2%	11.4%	12.3%	63.7%	0	0	0
湖北	5.3%	43.7%	6.7%	22.4%	1.0%	10.2%	10.7%	0	0.1%	0
湖南	8.2%	62.5%	1.9%	10.9%	6.1%	4.5%	5.8%	0	0	0
吉林	0	28.6%	12.5%	13.1%	0	14.4%	31.5%	0	0	0
江苏	5.1%	30.6%	6.0%	11.1%	15.5%	20.6%	10.7%	0	0.2%	0
江西	11.6%	62.8%	1.7%	14.6%	1.3%	1.4%	6.6%	0	0	0
辽宁	2.9%	32.9%	18.3%	20.9%	0.2%	0	24.9%	0	0	0
宁夏	2.4%	1.8%	0	39.9%	0	0	55.9%	0	0	0
青海	6.3%	0	0	2.5%	37.5%	10.0%	43.8%	0	0	0
山东	3.3%	43.5%	2.1%	29.8%	3.3%	1.7%	16.3%	0	0	0
山西	0.6%	3.3%	28.1%	5.3%	11.2%	22.0%	29.6%	0	0	0
陕西	3.3%	58.1%	4.0%	12.6%	11.0%	1.4%	9.6%	0	0	0
上海	3.5%	63.6%	1.3%	4.4%	0.4%	2.6%	24.2%	0	0	0
四川	29.8%	39.6%	1.6%	7.7%	0	3.9%	16.0%	0	0	1.4%
天津	3.8%	46.8%	10.5%	31.4%	3.6%	1.0%	2.7%	0	0	0.1%
西藏	2.8%	0	0	68.8%	0	0.7%	26.3%	1.4%	0	0
新疆	3.5%	45.3%	0.2%	5.9%	5.2%	18.6%	21.3%	0	0	0
云南	0.3%	34.3%	38.7%	3.0%	0	4.6%	19.0%	0	0	0
浙江	16.0%	16.6%	3.7%	52.6%	2.6%	1.3%	6.9%	0	0.2%	0
重庆	3.1%	3.9%	0.1%	4.4%	4.3%	1.3%	82.9%	0.1%	0	0

6.4.2 按金融/非金融资本类型划分

从金融/非金融资本角度来看，2023年中国创业投资的管理资本呈现如下特点（表6-5）。

（1）非金融资本依旧是中国各地区创业投资的主要资本来源

与往年相同，非金融资本依旧是国内各地区创业投资管理资本的主要来源，其中，非金融资本占比较高的地区是海南、上海、河北、甘肃、新疆、山东、江苏、广东、贵州、广西和黑龙江等，占比均在60%以上。

（2）银行作为创业投资资本来源比重下降

2023年，共有15个地区创业投资管理资本来源于银行，比2022年减少3个；各地区银行占比均较低，占比最高的福建为6.8%，湖北排第2位，占比为5.2%；湖南排第3位，占比为4.5%。

（3）证券、保险、信托是部分地区创业投资管理资本的有益补充

2023年，国内很多地区的创业投资都获得了证券、信托和保险的支持。来源于证券和信托投资的地区数量都是9个，与2022年相同；来源于保险投资的地区数量是5个，与2022年相比增加了1个。

表6-5　2023年各地区创业投资的资本来源（按金融资本类型）

地区	非金融资本	基金	其他金融资本	信托	银行	证券	保险
安徽	14.1%	81.7%	3.9%	0.1%	0.2%	0.1%	0
北京	35.5%	15.7%	2.3%	0.4%	1.6%	0.1%	44.4%
福建	52.1%	16.3%	23.8%	0.2%	6.8%	0.9%	0
甘肃	74.2%	17.1%	8.7%	0	0	0	0
广东	66.3%	18.2%	10.0%	0.3%	2.0%	0.1%	3.0%
广西	61.2%	36.7%	2.0%	0	0	0	0
贵州	62.5%	27.3%	10.2%	0	0	0	0
海南	100.0%	0	0	0	0	0	0
河北	80.8%	9.6%	8.7%	0	0.9%	0	0
河南	32.1%	63.0%	3.3%	0.7%	0.9%	0	0
黑龙江	60.0%	35.3%	4.7%	0	0	0	0
湖北	53.0%	36.8%	5.0%	0	5.2%	0	0
湖南	36.6%	42.5%	16.1%	0	4.5%	0.3%	0

续表

地区	非金融资本	基金	其他金融资本	信托	银行	证券	保险
吉林	30.9%	56.6%	12.5%	0	0	0	0
江苏	67.2%	22.6%	3.6%	0.2%	3.2%	0.3%	2.9%
江西	58.6%	24.8%	12.4%	0	4.3%	0	0
辽宁	33.3%	39.8%	26.9%	0	0	0	0
宁夏	3.2%	96.7%	0.1%	0	0	0	0
青海	0	53.8%	46.3%	0	0	0	0
山东	68.7%	11.8%	16.3%	0	3.2%	0	0
山西	41.9%	54.3%	3.3%	0	0.5%	0	0
陕西	24.9%	27.3%	38.8%	7.9%	1.1%	0	0
上海	88.4%	7.9%	3.7%	0	0	0	0
四川	57.5%	32.9%	7.8%	0	0	1.1%	0.7%
天津	40.3%	50.7%	8.7%	0	0.3%	0	0
西藏	52.3%	0	0	30.3%	0	0	17.3%
新疆	69.5%	19.6%	10.9%	0	0	0	0
云南	12.7%	46.1%	40.2%	0	0	1.0%	0
浙江	8.0%	86.0%	5.0%	0.1%	0.9%	0.1%	0
重庆	8.9%	83.6%	7.4%	0	0	0	0

6.5 各地区创业投资的投资特征

6.5.1 各地区创业投资机构投资项目比较 [①]

2023年，全国共有26个地区的创业投资机构进行了项目投资（表6–6），与2022年相比，增加西藏和甘肃2个地区，减少新疆1个地区，净增加地区1个。

2023年，创业投资项目数量占比排全国前4位的地区依次是浙江、江苏、广东和陕西，这4个地区创业投资机构所投资的项目数量合计占比达63.6%，低于2022年的66.9%，显示国内其他地区的创业投资活跃程度有所增加。与2022年一样，浙江的创业投资机构所投

---

① 本部分从两个维度来分析2023年中国创业投资项目的地区分布。一个是从创业投资机构的注册地角度出发，分析比较不同地区创业投资机构的投资项目；另一个是从创业投资项目所在地角度出发，分析创业投资最乐于选择投资的地区。

资项目数量依旧占据榜首，而江苏取代广东，占据全国第二的位置；陕西和上年排序相同，位居全国第四；北京的排名从 2022 年全国第 8 位升至 2023 年全国第 6 位，项目数量占比从 2022 年的 2.9% 升至 2023 年的 5.5%。

　　处于第二梯队的地区有山东、北京、湖南、安徽、四川、福建、河南、湖北、天津和上海等，这些地区的创业投资相对活跃，投资项目数量占比均超过 1%；西部地区的贵州、西藏等地和东北地区的辽宁、黑龙江等地，创业投资机构的投资行为相对不活跃，投资的项目数量依然较少。

表 6-6　2023 年各地区创业投资机构投资项目分布

地区	项目数量占比
浙江	24.7%
江苏	15.6%
广东	15.1%
陕西	8.2%
山东	5.7%
北京	5.5%
湖南	4.5%
安徽	4.4%
四川	2.3%
福建	2.1%
河南	1.6%
湖北	1.6%
天津	1.3%
上海	1.2%
贵州	0.8%
辽宁	0.8%
黑龙江	0.7%
西藏	0.7%
江西	0.6%
重庆	0.6%
河北	0.6%

地区	项目数量占比
山西	0.5%
吉林	0.4%
云南	0.3%
广西	0.1%
甘肃	0.1%

6.5.2 创业投资机构所投资项目的地区分布

根据表6-7，2023年中国创业投资机构所投资项目分布在全国27个省（自治区、直辖市）内，比2022年减少西藏、宁夏和内蒙古3个地区。与往年相同的是，中国创业投资还是最青睐东部经济和科技发达地区，投资于江苏、浙江、广东、北京、上海、陕西6个地区的项目数量占比达74.9%，约占总数的3/4。

2023年，江苏、浙江和广东仍然是国内创业投资机构最关注的地区，投资项目数量占比远高于国内其他地区。其中，投资于江苏的项目数量占比仍然位居全国第一，占比达19.4；浙江排名全国第2位，占比达18.7%，排名下降1位；广东排名与上年相同，仍旧位居第三，但是项目数量占比从2022年的15.2%降至14.8%；北京从2022年全国第6位升至全国第4位，项目数量占比也从2022年的6.5%升至9.2%；上海排名下降1位，位居第五；陕西的排名也下降1位，居第6位，项目数量占比也由2022年的7.3%降至4.8%。

部分地区，如重庆、江西、广西、山西、云南、新疆、海南和甘肃等，投资项目很少，数量占比都不超过0.5%。

表6-7 2023年创业投资机构所投资项目的地区分布

地区	项目数量占比
江苏	19.4%
浙江	18.7%
广东	14.8%
北京	9.2%
上海	8.0%
陕西	4.8%
山东	3.9%

地区	项目数量占比
湖南	3.2%
四川	3.0%
安徽	2.6%
福建	2.1%
湖北	1.5%
天津	1.5%
辽宁	1.0%
河南	1.0%
河北	0.8%
贵州	0.8%
黑龙江	0.6%
吉林	0.6%
重庆	0.5%
江西	0.5%
广西	0.3%
山西	0.3%
云南	0.3%
新疆	0.2%
海南	0.2%
甘肃	0.1%

6.5.3　各地区创业投资的投资强度

根据表6-8，与往年类似，2023年中国各地区创业投资机构所投资项目的投资强度大部分在每项1000万~3000万元。各地区中，投资强度最高的仍然是新疆，投资强度为8800.00万元/项，相较于2022年的4979.56万元/项，上升较明显[①]。最低的是广西，投资强度为255.00万元/项，低于2022年的1007.67万元/项。

---

① 这些地区创业投资的项目数量少，而金额较大，故投资强度较高。

与 2022 年比较，安徽、新疆、湖北、河北、黑龙江、山西、江西和湖南等地投资强度增幅较大；而重庆、吉林、天津、河南和广西等地投资强度降幅较大；云南、上海和江苏等地投资强度变化不大。

表 6-8　2023 年各地区创业投资的投资强度　　　　　　　　单位：万元/项

地区	投资强度
新疆	8800.00
湖南	8531.86
江西	4919.21
黑龙江	4343.51
云南	4005.25
上海	3996.92
安徽	3545.59
西藏	3480.62
陕西	3434.13
山西	3264.27
河北	2865.73
甘肃	2750.00
浙江	2623.30
湖北	2622.22
广东	2604.48
贵州	2464.85
辽宁	2115.26
北京	2047.69
山东	2025.14
重庆	1849.06
四川	1831.63
福建	1815.78
河南	1663.63
江苏	1403.09

地区	投资强度
天津	1372.94
吉林	621.67
广西	255.00

6.5.4 各地区创业投资项目的持股结构

根据表 6-9，和往年一样，2023 年国内大部分地区创业投资机构所投资项目持股比例低于 10%，除吉林外，25 个地区不低于一半的投资项目持股比例低于 10%，其中甘肃所有投资项目持股比例均在 10% 以内，而新疆所有投资项目持股比例均在 50% 以上。

表 6-9 2023 年中国创业投资机构所投资项目持股结构的地区分布

地区	< 10%	10%（含）~ 20%	20%（含）~ 30%	30%（含）~ 50%	≥ 50%
北京	80.1%	10.6%	3.7%	1.2%	4.4%
天津	58.1%	22.6%	9.7%	6.5%	3.2%
河北	56.3%	6.3%	18.8%	12.5%	6.3%
山西	53.3%	26.7%	0	13.3%	6.7%
辽宁	77.3%	18.2%	4.6%	0	0
吉林	20.0%	50.0%	0	20.0%	10.0%
黑龙江	66.7%	16.7%	5.6%	11.1%	0
上海	85.3%	8.8%	5.9%	0	0
江苏	85.2%	10.4%	1.9%	1.5%	1.0%
浙江	82.0%	8.9%	3.1%	2.5%	3.4%
安徽	82.1%	4.5%	3.0%	6.0%	4.5%
福建	73.3%	3.3%	3.3%	6.7%	13.3%
江西	81.3%	0	0	12.5%	6.3%
山东	80.0%	10.7%	4.7%	3.3%	1.3%
河南	71.7%	10.9%	6.5%	6.5%	4.4%
湖北	68.0%	20.0%	8.0%	0	4.0%
湖南	63.1%	16.9%	3.1%	10.8%	6.2%
广东	85.7%	8.8%	2.7%	1.3%	1.6%

地区	< 10%	10%（含）~ 20%	20%（含）~ 30%	30%（含）~ 50%	≥ 50%
广西	75.0%	0	0	25.0%	0
四川	79.1%	17.9%	1.5%	1.5%	0
贵州	60.9%	26.1%	4.4%	4.4%	4.4%
云南	50.0%	50.0%	0	0	0
西藏	71.4%	19.1%	9.5%	0	0
重庆	62.5%	12.5%	6.3%	6.3%	12.5%
陕西	82.7%	10.5%	2.3%	0.5%	4.1%
甘肃	100.0%	0	0	0	0
新疆	0	0	0	0	100.0%

6.5.5　各地区创业投资项目所处阶段

表 6-10 显示了 2023 年中国各地区创业投资项目的所处阶段，整体上看，国内各地区创业投资都加大了对早期阶段科技企业的支持力度。

①起步期和成长（扩张）期的项目依旧是大部分地区创业投资机构的投资重点。2023 年，贵州、重庆、安徽、甘肃和山东等地起步期的项目占比最高，且均超过 40%；上海、山西、西藏、江西、黑龙江、湖北、河南、陕西、吉林和云南等地成长（扩张）期的项目占比最高，均不低于 50%。

②种子期的项目继续获得各地重视。2023 年，广西、新疆、河北、云南、四川、辽宁、北京、甘肃、天津、浙江和江西等 11 个地区种子期的项目占比都不低于 20%，比 2022 年少 2 个地区。

③大部分地区成熟（过渡）期、重建期的项目占比都较低。其中，成熟（过渡）期项目占比较高的地区有湖北、湖南、辽宁、河北和江西，占比在 6% 以上。同时，2023 年成熟（过渡）期项目占比超过 10% 的地区只有湖北 1 个，比 2022 年减少 4 个。

表 6-10　2023 年各地区创业投资项目的所处阶段

地区	种子期	起步期	成长（扩张）期	成熟（过渡）期	重建期
湖北	18.4%	18.4%	52.6%	10.5%	0
湖南	8.9%	32.7%	49.5%	8.9%	0
辽宁	30.4%	17.4%	43.5%	8.7%	0

续表

地区	种子期	起步期	成长（扩张）期	成熟（过渡）期	重建期
河北	57.1%	14.3%	21.4%	7.1%	0
江西	20.0%	13.3%	60.0%	6.7%	0
上海	0	26.5%	67.6%	5.9%	0
陕西	15.2%	25.2%	50.5%	5.7%	3.3%
天津	22.2%	33.3%	38.9%	5.6%	0
北京	27.0%	32.9%	32.2%	5.3%	2.6%
黑龙江	5.3%	31.6%	57.9%	5.3%	0
江苏	15.8%	38.3%	40.7%	5.0%	0.2%
广东	19.6%	34.9%	41.6%	3.7%	0.2%
浙江	21.6%	34.4%	40.5%	3.5%	0
山东	13.3%	41.8%	41.8%	3.2%	0
四川	35.9%	29.7%	31.3%	3.1%	0
安徽	5.4%	53.6%	39.3%	1.8%	0
广西	100.0%	0	0	0	0
新疆	100.0%	0	0	0	0
云南	50.0%	0	50.0%	0	0
甘肃	25.0%	50.0%	25.0%	0	0
福建	18.6%	35.6%	45.8%	0	0
吉林	16.7%	33.3%	50.0%	0	0
河南	14.6%	34.1%	51.2%	0	0
山西	14.3%	21.4%	64.3%	0	0
重庆	7.7%	53.8%	38.5%	0	0
西藏	4.8%	33.3%	61.9%	0	0
贵州	0	100.0%	0	0	0

6.6　各经济区域创业投资活动情况

本部分从经济区域角度来比较、分析 2023 年我国创业投资的运行状况。在当前中国经济发展进入新常态的情况下，通过比较经济发达、有特色的地区与经济相对不发达、创业投资活动不活跃地区之间的差异，一定程度上可以揭示创业投资对促进地区经济发展的重要作用，为我国创业投资发展提供指导借鉴。

本部分的区域是根据区域经济发展的联系紧密程度及发展特色，参照国家现有的经济区域进行划分的，并考虑了研究的连续性。当前我国最为关注的几个经济区域增长带是珠三角、长三角及京津冀等地区，同时还有正在重新振兴的东北三省老工业基地。故本部分划分区域如下：

①京津冀地区（北京、天津、河北）；
②长三角地区（上海、江苏、浙江）；
③珠三角地区（广东（深圳））；
④东北三省地区（辽宁、吉林、黑龙江）；
⑤其他地区。

6.6.1　创业投资项目的区域分布

表 6-11 显示了 2023 年中国创业投资项目的区域分布，各区域排位次序与 2022 年相同。2023 年，长三角地区继续保持国内创业投资机构最活跃区域的记录，该区域的创业投资项目占比达 46.1%，比 2022 年增加 0.6 个百分点；珠三角地区创业投资项目占比达 14.8%，比 2022 年下降 0.4 个百分点；京津冀地区创业投资项目占比达 11.4%，比 2022 年增加 2.8 个百分点，与珠三角地区差距拉小；东北三省地区创业投资项目占比较 2022 年减少 0.1 个百分点；其他地区的创业投资项目占比下降，为 25.6%，比 2022 年减少 2.8 个百分点（其他地区未做排名比较）。

表 6-11　2023 年中国创业投资项目的区域分布

区域	占比
长三角	46.1%
珠三角	14.8%
京津冀	11.4%
东北三省	2.2%
其他地区	25.6%

6.6.2 我国不同区域创业投资的投资强度

表6–12显示，2023年，珠三角地区继续成为国内创业投资强度最高的地区，但是投资强度下降最多，比2022年下降约594.3万元/项；东北三省地区创业投资强度增加幅度较大，近几年首次超越京津冀和长三角地区，位居第二；长三角地区创业投资强度有所增加，排名和2022年相同，位居第三；相比2022年，京津冀地区创业投资强度下降幅度约11.6%，和珠三角地区一起成为2023年投资强度下降的两个地区；其他地区创业投资强度变化较大，比2022年增加约1099.6万元/项（其他地区未做排名比较）。

表6–12 2023年中国创业投资强度的区域分布　　　　　　　　　　单位：万元/项

区域	投资强度
珠三角	2604.5
东北三省	2567.4
长三角	2202.3
京津冀	1992.2
其他地区	3533.2

6.6.3 各区域创业投资的持股结构

表6–13显示了2023年我国各区域创业投资的持股结构。与2022年相同，2023年各区域创业投资的持股比例仍是小于10%的项目占比最高，均在50%以上，且除东北三省地区外，其他4个地区各自占比均较2022年有所增加。与2022年相同，持股比例低于10%的项目占比最高的是珠三角地区，占比达86.4%；最低的是东北三省地区，占比为56.0%。持股比例大于或等于50%的项目在各区域内的占比都很小。

表6–13 2023年各区域创业投资的持股结构

区域	< 10%	10%（含）~ 20%	20%（含）~ 30%	30%（含）~ 50%	≥ 50%
珠三角	86.4%	9.8%	1.6%	1.4%	0.8%
长三角	82.6%	10.9%	2.8%	1.7%	2.0%
京津冀	82.5%	6.9%	3.3%	2.9%	4.4%
东北三省	56.0%	26.0%	6.0%	8.0%	4.0%
其他地区	73.6%	11.7%	4.4%	5.3%	5.0%

6.6.4 各区域创业投资项目所处阶段

根据表 6-14，2023 年各区域创业投资项目主要处于起步期和成长（扩张）期。2023 年，京津冀地区种子期项目占比从 2022 年的 35.6% 减少到 28.2%，排位与 2022 年相同，位居第一；珠三角地区位居第二，种子期项目占比是 19.6%，比 2022 年减少了 1.0 个百分点；东北三省地区种子期项目占比和长三角地区一样，都是 18.5%，是 5 个地区中仅有的出现正增长的两个地区，且东北三省地区种子期项目占比较 2022 年增加了 7.0 个百分点，增幅最大。

表 6-14　2023 年各区域创业投资项目所处阶段

区域	种子期	起步期	成长（扩张）期	成熟（过渡）期	重建期
京津冀	28.2%	31.7%	32.7%	5.4%	2.0%
珠三角	19.6%	34.9%	41.6%	3.7%	0.2%
长三角	18.5%	35.7%	41.5%	4.2%	0.1%
东北三省	18.5%	25.9%	50.0%	5.6%	0
其他地区	15.4%	34.7%	45.0%	4.1%	0.8%

6.6.5 各区域创业投资项目的行业分布

根据图 6-1，2023 年长三角地区创业投资项目分布在 27 个行业（房地产业不在统计内），数量和 2022 年相同。其中，半导体，生物科技，新能源、高效节能技术及新材料工业行业的创业投资较多，这既与长三角所处区域特点、能发挥产业链配套优势有关，也与长三角地区政府规划高度一致[①]。另外，投资较多的行业还有其他制造业、科技服务等。

根据图 6-2，2023 年京津冀地区创业投资项目分布在 21 个行业，数量比 2022 年净增加 2 个，即增加传播与文化娱乐、核应用技术、社会服务、交通运输仓储和邮政业 4 个行业，减少环保工程、通信设备 2 个行业。与 2022 年相同，半导体行业占比仍是第一位，但增长较快，占比从 2022 年的 10.7% 升至 20.2%。医药保健行业占比变化不大，排名比 2022 年提高一位，位居第二。科技服务和生物科技两个行业占比和排名出现上升，分别位居第三、第四。排名变化可以显示出京津冀地区创业投资关注的焦点产业已经出现转换。另外，投资较多的行业为：其他制造业，软件产业，新能源、高效节能技术。

---

① 《长三角科技创新共同体建设发展规划》明确支持电子信息、生物医药、航空航天、高端装备、新材料、节能环保等重点领域的技术创新与联盟建设。

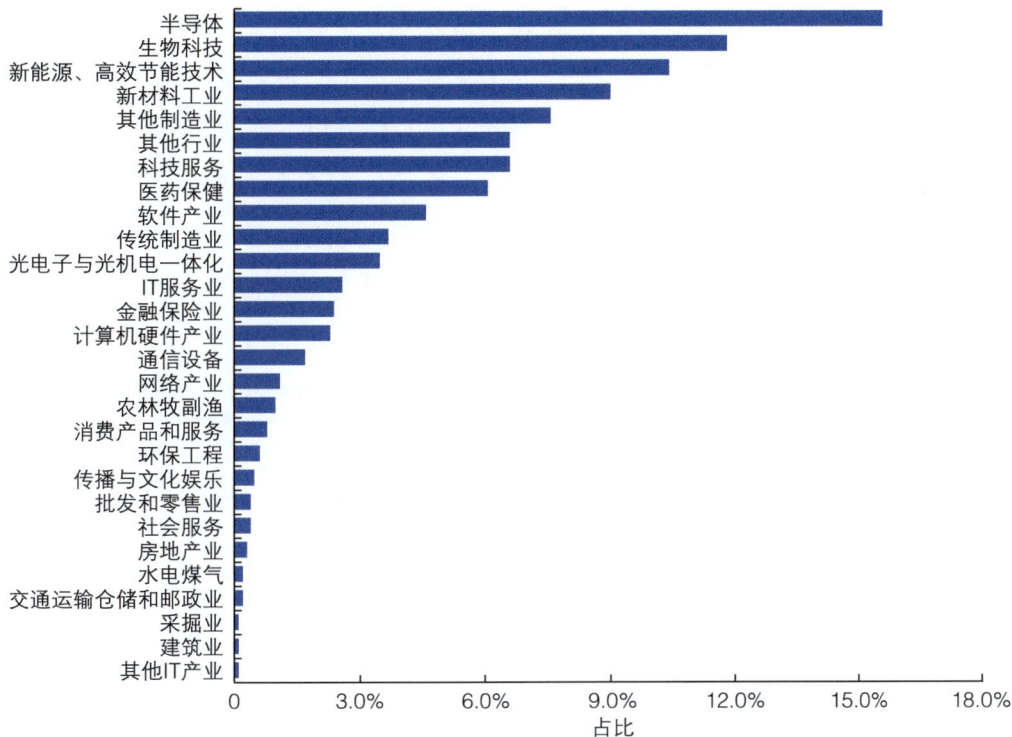

图 6-1 长三角地区创业投资项目的行业分布（2023 年）

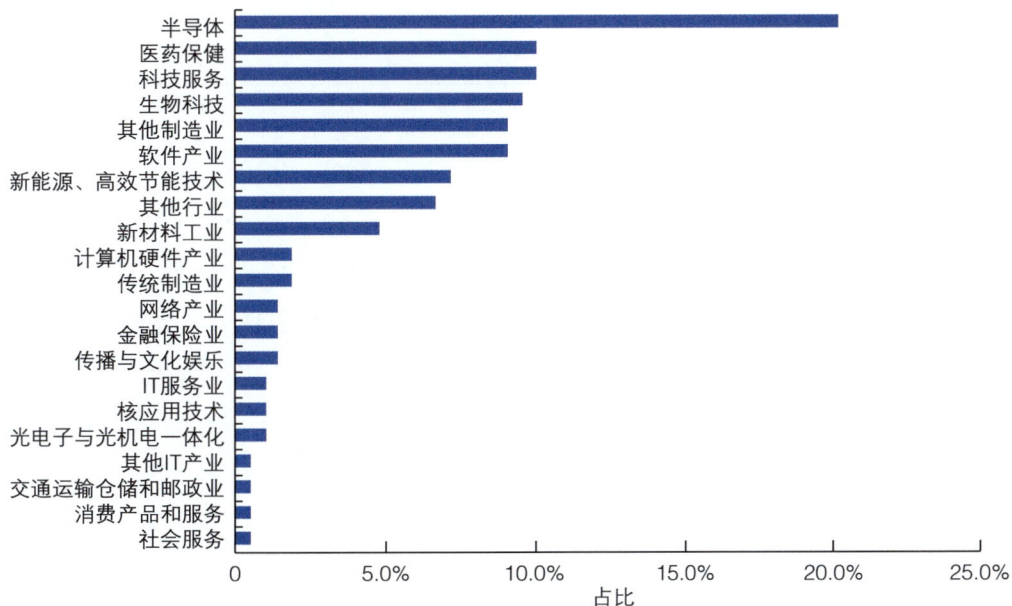

图 6-2 京津冀地区创业投资项目的行业分布（2023 年）

根据图 6-3，2023 年珠三角地区创业投资项目分布在 21 个行业，比 2022 年净减少 1 个，即增加 1 个社会服务，减少农林牧副渔、传播与文化娱乐 2 个行业。投资最多的行业是半导体，占比达 13.5%，比 2022 年上升一位，但占比下降 3.1 个百分点。其次是其他行业，医药保健，新能源、高效节能技术，生物科技，分别居第 2～5 位，前 5 个行业合计占比为 57.6%，可以看出，珠三角地区的创业投资行业分布与京津冀地区类似，与当前国家解决芯片等卡脖子技术难题的发展目标是一致的。另外，投资较多的行业是其他制造业和新材料工业。

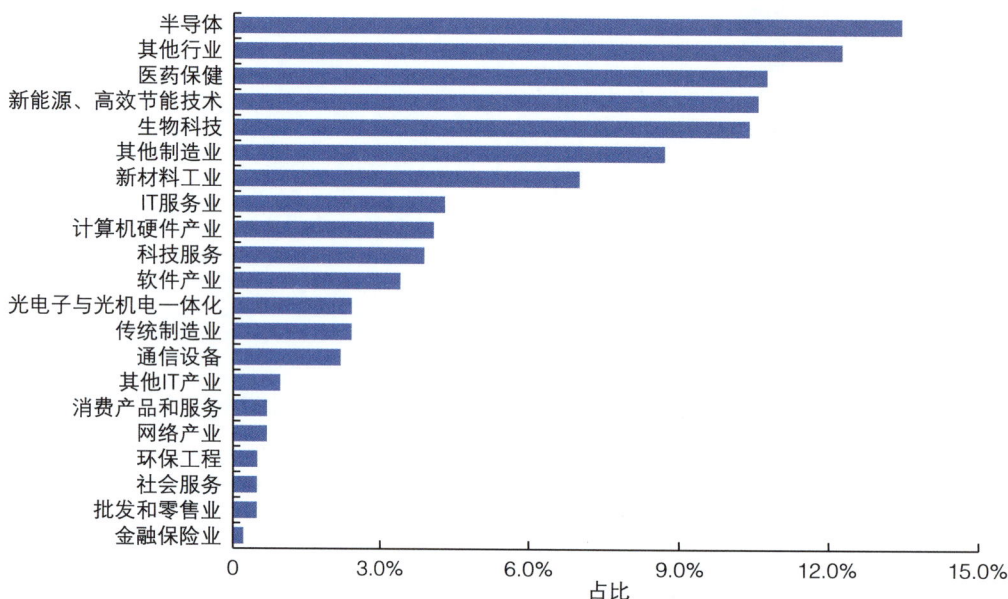

图 6-3　珠三角地区创业投资项目的行业分布（2023 年）

根据图 6-4，2023 年东北三省地区创业投资项目分布在 15 个行业，比 2022 年净减少 2 个，即增加 IT 服务业、批发和零售业 2 个行业，减少农林牧副渔、光电子与光机电一体化、其他 IT 产业、通信设备 4 个行业。其他行业占比位居第一，从 2022 年的 8.1% 增加至 25.9%。医药保健取代新材料工业，居第 2 位，占比为 11.1%。半导体占比从 2022 年的 1.6% 增加至 9.3%，居第 3 位。生物科技排名变化最大，占比和排名分别从 2022 年第 1 位的 24.2% 降至第 10 位的 3.7%。其他投资较多的行业是新材料工业、软件产业、其他制造业和科技服务。

根据图 6-5，2023 年其他地区创业投资项目分布在 28 个行业（除了房地产业），比 2022 年增加核应用技术和采掘业 2 个行业。排名前 5 位的分别是半导体，其他行业，其他制造业，新材料工业，新能源、高效节能技术，与 2022 年基本相同，其中新材料工业占比升至 10.8%，取代新能源、高效节能技术，从 2022 年第 5 位提高至第 4 位。前 5 位行业合计占比为 55.9%，医药保健和软件产业占比在 5% 以上。

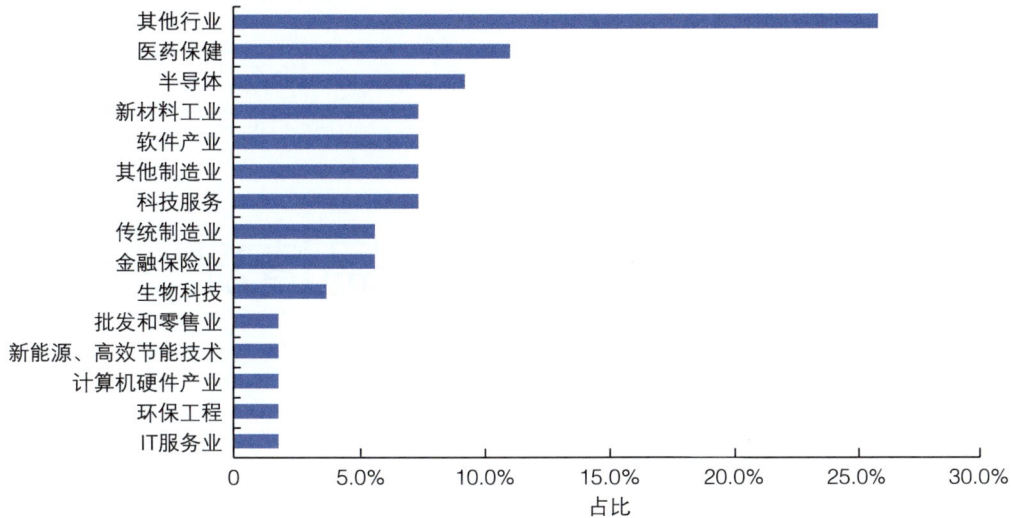

图 6-4　东北三省地区创业投资项目的行业分布（2023 年）

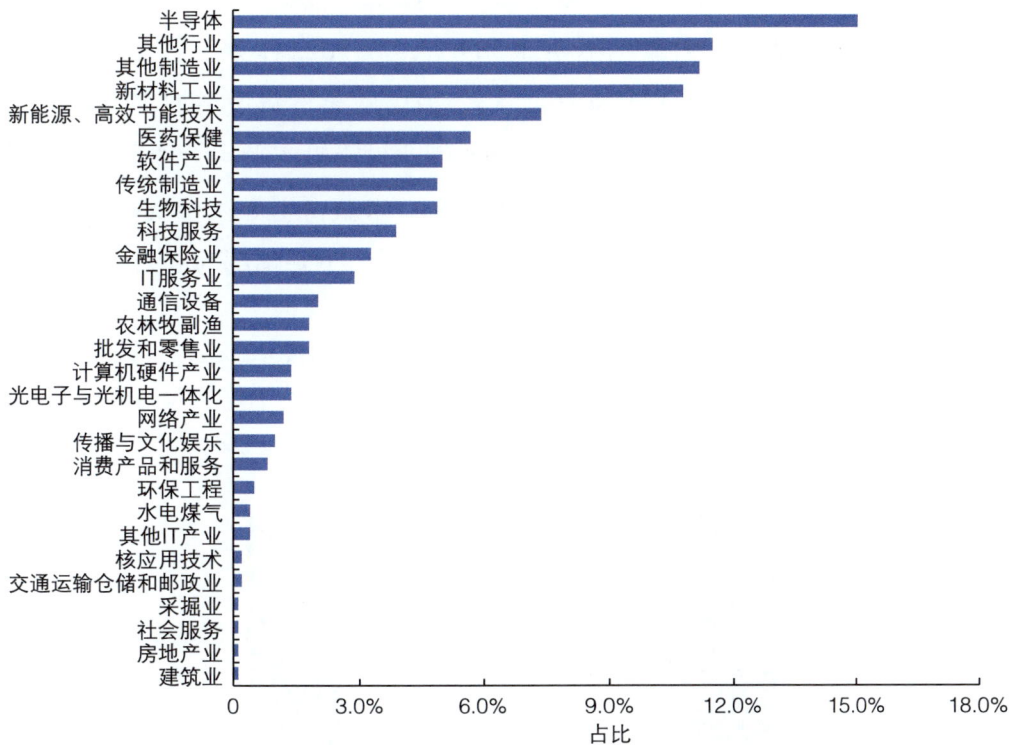

图 6-5　其他地区创业投资项目的行业分布（2023 年）

7

中国创业投资引导基金发展情况

7.1 创业投资引导基金支持创业投资发展概况

截至 2023 年底，政府创业投资引导基金累计出资 1251.19 亿元，较 2022 年累计数量增加 81.00 亿元；带动的创业投资参股基金累计 589 支，较 2022 年累计数量减少 40 支；带动的创业投资机构管理资本规模为 5171.14 亿元，较 2022 年累计数量增加 198.56 亿元。

2023 年调查结果显示[①]，获得引导基金支持的创业投资机构平均管理资本规模达到 15.12 亿元，比 2022 年增加 3.50 亿元，上升幅度为 30.11%。未获得引导基金支持的创业投资机构平均管理资本规模为 2.83 亿元，比 2022 年减少 0.21 亿元，下降幅度为 6.95%（图 7-1）。

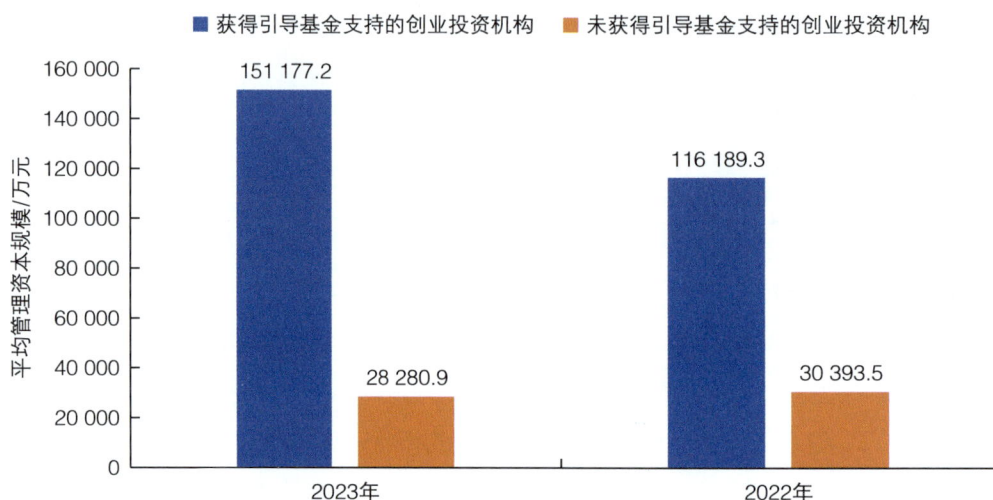

图 7-1 2022 年、2023 年获得引导基金支持的创业投资机构与未获得引导基金支持的创业投资机构的平均管理资本规模对比

---

① 有效样本数为：获得引导基金支持 782 份，未获得引导基金支持 2223 份。

　　我们按照两种方式来划分创业投资机构的资金募集来源，一种是按照机构类型划分；另一种是按照金融资本属性划分。

　　按机构类型划分，2023年数据显示，获得引导基金支持的创业投资机构资本构成中，"国有独资投资机构"高居首位，占比高达33.0%，较2022年有所提升；其次是"政府引导基金"，占比为23.2%，略低于2022年水平；第三是"民营投资机构"，占比为17.8%，与2022年基本持平。未获得引导基金支持的创业投资机构资本构成中，最多的为"国有独资投资机构"，占比为39.6%；"民营投资机构"占比由2022年的22.5%下降至20.3%；"其他"占比为14.5%，位居第三（图7-2）。

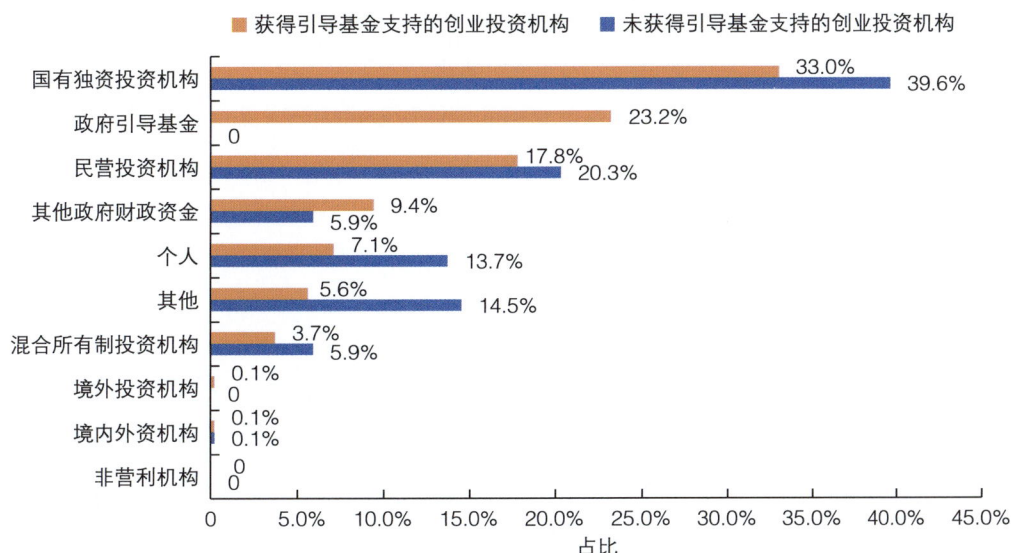

图7-2　2023年获得引导基金支持的创业投资机构与未获得引导基金支持的创业投资机构的资本构成（分类一）对比

　　按金融资本属性划分，2023年数据显示，获得引导基金支持的创业投资机构资本构成中，"基金"占比为40.0%，高居首位；其次为"非金融资本"，占比为39.8%；"其他金融资本"占比为9.4%，位列第三；银行、证券、保险、信托等金融资本占比之和仅为10.9%。未获得引导基金支持的创业投资机构资本构成中，"非金融资本"占比为56.0%，"基金"占比为34.4%，"其他金融资本"占比为7.5%，银行、证券、保险、信托等金融资本占比同样很少，整体分布与2022年无显著变化（图7-3）。

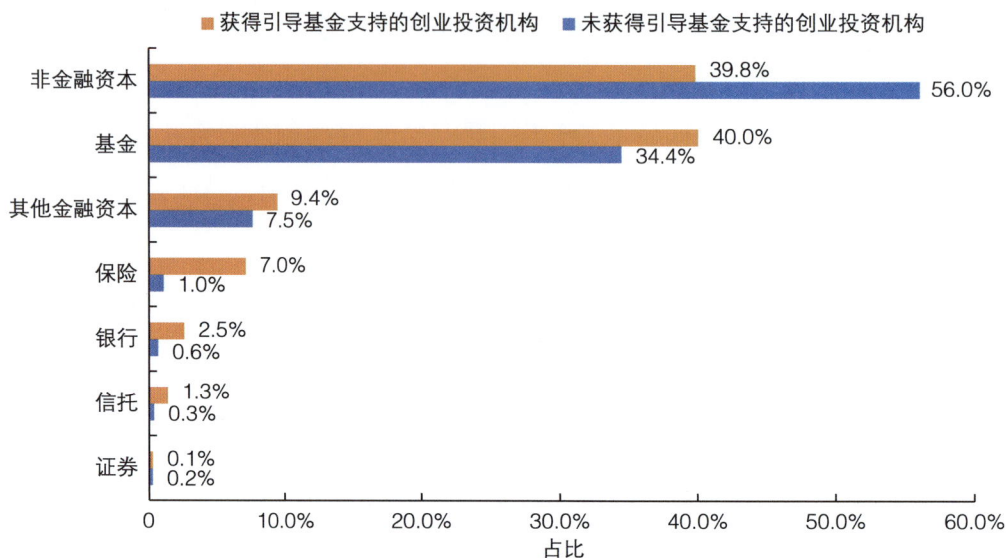

图 7-3　2023 年获得引导基金支持的创业投资机构与未获得引导基金
支持的创业投资机构的资本构成（分类二）对比

7.2　中国创业投资引导基金投资项目的行业分布

从投资金额[1]来看，获得引导基金支持和未获得引导基金支持的两类创业投资机构投资项目行业分布情况如图 7-4 所示[2]。2023 年，获得引导基金支持的创业投资机构倾向于半导体、生物科技、其他制造业、新材料工业、其他行业等，5 个行业合计的投资金额占比达 58.3%；未获得引导基金支持的创业投资机构倾向于半导体，新能源、高效节能技术，其他制造业，医药保健，生物科技等，5 个行业合计的投资金额占比达 57.0%。

从投资项目来看，获得引导基金支持和未获得引导基金支持的两类创业投资机构投资项目行业分布情况如图 7-5 所示[3]。2023 年，获得引导基金支持的创业投资机构倾向于半导体、其他制造业、生物科技、新材料工业、医药保健、其他行业等，这 6 个行业投资项目合计占比达到 60.4%；未获得引导基金支持的创业投资机构倾向于半导体，其他行业，新能源、高效节能技术，新材料工业，生物科技，其他制造业等，这 6 个行业投资项目合计占比达到 61.6%。

---

① 排除未获得引导基金支持但资本来源中有引导基金的机构。
② 有效样本数为：获得引导基金支持 795 份，未获得引导基金支持 1806 份。
③ 有效样本数为：获得引导基金支持 1146 份，未获得引导基金支持 1455 份。

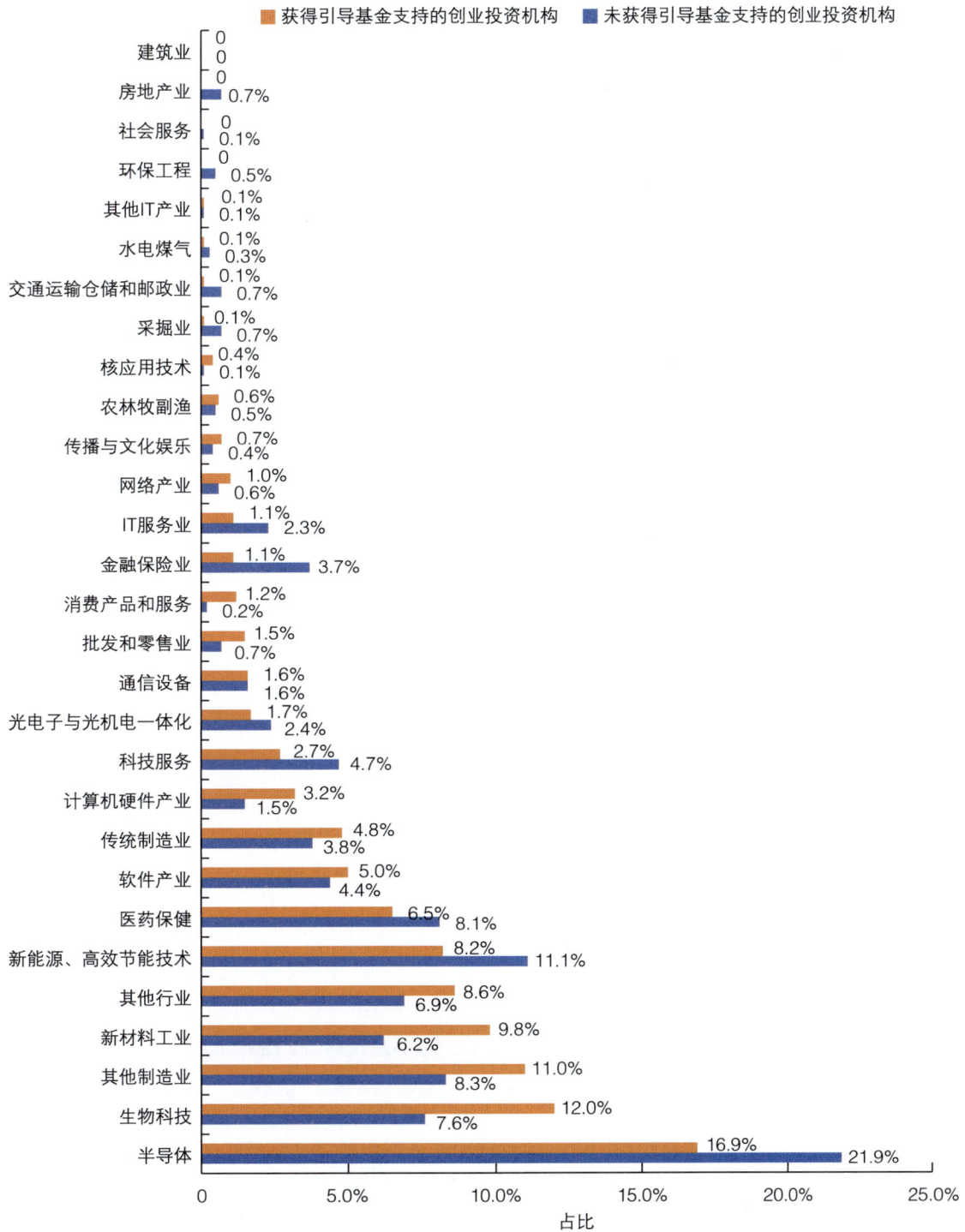

图7-4　2023年获得引导基金支持和未获得引导基金支持的创业
投资机构投资项目（按投资金额）行业分布情况

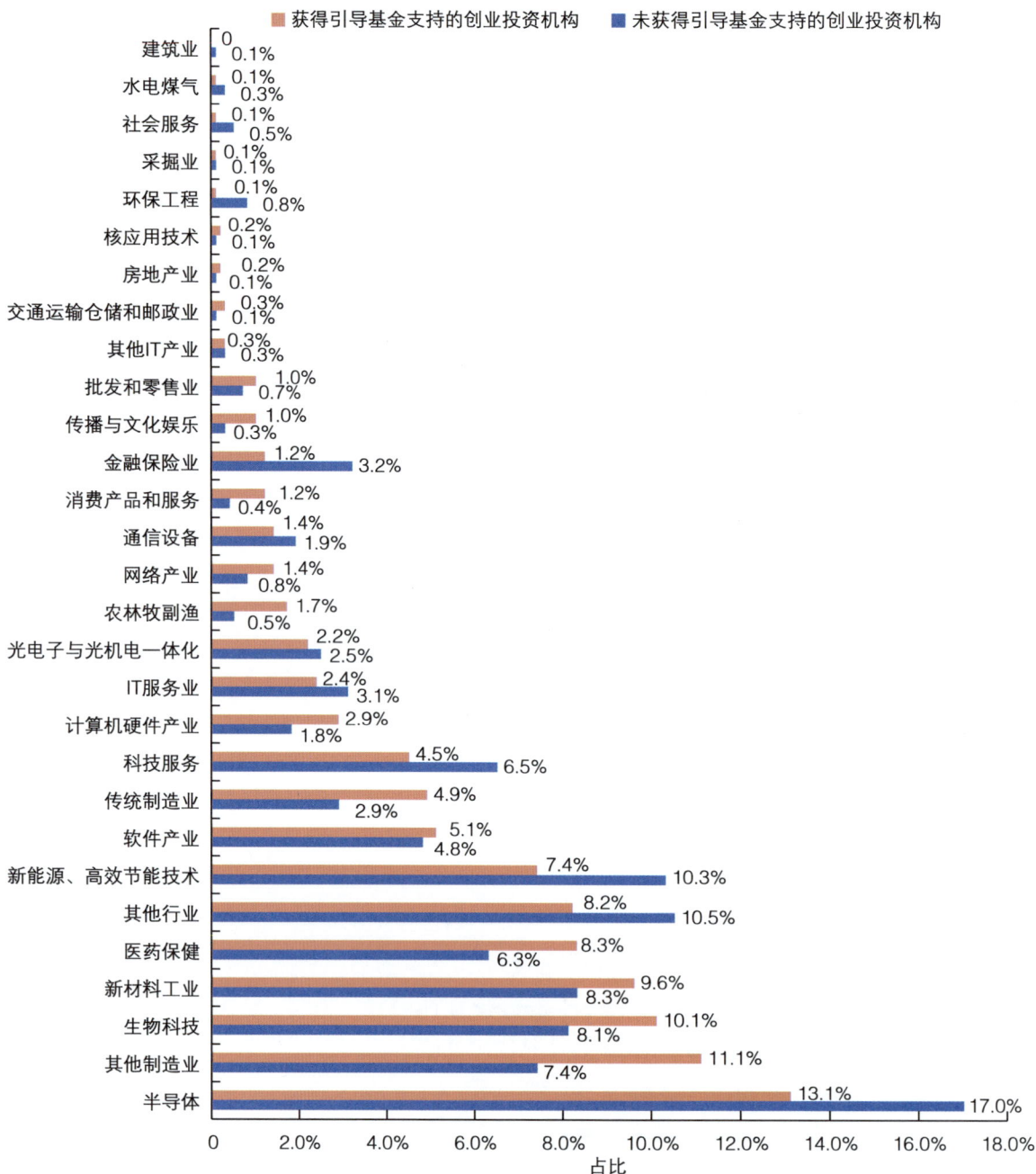

图 7-5 2023 年获得引导基金支持和未获得引导基金支持的创业投资
机构投资项目（按投资项目）行业分布情况

从获得引导基金支持的创业投资机构投资项目行业分布趋势看，按投资金额计算，2023 年在半导体、新材料工业、传统制造业等行业投资金额有明显提升，在 IT 服务业、其他行业等行业投资金额有所下降。按投资项目计算，2023 年获得引导基金支持的创业投资机构投资项目在半导体、新材料工业、传统制造业等行业有所提升，在软件产业、IT 服务业等行业略有下降，整体行业分布基本稳定（表 7-1）。

表 7-1　2021—2023 年获得引导基金支持的创业投资机构投资项目行业分布

行业	投资金额占比			投资项目占比		
	2023 年	2022 年	2021 年	2023 年	2022 年	2021 年
生物科技	12.0%	10.4%	3.8%	10.1%	10.6%	8.2%
医药保健	6.5%	6.3%	9.2%	8.3%	8.6%	10.2%
其他行业	8.6%	16.4%	4.1%	8.2%	7.5%	10.0%
其他制造业	11.0%	11.0%	16.0%	11.1%	11.5%	9.3%
金融保险业	1.1%	2.4%	1.4%	1.2%	0.9%	1.4%
软件产业	5.0%	4.8%	5.7%	5.1%	7.7%	8.9%
IT 服务业	1.1%	5.6%	4.6%	2.4%	4.8%	6.5%
新能源、高效节能技术	8.2%	9.4%	2.3%	7.4%	7.3%	4.3%
新材料工业	9.8%	4.9%	5.3%	9.6%	8.0%	5.6%
传统制造业	4.8%	2.1%	3.4%	4.9%	3.5%	2.4%
环保工程	0.0%	0.3%	0.8%	0.1%	0.7%	1.9%
消费产品和服务	1.2%	2.7%	4.8%	1.2%	1.4%	3.5%
网络产业	1.0%	0.7%	2.3%	1.4%	1.8%	2.4%
建筑业	0.0%	0.0%	0.1%	0.0%	0.2%	0.3%
农林牧副渔	0.6%	0.2%	0.4%	1.7%	0.6%	0.7%
传播与文化娱乐	0.7%	4.6%	0.6%	1.0%	0.8%	0.8%
科技服务	2.7%	1.8%	4.3%	4.5%	3.2%	5.2%
通信设备	1.6%	1.0%	1.7%	1.4%	2.1%	1.4%
半导体	16.9%	10.3%	19.3%	13.1%	11.6%	10.9%
交通运输仓储和邮政业	0.1%	1.2%	2.6%	0.3%	0.4%	0.6%
其他 IT 产业	0.1%	0.9%	0.1%	0.3%	1.6%	0.6%
计算机硬件产业	3.2%	1.5%	3.6%	2.9%	2.0%	1.3%
光电子与光机电一体化	1.7%	0.6%	0.7%	2.2%	1.2%	1.6%
社会服务	0.0%	0.1%	1.0%	0.1%	0.2%	0.4%
批发和零售业	1.5%	0.4%	1.6%	1.0%	1.0%	1.3%
水电煤气	0.1%	0.2%	0.2%	0.1%	0.6%	0.1%
采掘业	0.1%	0.1%	0.1%	0.1%	—	0.1%
核应用技术	0.4%	0.0%	—	0.2%	—	0.1%

7.3 中国创业投资引导基金投资项目所处阶段

从投资金额来看，2023 年获得引导基金支持与未获得引导基金支持的创业投资机构投资项目按所处阶段分类，比较情况如图 7-6 所示 ①。

在种子期，获得引导基金支持的创业投资机构占比为 13.1%，未获得引导基金支持的创业投资机构占比为 12.7%；在起步期，获得引导基金支持的创业投资机构占比为 26.6%，未获得引导基金支持的创业投资机构占比为 27.1%；在成长（扩张）期，获得引导基金支持的创业投资机构占比为 52.1%，未获得引导基金支持的创业投资机构占比为 52.3%；在成熟（过渡）期，获得引导基金支持的创业投资机构占比为 5.0%，未获得引导基金支持的创业投资机构占比为 7.3%。总体而言，获得引导基金支持的创业投资机构在早前期阶段的项目投资金额占比与未获得引导基金支持的创业投资机构相当。与 2022 年相比，2023 年获得引导基金支持的创业投资机构在种子期、成长（扩张）期的项目投资金额占比明显增加，起步期的项目投资金额占比明显减少，其余阶段的项目投资金额分布基本保持稳定，体现出创业投资引导基金在引导"投早、投小"方面产生一定效果。2023 年，未获得引导基金支持的创业投资机构在种子期的项目投资金额占比由 2022 年的 8.3% 上升至 12.7%，成熟（过渡）期的项目投资金额占比由 2022 年的 11.7% 下降至 7.3%。

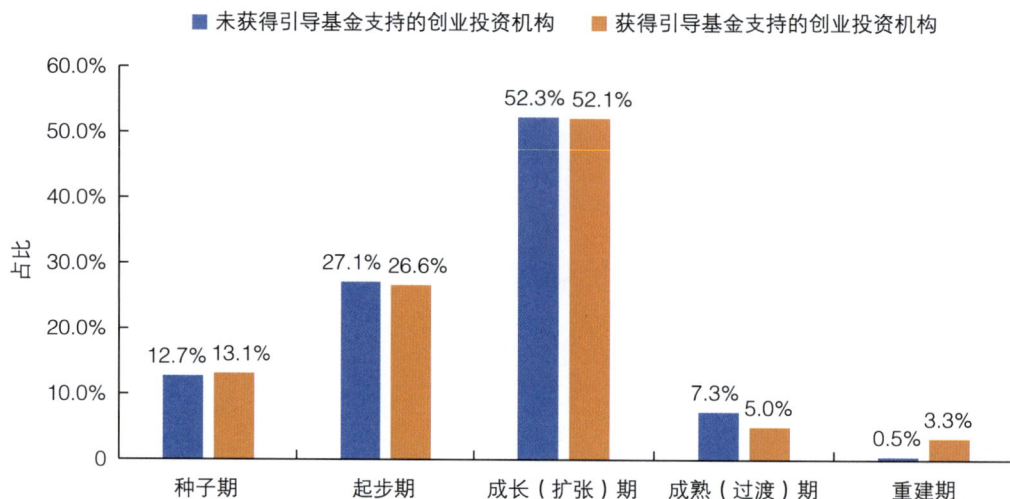

图 7-6 2023 年获得引导基金支持与未获得引导基金支持的创业投资机构投资项目所处阶段比较（按投资金额）

① 有效样本数为：获得引导基金支持 1129 份，未获得引导基金支持 1381 份。

从投资项目^①来看（图7-7），在种子期，获得引导基金支持的创业投资机构占比为20.1%，未获得引导基金支持的创业投资机构占比为17.7%；在起步期，获得引导基金支持的创业投资机构占比为35.5%，未获得引导基金支持的创业投资机构占比为34.4%；在成长（扩张）期，获得引导基金支持的创业投资机构占比为40.7%，未获得引导基金支持的创业投资机构占比为42.7%；在成熟（过渡）期，获得引导基金支持的创业投资机构占比为3.7%，未获得引导基金支持的创业投资机构占比为4.4%。总体而言，获得引导基金支持的创业投资机构在早前期阶段的项目占比仅略高于未获得引导基金支持的创业投资机构。与2022年相比，获得引导基金支持的创业投资机构起步期的项目占比明显下降。

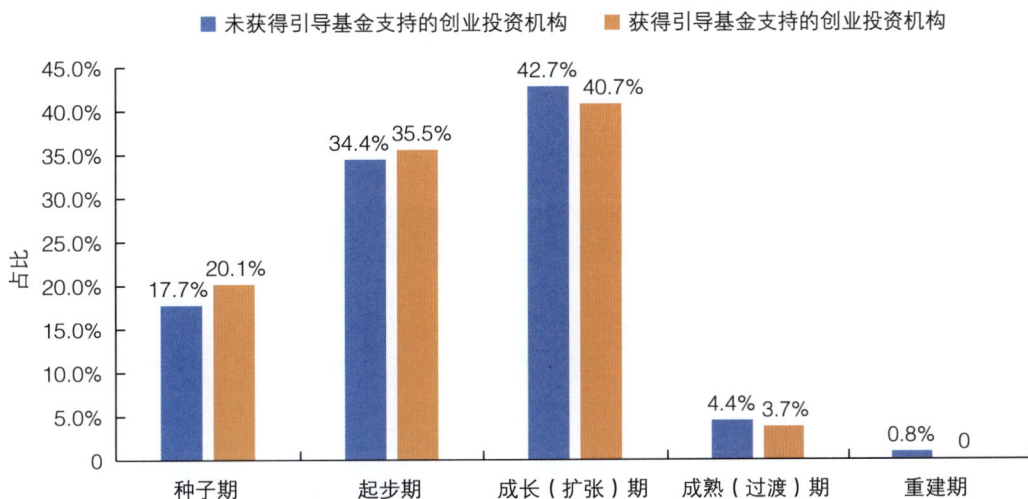

图7-7　2023年获得引导基金支持与未获得引导基金支持的创业投资机构投资项目所处阶段比较（按投资项目）

7.4　中国创业投资引导基金投资项目运作情况

2023年，获得引导基金支持的创业投资机构与未获得引导基金支持的创业投资机构在单项投资金额分布上几乎保持一致。相比而言，获得引导基金支持的创业投资机构单项投资金额在1000万~2000万元的项目占比为17.7%，略高于未获得引导基金支持的创业投资机构（图7-8、表7-2）。

---

① 排除未获得引导基金支持但资本来源中有引导基金的机构。

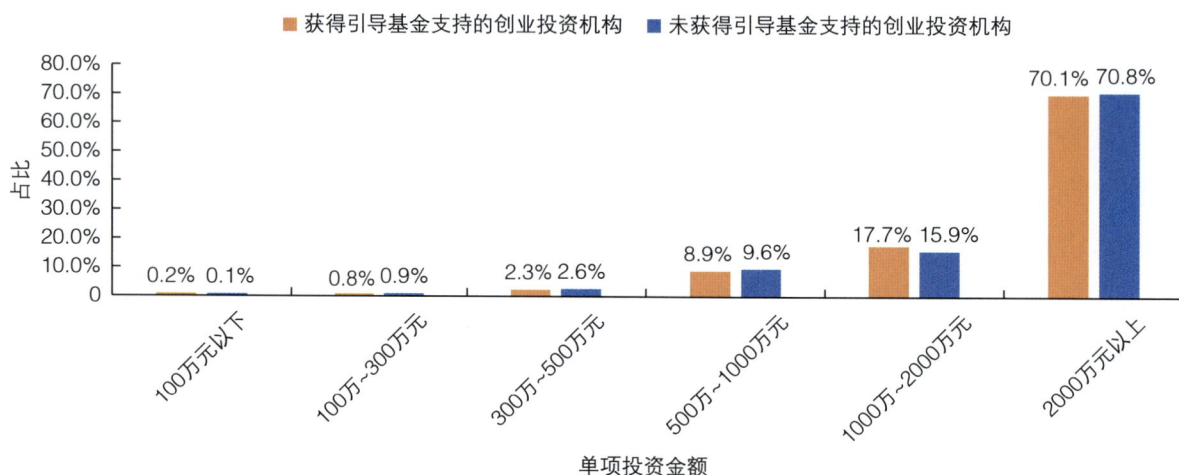

图 7-8 获得引导基金支持与未获得引导基金支持的创业
投资机构单项投资金额分布（2023 年）

表 7-2 获得引导基金支持的创业投资机构与未获得引导基金支持的创业
投资机构单项投资金额分布（2023 年）

单项投资金额	获得引导基金支持的创业投资机构	未获得引导基金支持的创业投资机构
100 万元以下	0.2%	0.1%
100 万 ~ 300 万元	0.8%	0.9%
300 万 ~ 500 万元	2.3%	2.6%
500 万 ~ 1000 万元	8.9%	9.6%
1000 万 ~ 2000 万元	17.7%	15.9%
2000 万元以上	70.1%	70.8%

从投资趋势来看，2019—2023 年，获得引导基金支持的创业投资机构单项投资金额分布情况基本保持稳定（表 7-3）。

表 7-3 获得引导基金支持的创业投资机构单项投资金额分布（2019—2023 年）

年份	100 万元以下	100 万 ~ 300 万元	300 万 ~ 500 万元	500 万 ~ 1000 万元	1000 万 ~ 2000 万元	2000 万元以上
2019	0.2%	1.2%	2.5%	6.4%	12.6%	77.2%
2020	0.1%	1.1%	2.8%	8.8%	16.2%	70.9%
2021	0.3%	0.7%	1.5%	7.2%	14.3%	76.0%
2022	0.4%	0.8%	2.4%	9.7%	16.3%	70.3%
2023	0.2%	0.8%	2.3%	8.9%	17.7%	70.1%

统计数据显示，2023 年获得引导基金支持的创业投资机构共计投资了 542 家高新技术企业，未获得引导基金支持的创业投资机构共计投资了 711 家高新技术企业。与 2022 年相比，获得引导基金支持的创业投资机构投资于高新技术企业的项目占比和平均投资金额均有所提高（表 7-4）。

表 7-4　创业投资机构投资高新技术企业情况（2022—2023 年）

分类	投资高新技术企业数量 / 家		投资于高新技术企业的项目占比		平均投资金额 / 万元	
	2023 年	2022 年	2023 年	2022 年	2023 年	2022 年
未获得引导基金支持的创业投资机构	711	672	43.9%	42.0%	2332.1	2564.1
获得引导基金支持的创业投资机构	542	590	42.2%	37.9%	2602.7	1868.2

图 7-9 和表 7-5 对比了 2023 年获得引导基金支持的创业投资机构和未获得引导基金支持的创业投资机构的项目运作情况。结果显示，获得引导基金支持的创业投资机构投资项目绝大多数还在继续运行，少数选择股东（管理者、同行）回购或者清算等；未获得引导基金支持的创业投资机构投资项目中，5.0% 的项目被清算，继续运行的占比为 68.4%，还有部分项目选择股东（管理者、同行）回购、境内上市、境外上市等。

相比 2022 年，2023 年获得引导基金支持的创业投资机构股东（管理者、同行）回购的占比明显减少，由 21.6% 下降至 10.5%。

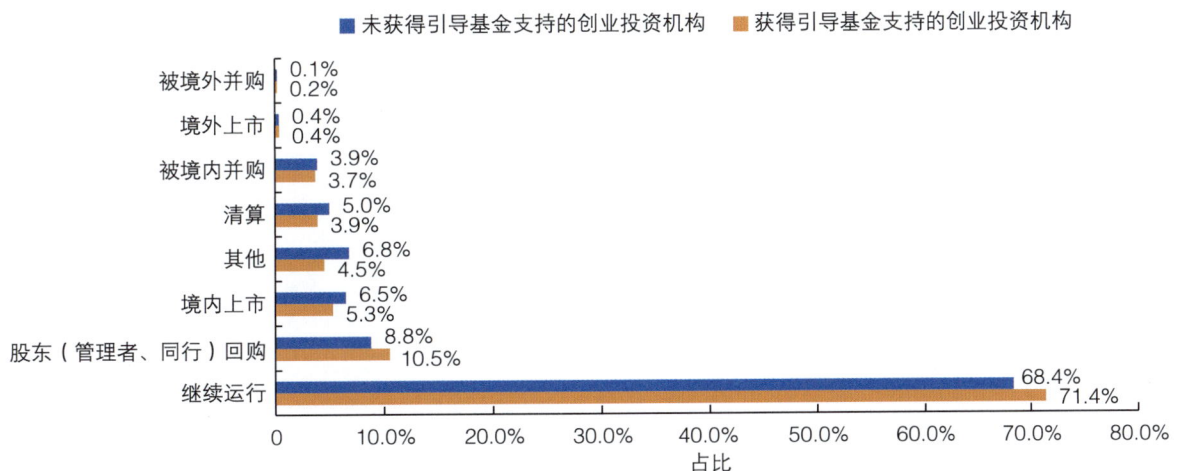

图 7-9　获得引导基金支持与未获得引导基金支持的创业投资机构投资项目运作情况对比（2023 年）

表 7-5　创业投资机构投资项目运作情况（2023 年）

运作情况	获得引导基金支持的创业 投资机构	未获得引导基金支持的 创业投资机构
继续运行	71.4%	68.4%
股东（管理者、同行）回购	10.5%	8.8%
清算	3.9%	5.0%
其他	4.5%	6.8%
境内上市	5.3%	6.5%
境外上市	0.4%	0.4%
被境内并购	3.7%	3.9%
被境外并购	0.2%	0.1%

中国创业投资发展环境

8.1 中国创业投资机构的政策环境

2023年，我国进一步深化新三板和北交所改革，延续执行有关创业投资税收政策条件，多措并举加大对创业投资机构、科技型企业的支持力度，为创业投资发展营造良好环境。本章将重点分析2023年我国创业投资机构的政策环境。

8.1.1 中国创业投资机构可以享受的政府扶持政策

图8-1列示了2023年我国创业投资机构能够享受的中央政府扶持政策[1]。其中，创业投资机构享受最多的政策是"税收优惠"政策，占比为23.1%（2022年，"税收优惠"政策占比最高，为22.6%），其次是"政策宣讲"政策，占比为23.0%（2022年，"政策宣讲"政策排名第二，为22.1%），还有12.4%的创业投资机构享受了"项目推荐"政策（2022年，"项目推荐"政策排名第三，为11.6%），11.6%的创业投资机构享受了"其他"政策（2022年，"获得政府资金直接支持"政策排名第四，为11.0%）等。

地方政府促进创业投资发展的政策导向与中央基本一致。图8-2列示了2023年我国创业投资机构能够享受的地方政府扶持政策[2]。其中，22.6%的创业投资机构享受了"税收优惠"政策（2022年，"税收优惠"政策占比最高，为22.8%），18.6%的创业投资机构享受了"政策宣讲"政策（2022年，"政策宣讲"政策排名第二，为17.2%），15.9%的创业投资机构享受了"项目推荐"政策（2022年，"项目推荐"政策排名第三，为15.3%），12.0%的创业投资机构享受了"获得政府资金直接支持"政策（2022年，"获得政府资金直接支持"

---

① 有效样本数为2751份。
② 有效样本数为2851份。

政策排名第四，为 12.0%），8.9% 的创业投资机构享受了"人员培训"政策（2022 年，"人员培训"政策排名第五，为 9.7%）等。

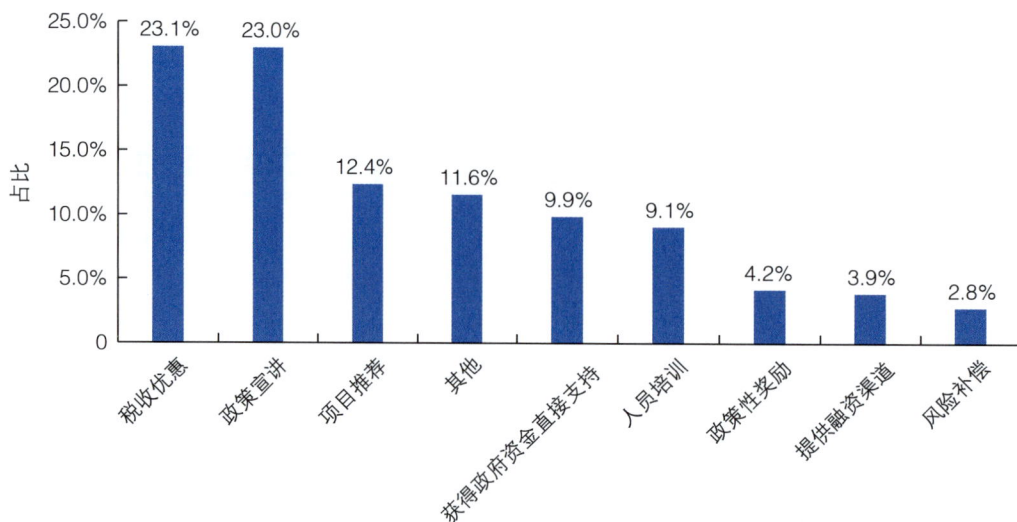

图 8-1 创业投资机构能够享受的中央政府扶持政策（2023 年）

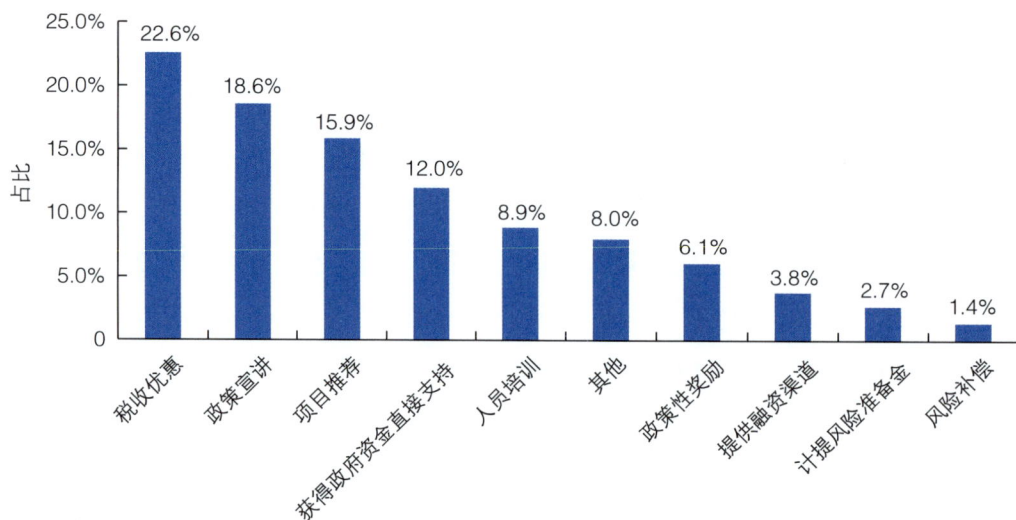

图 8-2 创业投资机构能够享受的地方政府扶持政策（2023 年）

从地域层面来看，2023 年，我国创业投资机构能够享受的中央和地方政府扶持政策如图 8-3、图 8-4 所示[①]。

---

① 有效样本数为 2880 份。此处问卷设置了多选项，因此，出现纵轴合计比例超过 100% 的情况。

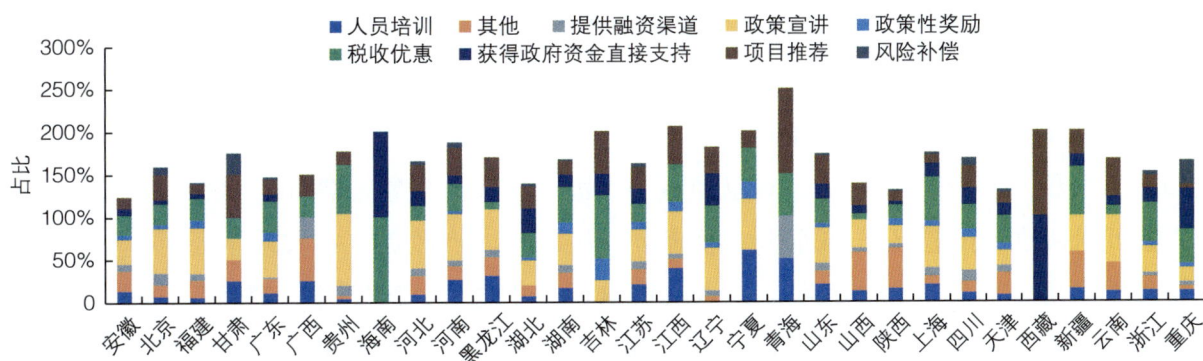

图 8-3　各地创业投资机构能够享受的中央政府扶持政策（2023 年）

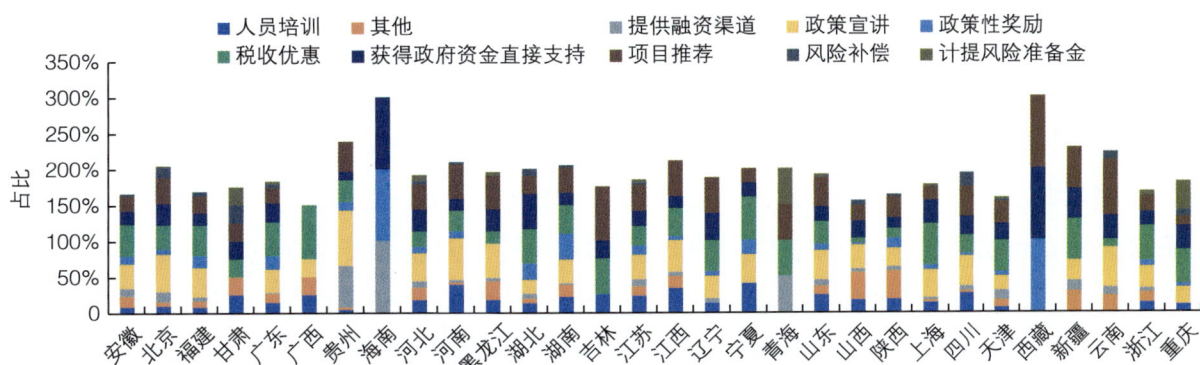

图 8-4　各地创业投资机构能够享受的地方政府扶持政策（2023 年）

　　总体而言，目前各地创业投资机构主要享受的政策有"税收优惠""获得政府资金直接支持""政策宣讲"等。从中央政策层面来看，贵州、海南、湖南、吉林、江西、辽宁、宁夏、青海、上海、新疆、浙江、重庆等地超过 40% 的创业投资机构享受了中央"税收优惠"政策；海南、西藏、重庆等地超过 40% 的创业投资机构享受了中央"获得政府资金直接支持"政策；北京、福建、广东、贵州、河北、河南、黑龙江、江西、辽宁、宁夏、山东、上海、新疆、云南等地超过 40% 的创业投资机构享受了中央"政策宣讲"政策。从地方政策层面来看，安徽、福建、广东、湖北、湖南、辽宁、宁夏、青海、上海、天津、新疆、浙江、重庆等地超过 40% 的创业投资机构享受了地方"税收优惠"政策；海南、湖北、新疆等地超过 40% 的创业投资机构享受了地方"获得政府资金直接支持"政策；北京、福建、贵州、河南、黑龙江、江西、宁夏、山东、四川、云南等地超过 40% 的创业投资机构享受了地方"政策宣讲"政策。

　　我国欠发达地区的创业投资机构获得的政策扶持类别相对单一，多集中在税收优惠、获得政府资金直接支持、政策宣讲、项目推荐等方面；较为发达地区的创业投资机构获得的政策扶持类别相对多元，除税收优惠、获得政府资金直接支持、政策宣讲、项目推荐外，风险补偿、人员培训等政策也有一定应用。

8.1.2　中国创业投资机构享受的主要税收政策及缴税情况

近年来，财政部、税务总局等部门制定了多项税收优惠政策支持创业投资机构发展。2017 年，财政部、税务总局发布《关于创业投资企业和天使投资个人有关税收试点政策的通知》（财税〔2017〕38 号），对京津冀、上海、广东、安徽、四川、武汉、西安、沈阳 8 个全面创新改革试验区域和苏州工业园区，从税收试点政策、相关政策条件、管理事项及管理要求等方面做了具体说明。试点政策执行一年之后，2018 年，财政部、税务总局发布《关于创业投资企业和天使投资个人有关税收政策的通知》（财税〔2018〕55 号），就全国范围内实施的创业投资企业和天使投资个人税收政策进行明确。2019 年，财政部、税务总局、国家发展改革委、中国证监会发布《关于创业投资企业个人合伙人所得税政策问题的通知》（财税〔2019〕8 号），提出创业投资机构可以选择按单一投资基金核算或者按创业投资企业年度所得整体核算两种方式之一。该政策中关于个人合伙人所得税核算等内容，已经由财政部、税务总局、国家发展改革委、中国证监会发布的 2023 年第 24 号文件，将执行期延长至 2027 年 12 月 31 日。2020 年，财政部、税务总局、国家发展改革委、中国证监会发布《关于中关村国家自主创新示范区公司型创业投资企业有关企业所得税试点政策的通知》（财税〔2020〕63 号），明确在北京市中关村国家自主创新示范区试行公司型创业投资企业的企业所得税优惠政策。该政策首次在税收优惠政策制定中考虑了长期投资的反向挂钩机制。2021 年，财政部、税务总局、国家发展改革委、中国证监会联合发布《关于上海市浦东新区特定区域公司型创业投资企业有关企业所得税试点政策的通知》（财税〔2021〕53 号），基本延续了中关村示范区相关优惠政策。深圳、重庆、成都等地对创业投资机构的税收优惠政策也相继落地。为进一步支持创业创新，2022 年，财政部、税务总局发布《关于延续执行创业投资企业和天使投资个人投资初创科技型企业有关政策条件的公告》（财政部　税务总局公告 2022 年第 6 号），提出自 2022 年 1 月 1 日至 2023 年 12 月 31 日，对于初创科技型企业需符合的条件，从业人数继续按不超过 300 人、资产总额和年销售收入按均不超过 5000 万元执行，财税〔2018〕55 号文件规定的其他条件不变。2023 年，财政部、税务总局发布《关于延续执行创业投资企业和天使投资个人投资初创科技型企业有关政策条件的公告》（财政部　税务总局公告 2023 年第 17 号），继续延续相关要求。

2023 年统计数据显示，国内披露缴税情况的创业投资机构 1048 家（2022 年为 919 家），合计缴纳所得税金额逾 22.21 亿元（2022 年为 20.59 亿元）。2023 年，享受各类税收优惠的机构情况如下。

享受《国家税务总局关于实施创业投资企业所得税优惠问题的通知》（国税发〔2009〕87号）政策的机构占比28.5%[①]；享受《关于创业投资企业和天使投资个人有关税收政策的通知》（财税〔2018〕55号）政策的机构占比25.6%[②]。未享受上述政策的原因是未投资符合条件的项目（41.5%）、机构不符合要求（29.6%）等[③]。

享受《关于中关村国家自主创新示范区公司型创业投资企业有关企业所得税试点政策的通知》（财税〔2020〕63号）政策的北京机构占比23.8%[④]，未享受该政策的机构认为，原因主要是机构为非公司型创业投资企业、不了解政策等[⑤]。

享受《关于上海市浦东新区特定区域公司型创业投资企业有关企业所得税试点政策的通知》（财税〔2021〕53号）政策的上海机构占比13.3%[⑥]，未享受该政策的机构认为，原因主要是机构未注册在浦东新区等[⑦]。

8.2 中国创业投资机构的政策需求

8.2.1 中国创业投资机构希望出台的政府激励政策

图8-5列示了2023年中国创业投资机构希望出台的政府激励政策，主要类型如下所示。

① 完善创业投资税收优惠政策。2023年，创业投资机构最希望出台的政府激励政策是税收优惠政策，占比为31.6%。与2022年相比，创业投资机构的税收优惠政策诉求占比略有提升（2022年占比为30.8%）。

② 设立政策性基金。创业投资机构希望设立政策性基金的政策诉求占比为23.2%，与2022年相比有所上升（2022年占比为20.1%）。

③ 完善和落实相关法律。创业投资机构希望有关法律尽快落实的政策诉求占比为12.4%，与2022年相比大幅提升（2022年占比为8.3%）。

④ 鼓励科研人员创新创业。创业投资机构认为政府应当出台鼓励科研人员创新创业的相关政策，进一步激发创新创业热情，促进科技成果转化。相关政策诉求占比为11.7%，与2022年几乎一致（2022年占比为11.7%）。

---

① 有效样本数为2900份。
② 有效样本数为2877份。
③ 有效样本数为2659份。
④ 有效样本数为42份。
⑤ 有效样本数为19份。
⑥ 有效样本数为30份。
⑦ 有效样本数为17份。

⑤ 发展众创空间等新型孵化器。创业投资机构希望政府加大众创空间等新型孵化器扶持力度，进一步加快推进大众创新创业。相关政策诉求占比为 11.2%，与 2022 年相比有所提升（2022 年占比为 10.1%）。

⑥ 理顺国有创业投资管理体制。创业投资机构希望政府健全符合创业投资行业特点和发展规律的国有创业投资管理体制，激发国有创业投资活力，提高国有创业投资运行效率。相关政策诉求占比为 8.8%，与 2022 年相比大幅提升（2022 年占比为 5.4%）。

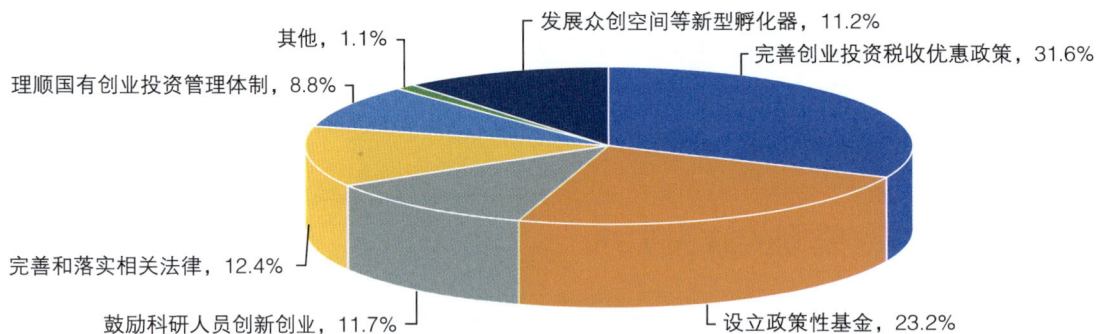

图 8-5 创业投资机构希望出台的政府激励政策（2023 年）

8.2.2 中国创业投资机构对中小企业政策需求的认知[①]

图 8-6 列示了 2023 年中国创业投资机构对中小企业政策需求的认知。创业投资机构认为，政府应该在以下方面对中小企业进行政策扶持。

① 对创业投资项目给予直接资助。政府应该对投资于中小企业的创业投资项目给予直接资助，激励创业投资机构开展相关业务（占比为 23.4%）。

② 尽快设立科技型中小企业上市的绿色通道。政府应该尽快设立科技型中小企业上市的绿色通道，拓宽科技型中小企业融资渠道（占比为 23.0%）。

③ 建立项目库，提高科技项目信息的透明度，推动创业投资机构投资。政府应该优化科技项目信息管理方式，建立项目库，助力创业投资机构识别相关项目信息，以便精准投资中小企业（占比为 21.8%）。

④ 创新银行贷款方式，降低贷款成本。政府应该在如何创新银行贷款方式上下功夫，以便降低中小企业的贷款成本，使得融资难、融资贵问题得到缓解（占比为 17.5%）。

⑤ 对科技类投资项目提供培训、管理咨询。政府应该对科技类投资项目提供培训、管理咨询，为中小企业与创业投资对接搭建良好的理论和实践平台（占比为 7.6%）。

⑥ 鼓励、资助创业投资与孵化器之间的合作。政府应该鼓励、资助创业投资与孵化器之间的合作，推动科技型中小企业健康成长（占比为 6.1%）。

---

① 有效样本数为 7536 份。

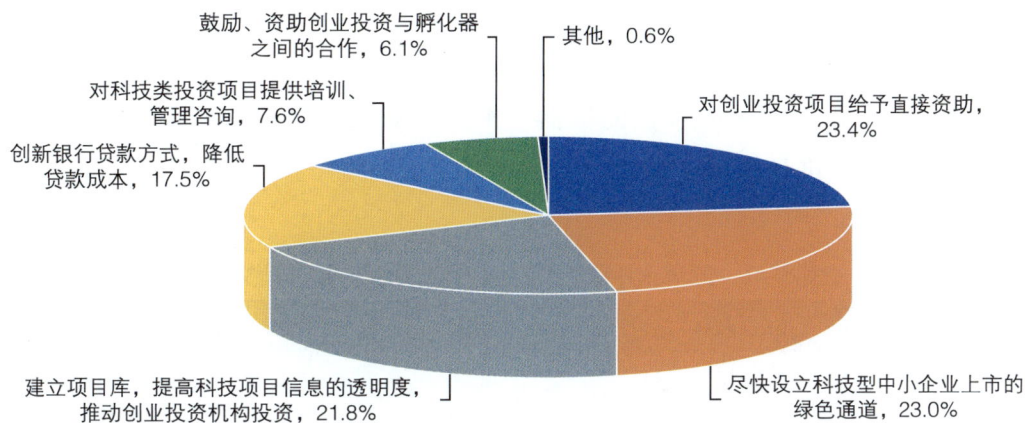

图 8-6 创业投资机构对中小企业政策需求的认知（2023 年）

8.2.3 中国创业投资机构对政府引导基金政策落实的认知 ①

2023 年，中国创业投资机构认为，政府引导基金存在的主要问题在于：募集社会资本难（25.2%）、对投资地区限制过严（16.9%）、财政出资占比缺乏弹性（14.8%）、地方缺乏好的投资项目（14.1%）、财政资金使用效率偏低（10.2%）、退出难（9.6%）、财政拨款时间滞后（7.5%）等（图 8-7）。上述比例与 2022 年相差不大 ②。

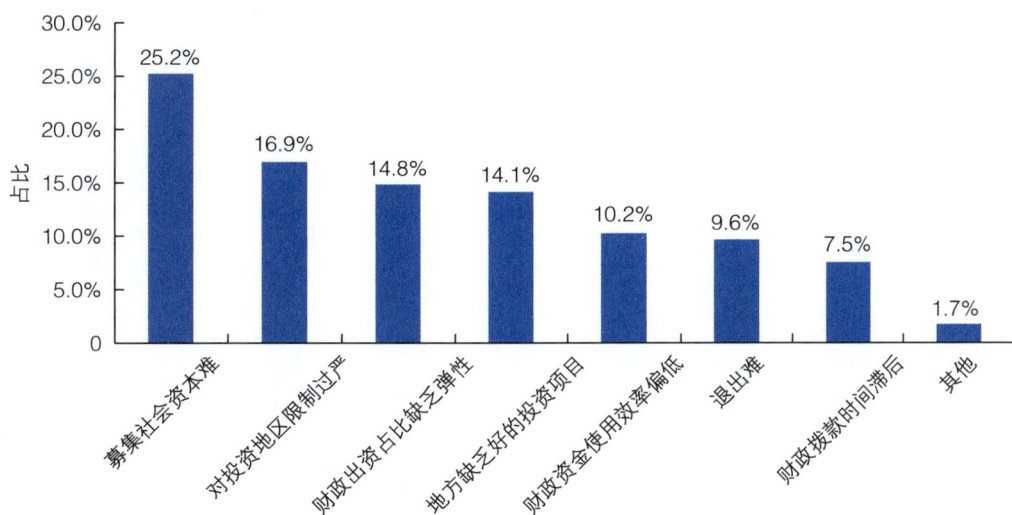

图 8-7 创业投资机构对政府引导基金政策落实的认知（2023 年）

---

① 有效样本数为 2912 份。

② 2022 年，中国创业投资机构认为，政府引导基金存在的主要问题在于：募集社会资本难（25.8%）、对投资地区限制过严（18.2%）、财政出资占比缺乏弹性（15.9%）、地方缺乏好的投资项目（15.9%）、财政资金使用效率偏低（11.9%）、财政拨款时间滞后（7.9%）等。

8.3　中国促进创业投资发展的主要政策

政策支持是创业投资发展的直接助推器。本部分对近年来国家层面出台的促进创业投资发展的相关政策文件进行梳理（表8-1）。

表8-1　近年来中国促进创业投资发展主要政策文件

政策领域	文件名称	发布时间	发布机构	主要内容
完善资本市场，设立北京证券交易所	《建设高标准市场体系行动方案》	2021年	中共中央办公厅、国务院办公厅	提出要促进资本市场健康发展。主要包括：稳步推进股票发行注册制改革、建立常态化退市机制、培育资本市场机构投资者、降低实体经济融资成本
	《北京证券交易所向不特定合格投资者公开发行股票注册管理办法（试行）》《北京证券交易所上市公司证券发行注册管理办法（试行）》《北京证券交易所上市公司持续监管办法（试行）》《关于修改〈非上市公众公司监督管理办法〉的决定》《关于修改〈非上市公众公司信息披露管理办法〉的决定》	2021年	中国证监会	规范北京证券交易所上市公司证券发行行为，规范北京证券交易所试点注册制公开发行相关活动，规范北京证券交易所上市公司相关各方行为等
加强私募基金管理	《关于依法从严打击证券违法活动的意见》	2021年	中共中央办公厅、国务院办公厅	提出加快制定私募投资基金管理暂行条例，对创业投资机构和创业投资管理企业实行差异化监管和行业自律
	《关于加强私募投资基金监管的若干规定》	2021年	中国证监会	形成私募基金管理人及从业人员等主体的"十不得"禁止性要求
	《关于资产支持计划和保险私募基金登记有关事项的通知》	2021年	银保监会	决定将资产支持计划和保险私募基金由注册制改为登记制
扩大公司型创业投资企业所得税试点政策范围	《关于上海市浦东新区特定区域公司型创业投资企业有关企业所得税试点政策的通知》	2021年	财政部、税务总局、国家发展改革委、中国证监会	提出在上海市浦东新区特定区域试行公司型创业投资企业的企业所得税优惠政策
优化创新创业环境	《关于印发"十四五"就业促进规划的通知》	2021年	国务院	加强创业政策支持。拓展创业企业直接融资渠道，健全投资生态链，更好发挥创业投资引导基金和私募股权基金作用，加大初创期、种子期投入

续表

政策领域	文件名称	发布时间	发布机构	主要内容
优化创新创业环境	《关于进一步支持大学生创新创业的指导意见》	2021 年	国务院办公厅	提出对创业投资企业、天使投资人投资于未上市的中小高新技术企业及种子期、初创期科技型企业的投资额，按规定抵扣所得税应纳税所得额等
发挥资本市场功能	《关于进一步发挥资本市场功能 支持受疫情影响严重地区和行业加快恢复发展的通知》	2022 年	中国证监会	着眼于加大直接融资支持力度、实施延期展期政策、优化监管工作安排、发挥行业机构作用等 4 个方面，在企业申请首发上市、北交所上市、再融资、并购重组、公司债券、资产证券化产品等方面加大政策支持力度等
	《证券公司科创板股票做市交易业务试点规定》	2022 年	中国证监会	包括做市商准入条件与程序、内部管控、风险监测监控、监管执法等内容
延续执行创业投资企业和天使投资个人投资初创科技型企业有关政策条件	《关于延续执行创业投资企业和天使投资个人投资初创科技型企业有关政策条件的公告》	2023 年	财政部、税务总局	对于初创科技型企业需符合的条件，从业人数继续按不超过 300 人、资产总额和年销售收入按均不超过 5000 万元执行
施行相关试点	《上海市、南京市、杭州市、合肥市、嘉兴市建设科创金融改革试验区总体方案》	2022 年	中国人民银行等八部门	提出大力发展创业投资，支持各类私募股权、私募证券基金管理公司发展；推动试验区内相关机构在银行间债券市场、交易所债券市场、区域性股权市场发行创业投资基金类债券等；支持二手份额转让基金（S 基金）发展，促进股权投资和创业投资份额转让与退出，有效增强创业投资资本服务科技创新能力等具体试点举措
引导创业投资投早、投小、投科技	《关于营造更好环境支持科技型中小企业研发的通知》	2022 年	科技部	提出支持国家、地方及行业各类科技成果转化引导基金设立科技型中小企业子基金，鼓励有条件的地方设立天使投资基金，支持科技型中小企业加大关键核心技术研发力度
	《企业技术创新能力提升行动方案（2022—2023 年）》	2022 年	科技部、财政部	提出强化对企业创新的风险投资等金融支持。鼓励各类天使投资、风险投资基金支持企业创新创业，深入落实创业投资税收优惠政策，引导创投企业投早、投小、投硬科技

续表

政策领域	文件名称	发布时间	发布机构	主要内容
引导创业投资投早、投小、投科技	《关于支持中央企业发行科技创新公司债券的通知》	2022 年	中国证监会、国务院国资委	提出鼓励中央企业产业基金和创业投资基金发行科技创新公司债券,募资用于对国家重点支持的科技创新领域企业进行股权投资
推动区域创业投资发展	《关于金融支持横琴粤澳深度合作区建设的意见》	2023 年	中国人民银行、银保监会、中国证监会、外汇局、广东省人民政府	完善创业金融服务。积极发展创业投资,支持粤澳创业投资基金、私募股权投资基金在合作区联动发展。鼓励社会资本在合作区按照市场化原则设立多币种创业投资基金、私募股权投资基金。探索开展私募股权和创业投资股权份额转让试点,拓展市场化退出渠道
	《关于金融支持前海深港现代服务业合作区全面深化改革开放的意见》	2023 年	中国人民银行、银保监会、中国证监会、外汇局、广东省人民政府	有序探索深港私募通机制。优先支持在香港有限合伙基金制度安排下注册的私募股权基金获得合格境外有限合伙人(QFLP)资质以及直接申请在前海合作区设立合格境外有限合伙人,参与内地私募股权投资,在总量管理的基础上,允许灵活自主配置和更换投资项目,优先支持获得合格境外有限合伙人资质的机构主体运作一年后直接申请合格境内投资者境外投资资质。探索开展私募股权和创业投资份额转让试点,建设私募股权和创业投资二级交易市场,拓宽行业退出渠道,增强流动性,促进行业良性发展
	《北京市中关村国家自主创新示范区建设科创金融改革试验区总体方案》	2023 年	中国人民银行、国家发展改革委、科技部、工业和信息化部、财政部、银保监会、中国证监会、外汇局、知识产权局	引导金融体系为种子期、初创期科技创新型企业提供更多创业投资、担保增信。支持保险资产管理公司按照市场化原则,与证券公司、基金管理公司、信托公司、创业投资和股权投资机构等开展股权投资业务合作。打造从创业投资和私募股权投资,到区域性股权市场,再到全国中小企业股份转让系统和交易所市场的全链条服务体系。推动社会资本发起设立多层次资本市场联动私募股权基金
规范私募投资基金	《私募投资基金监督管理条例》	2023 年	国务院	对创业投资等股权投资、证券投资等不同类型的私募基金实施分类监督管理。对创业投资基金进行特别规定

政策领域	文件名称	发布时间	发布机构	主要内容
延续执行有关税收政策条件	《关于延续执行创业投资企业和天使投资个人投资初创科技型企业有关政策条件的公告》	2023年	财政部、税务总局	对于初创科技型企业需符合的条件，从业人数继续按不超过300人、资产总额和年销售收入按均不超过5000万元执行，在此期间已投资满2年及新发生的投资，可按财税〔2018〕55号文件和本公告规定适用有关税收政策，公告执行至2027年12月31日
	《关于延续实施创业投资企业个人合伙人所得税政策的公告》	2023年	财政部、税务总局、国家发展改革委、中国证监会	创投企业可以选择按单一投资基金核算或者按创投企业年度所得整体核算两种方式之一，对其个人合伙人来源于创投企业的所得计算个人所得税应纳税额。创投企业选择按单一投资基金核算的，其个人合伙人从该基金应分得的股权转让所得和股息红利所得，按照20%税率计算缴纳个人所得税。公告执行至2027年12月31日
助力中小企业、民营经济发展	《关于开展"一链一策一批"中小微企业融资促进行动的通知》	2023年	工业和信息化部、中国人民银行、金融监管总局、中国证监会、财政部	鼓励私募股权、创业投资基金等结合自身特长参与对接活动，加快培养投资产业思维、完善产业投资策略，重点为链上中小微企业科技研发、成果转化、融通创新、协同攻关等提供融资支持，激发涌现一批专精特新中小企业
	《关于推进普惠金融高质量发展的实施意见》	2023年	国务院	完善私募股权和创业投资基金"募投管退"机制，鼓励投早、投小、投科技、投农业。发挥好国家中小企业发展基金等政府投资基金作用，引导创业投资机构加大对种子期、初创期成长型小微企业支持。鼓励企业发行创新创业专项债务融资工具
	《关于强化金融支持举措　助力民营经济发展壮大的通知》	2023年	中国人民银行、金融监管总局、中国证监会、外汇局、国家发展改革委、工业和信息化部、财政部、全国工商联	更好发挥多层次资本市场作用，扩大优质民营企业股权融资规模

续表

政策领域	文件名称	发布时间	发布机构	主要内容
深化新三板改革	《关于高质量建设北京证券交易所的意见》	2023年	中国证监会	加强精准服务，提高对潜在投资者和已开户投资者的吸引力。研究论证结构性优化投资者适当性管理要求。引导公募基金扩大北交所市场投资，支持相关公募基金产品注册和创新。允许除创业投资基金之外的私募股权基金通过二级市场增持其上市前已投资的企业在北交所发行的股票。加大力度引入社保基金、保险资金、年金等中长期资金。持续加强投资者教育和服务，切实维护投资者权益

2023年，我国完善和优化创业投资环境的主要做法如下。

（1）推动区域创业投资发展

2023年2月，中国人民银行、银保监会、中国证监会、外汇局、广东省人民政府相继出台《关于金融支持横琴粤澳深度合作区建设的意见》《关于金融支持前海深港现代服务业合作区全面深化改革开放的意见》。针对横琴粤澳深度合作区建设，提出完善创业金融服务。积极发展创业投资，支持粤澳创业投资基金、私募股权投资基金在合作区联动发展。鼓励社会资本在合作区按照市场化原则设立多币种创业投资基金、私募股权投资基金。探索开展私募股权和创业投资股权份额转让试点，拓展市场化退出渠道。针对前海深港现代服务业合作区建设，提出有序探索深港私募通机制。优先支持在香港有限合伙基金制度安排下注册的私募股权基金获得合格境外有限合伙人（QFLP）资质及直接申请在前海合作区设立合格境外有限合伙人，参与内地私募股权投资，在总量管理的基础上，允许灵活自主配置和更换投资项目，优先支持获得合格境外有限合伙人资质的机构主体运作一年后直接申请合格境内投资者境外投资资质。明确香港投资者的非居民税收地位。试点开展私募股权和创业投资份额转让。探索开展私募股权和创业投资份额转让试点，建设私募股权和创业投资二级交易市场，拓宽行业退出渠道，增强流动性，促进行业良性发展。2023年5月，中国人民银行、国家发展改革委、科技部、工业和信息化部、财政部、银保监会、中国证监会、外汇局、知识产权局发布《北京市中关村国家自主创新示范区建设科创金融改革试验区总体方案》，提出引导金融体系为种子期、初创期科技创新型企业提供更多创业投资、担保增信；为成长期科技创新型企业设计更加灵活、多样化的信贷产品；为成熟期科技创新型企业提供更加多元的融资方式。支持保险资金投资中关村未上市科技创新型企业。支持保险资产管理公司按照市场化原则，与证券公司、基金管理公司、信托公司、创业投资和股权投资机构等开展股权投资业务合作。建设私募股权转让平台，推动 S 基金（Secondary Fund）发展，拓宽私募股权和创业投资退出渠道。继续用好中关村国家自主创新示范区公司型创业投资企业的企业所得税优惠政策。打造从创业投资和私募股权投资，到区域性股权市场，再到全国中小企业股份转让系统和交易所市场的全链条服务体系。推动社会资本发起设立多层次资本市场联动私募股权基金。

（2）规范私募基金管理

党中央、国务院高度重视私募投资基金行业规范健康发展和风险防控。2023 年 7 月，国务院发布《私募投资基金监督管理条例》（中华人民共和国国务院令第 762 号），提出对创业投资等股权投资、证券投资等不同类型的私募基金实施分类监督管理。并对创业投资基金进行特别规定，在登记备案、资金募集、投资运作、风险监测、现场检查等方面，对创业投资基金实施差异化监管和自律管理，对主要从事长期投资、价值投资、重大科技成果转化的创业投资基金在投资退出等方面提供便利。

（3）延续执行有关税收政策条件

为进一步支持创业投资发展，2023 年 8 月，财政部、税务总局发布《关于延续执行创业投资企业和天使投资个人投资初创科技型企业有关政策条件的公告》（财政部　税务总局公告 2023 年第 17 号），提出对于初创科技型企业需符合的条件，从业人数继续按不超过 300 人、资产总额和年销售收入按均不超过 5000 万元执行，在此期间已投资满 2 年及新发生的投资，可按财税〔2018〕55 号文件和本公告规定适用有关税收政策，公告执行至 2027 年 12 月 31 日。同月，财政部、税务总局、国家发展改革委、中国证监会发布《关于延续实施创业投资企业个人合伙人所得税政策的公告》（财政部 税务总局 国家发展改革委 中国证监会公告 2023 年第 24 号），提出创投企业可以选择按单一投资基金核算或者按创投企业年度所得整体核算两种方式之一，对其个人合伙人来源于创投企业的所得计算个人所得税应纳税额。创投企业选择按单一投资基金核算的，其个人合伙人从该基金应分得的股权转让所得和股息红利所得，按照 20% 税率计算缴纳个人所得税，公告执行至 2027 年 12 月 31 日。

（4）持续深化新三板改革

为进一步深化新三板改革，打造服务创新型中小企业主阵地，2023 年 9 月，中国证监会发布《关于高质量建设北京证券交易所的意见》。改革坚持扩规模与调结构并举，明确加强精准服务，提高对潜在投资者和已开户投资者的吸引力。研究论证结构性优化投资者适当性管理要求。引导公募基金扩大北交所市场投资，支持相关公募基金产品注册和创新。允许除创业投资基金之外的私募股权基金通过二级市场增持其上市前已投资的企业在北交所发行的股票。加大力度引入社保基金、保险资金、年金等中长期资金。持续加强投资者教育和服务，切实维护投资者权益。

（5）推动创业投资支持中小企业、民营经济发展

2023 年 7 月，工业和信息化部、中国人民银行、金融监管总局、中国证监会、财政部发布《关于开展"一链一策一批"中小微企业融资促进行动的通知》（工信部联企业函〔2023〕196 号），提出鼓励私募股权、创业投资基金等结合自身特长参与对接活动，加快培养投资产业思维、完善产业投资策略，重点为链上中小微企业科技研发、成果转化、融通创新、协同攻关等提供融资支持，激发涌现一批专精特新中小企业。2023 年 10 月，国务院发布《关于推进普惠金融高质量发展的实施意见》（国发〔2023〕15 号），提出完善私募股权和创业投资基金"募投管退"机制，鼓励投早、投小、投科技、投农业。发挥好国家中小企业发展基金等政府投资基金作用，引导创业投资机构加大对种子期、初创期成长型小微企业支持。鼓励企业发行创新创业专项债务融资工具。优化小微企业和"三农"、科技创新等领域公司债发行和资金流向监测机制，切实降低融资成本。2023 年 11 月，中国人民银行、金融监管总局、中国证监会、外汇局、国家发展改革委、工业和信息化部、财政部、全国工商联发布《关于强化金融支持举措 助力民营经济发展壮大的通知》（银发〔2023〕233 号），提出更好发挥多层次资本市场作用，扩大优质民营企业股权融资规模。具体指出，支持民营企业上市融资和并购重组。推动注册制改革走深走实，大力支持民营企业发行上市和再融资。发挥政府资金引导作用，支持更多社会资本投向重点产业、关键领域民营企业。积极培育天使投资、创业投资等早期投资力量，增加对初创期民营中小微企业的投入。完善投资退出机制，优化创投基金所投企业上市解禁期与投资期限反向挂钩制度安排。切实落实国有创投机构尽职免责机制。

附 录

附录 A   2023 年美国创业投资回顾 [①]

一、总体概括

2023 年对美国创业投资而言，没有特别亮眼的表现。年度投资总额为 1706 亿美元，共涉及 13 608 笔交易。虽然从统计数据看，投资活动下降了 30%，这不是个好消息，但并不出乎意料。创业投资市场在 2022 年第三季度开始了一段紧缩期，从 2022 年第三季度初到 2023 年第四季度末，整体市场活动水平一直保持平稳。在全球化时代背景下成长起来的这一代投资者，一直能够依靠低利率、最小的贸易壁垒和超高效的世界供应链获利。但到2022 年中期，投资者意识到世界已经发生了变化。而到 2023 年底，他们更意识到这种情况短期内将不会改变（表 A–1、图 A–1）。

表 A–1   美国创业投资总体情况

项目	2019 年	2020 年	2021 年	2022 年	2023 年
累计基金数/支	8271	9195	10 739	12 113	12 638
累计机构数/家	3505	3822	4325	4731	4898
累计资本总额/十亿美元	804.6	897.3	1069.1	1243.4	1317.3
现存基金数/支	4602	5213	6416	7296	7238
在过去的 8 年里筹集资金的机构/家	2541	2772	3181	3426	3417
管理资本/十亿美元	619.7	803.7	1193.6	1248.6	1212.9
基金规模均值/百万美元	117.7	120.2	122.3	127.6	128.5
基金规模中位数/百万美元	40.0	40.0	38.5	36.0	35.7

[①] 资料来源：《2024 美国风险投资协会年报》。

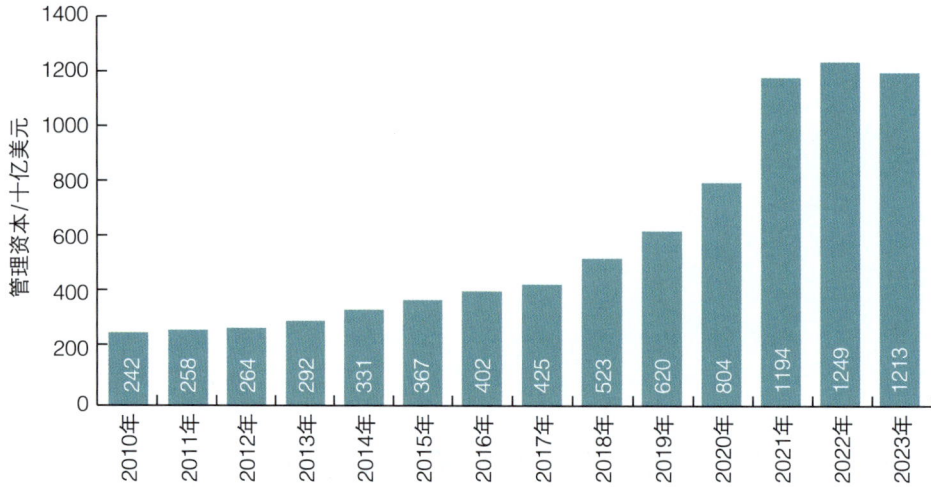

图 A-1　美国创业投资管理资本（2010—2023 年）

二、资金募集

2023 年，美国创业投资通过 474 支基金筹集了 669 亿美元，这与 2022 年通过 1340 支基金筹集 1728 亿美元相比，出现了大幅下降，降幅高达 61%，这也是近 20 年来，同比降幅最大的一次。虽然这些变化的全部影响将在接下来的几年逐渐显现出来，但引发 2023 年募集金额大幅下降的一些原因是显而易见的，这些原因包括：持续的市场整合、新兴基金经理市场份额的下降，以及市场从 2021 年高点的持续下跌。值得注意的是，尽管 2023 年创业投资募集金额降至 2018 年以来的最低水平，但在此之前该行业经历了历史上最大的增长，前几年积累的投资储备金近 3120 亿美元，因此仍有大量资金可供投资（图 A-2）。

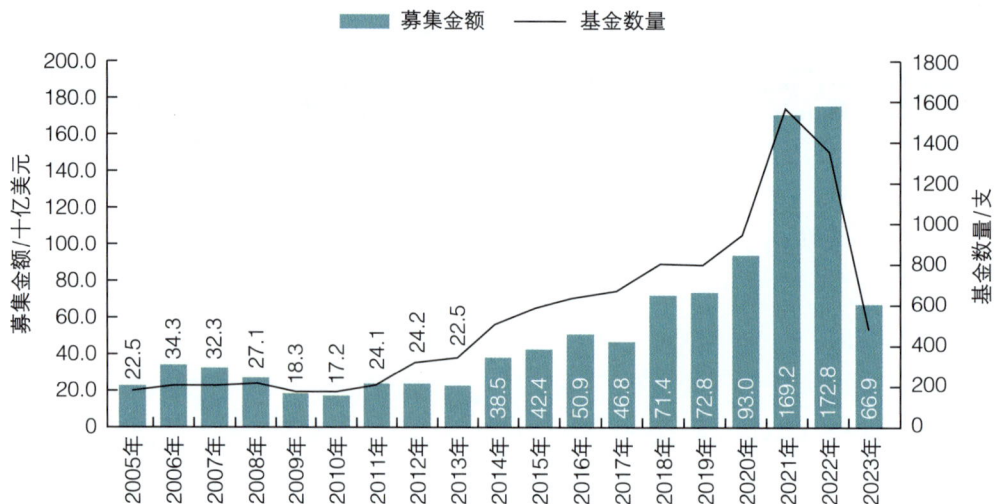

图 A-2　美国创业投资基金募集情况（2005—2023 年）

2022 年，最受关注的是地缘政治局势如何阻止世界经济恢复至疫情前的正常状态。2023 年，最重要的事项则是疫情前的正常状态不会很快恢复。自工业革命以来，地缘政治的平静、低利率、最低贸易壁垒和超高效的供应链促进了全球经济持续繁荣和显著增长，但这些已不再是理所当然。这种不确定性影响了风险生态系统的各个方面，尤其是融资。

2023 年，风险投资的融资活动延续了自 2022 年末开始的急剧下降趋势。融资额减少，而且更多资金流向了少数投资者，这些投资者拥有良好的业绩记录和（或）专业背景（表 A-2）。

表 A-2　美国募集的十大创业投资基金（2023 年）

投资者	基金名称	基金规模/百万美元	募资完成日	基金所在州
TCV	Technology Crossover Ventures XII	4000	2023-05-01	加利福尼亚
恩颐投资	恩颐投资 18	3050	2023-01-27	马里兰
波士顿投资	波士顿投资增长 II	2100	2023-01-19	加利福尼亚
奥博资本	奥博资本私人投资 IX	1860	2023-10-24	纽约
贝恩资本	贝恩资本基金 2022	1400	2023-01-01	马萨诸塞
Lux 资本	Lux 风险基金 VIII	1150	2023-04-13	纽约
COSMIC MANAGEMENT	Cosmic-Aleph 3	1095	2023-03-11	加利福尼亚
多伦多云投资	FYBN 基金	1000	2023-01-01	佐治亚
格雷洛克	格雷洛克 XVII	1000	2023-03-10	加利福尼亚
CCMCO	C2 投资	1000	2023-06-21	加利福尼亚

三、投资活动

2023 年延续了 2022 年投资活动放缓的趋势，交易数量略高于 1.3 万笔。2023 年投资额同比下降 35%，大致与 2022 年的下滑趋势相当。对于行业而言，更令人担忧的是交易数量同比下降了 23%，这比 2021—2022 年下降幅度的 3 倍还多。多年来，后期投资和内部人主导的轮次一直占据最高比例。这些变化既有迹可循又很容易解释，面对不断增加的不确定性，投资者收缩了新投资的数量。他们要么选择维持现有投资，要么选择投资风险较低的成熟企业（图 A-3）。

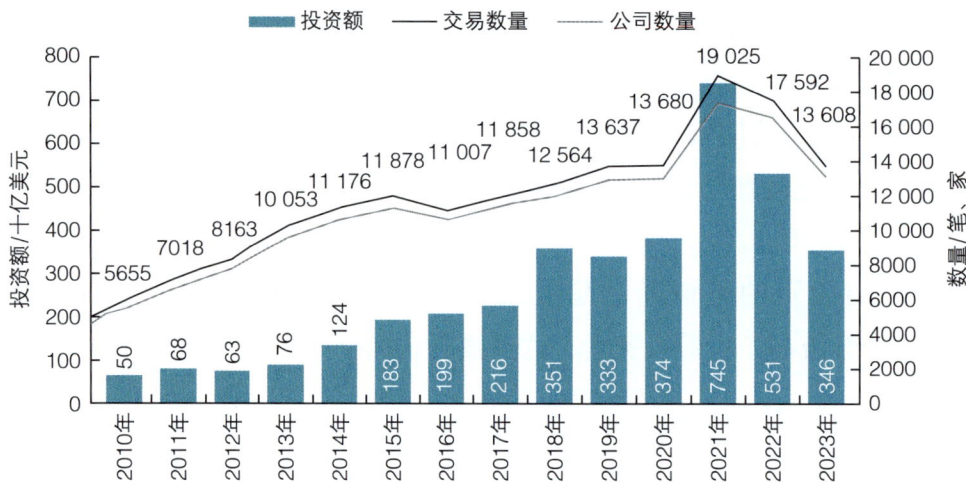

图 A-3　美国创业投资基金投资情况（2010—2023 年）

（一）投资阶段

2023 年，投资的主要特征是天使/种子期活动显著减少。过去 10 年，天使/种子期投资平均占比为 36.7%。从交易数量来看，天使/种子期投资所占比重在 2020 年达到 37.7% 的峰值后，稳定在 37.2% 左右。而 2023 年，这一比重仅为 32.1%，降低到近 10 年来的最低值。虽然这种下降存在着各种潜在原因，但是也明确反映出天使/种子期企业估值水平吸引力有限，尤其是相对于 2022 年已经折价 51% 的 D 轮成熟企业而言（表 A-3）。

表 A-3　美国创业投资的阶段分布（交易数量）　　　　　　　　　　单位：笔

阶段	2013 年	2014 年	2015 年	2016 年	2017 年	2018 年	2019 年	2020 年	2021 年	2022 年	2023 年
天使/种子期	3601	4052	4374	4025	4358	4524	4983	5141	7064	6538	4365
早期	3950	4249	4491	4021	4294	4388	4441	4136	5997	5519	4504
后期	1973	2284	2473	2437	2644	2999	3508	3626	5006	4687	3968
风险成长	489	544	515	491	535	629	681	748	945	826	749

（二）投资行业

2023 年，最引人注目的行业无疑是人工智能，但几乎每个行业的公司都可以以某种方式将自己归类为人工智能驱动，因此很有必要进行更深入和详细的分析。整体上看，2023 年所有行业的投资额均有所下降，消费品与服务行业受到的冲击较大，获得的投资额比 2022 年减少了 42%。虽然软件行业获得的投资额比上一年有所下降，但仍是获得投资最多的行业，其所占份额从 38% 增长至 40%。值得注意的是，尽管能源行业在总投资中所占比例相对较小（约为 2%），但其同比交易数量下降幅度也最小，仅为 4%。相比之下，商业服务行业的交易数量下降幅度次之，为 18%（表 A-4）。

表 A-4　美国按行业分类统计的投资额状况（2022—2023 年）　　　　单位：十亿美元

行业分类	2022 年	2023 年
软件	90.2	66.6
商业服务	37.2	27.5
制药与生物技术	31.3	21.4
消费品与服务	18.6	10.7
医疗服务和系统	22.1	13.1
IT 硬件	8.2	6.3
医疗设备和用品	7.3	6.8
能源	5.9	3.9
媒体	3.2	1.4
其他行业	14.1	10.6

四、投资退出

退出的形式多种多样，包括公开上市、并购和 SPACs[①]。2023 年，披露的退出项目共999 个，披露总金额为 615 亿美元。这是 10 年来退出项目数量最少的一年，也是 10 年来年度总金额第二低的一年。退出项目和总金额过低代表该领域存在比较严重的问题。没有退出的风险投资生态系统就像没有音乐的舞蹈，虽然可行，但有些荒谬。

2023 年，有 40 家风险投资支持的公司进行了 IPO，而 2022 年有 39 家。虽然这两年的公司数量相差一家，微不足道，但总价值却相去甚远，2023 年的 IPO 交易总价值为 251.6亿美元，显著高于 2022 年的水平。除了 2022 年，2023 年风险投资支持的 IPO 总价值仍低于 2017 年以来的任何一年。此外，在 2023 年上市的 40 家风险投资支持的公司中，81% 的总价值来自表 A-2 最大的 5 家公司。虽然这一现象不容忽视，但是仅根据这一年数据就做出行业在复苏的结论仍显轻率。2022 年推动市场向好的因素在 2023 年仍然起作用。另外，2023 年 IPO 的良好表现，再加上等待上市公司名单，都可能预示着 2024 年 IPO 活动将持续乐观（表 A-5）。

[①]　special purpose acquisition companies，特殊目的收购公司。

表 A-5　美国创业投资企业的 IPO 价值及特征（2011—2023 年）

年份	IPO 数量/家	总价值/百万美元	IPO 规模中位值/百万美元	平均交易值/百万美元	IPO 价值/百万美元	IPO 后估值中位值/百万美元	IPO 后价值平均数/百万美元	从首次获得创业投资到 IPO 的时间中位值/年	从首次获得创业投资到 IPO 的平均时间/年
2011	46	37 793.3	331.2	944.8	43 333.3	423.6	1083.3	5.88	6.79
2012	60	91 613.3	291.7	1832.3	112 800.6	353.2	2050.9	7.14	7.72
2013	87	42 640.1	240.0	553.8	51 210.0	320.7	632.2	6.64	7.15
2014	125	44 126.6	185.8	367.7	53 374.8	247.5	448.5	7.06	7.12
2015	83	31 134.7	219.3	404.3	38 268.1	294.0	497.0	6.63	6.19
2016	44	13 270.2	178.3	316.0	16 132.0	239.3	375.2	7.38	6.86
2017	68	51 669.5	264.7	847.0	60 163.5	349.3	986.3	6.29	6.44
2018	95	56 989.1	325.5	640.3	68 192.5	407.9	757.7	4.61	6.30
2019	90	177 948.4	353.9	2045.4	221 962.4	456.4	2522.3	6.79	6.80
2020	113	213 014.2	507.9	2088.4	251 519.7	701.0	2418.5	5.20	6.11
2021	193	533 607.7	526.6	2981.0	594 405.7	695.7	3266.0	5.38	6.23
2022	39	6598.1	54.4	235.6	8449.3	78.9	301.8	3.41	5.69
2023	40	25 155.8	151.9	838.5	28 446.0	181.8	948.2	2.89	5.03

2023 年并购活动喜忧参半。尽管并购数量和交易金额从 2022 年开始持续下降，但中等规模的并购交易金额也以大致相同的幅度在增长。这表明可能有更多公司准备退出，但还需要更多的数据才能做出准确的判断（图 A-4、表 A-6）。

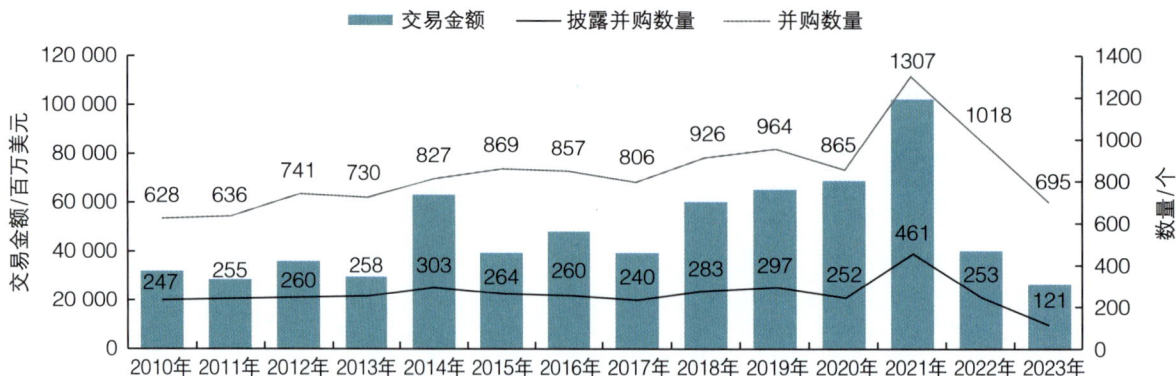

图 A-4　美国创业投资支持企业并购情况（2010—2023 年）

表 A-6　美国创业投资企业并购退出情况及特征（2010—2023 年）

年份	并购数量/个	披露并购数量/个	交易金额/百万美元	交易金额中位数/百万美元	交易金额平均数/百万美元	并购退出时间的中位值/年	并购退出的平均时间/年
2010	628	247	32 188.4	39.1	130.3	4.33	4.90
2011	636	255	28 538.5	41.5	111.9	4.17	4.74
2012	741	260	36 241.0	40.0	139.4	4.55	5.00
2013	730	258	29 477.0	34.4	114.3	3.58	4.77
2014	827	303	63 391.2	49.7	209.2	4.04	5.06
2015	869	264	39 740.5	40.3	150.5	3.80	4.92
2016	857	260	48 199.7	63.9	185.4	4.04	5.19
2017	806	240	40 081.3	49.9	167.0	4.54	5.51
2018	926	283	60 698.8	60.0	214.5	4.73	5.69
2019	964	297	66 194.3	63.1	222.9	4.86	5.75
2020	865	252	69 207.5	62.5	274.6	5.02	5.91
2021	1307	461	103 116.3	64.8	223.7	5.15	5.78
2022	1018	253	40 251.1	46.6	159.1	4.92	5.73
2023	695	121	26 680.2	60.6	220.5	4.59	5.70

尽管并购和 IPO 等传统交易活动有所减少，但特殊目的收购公司（SPAC）似乎已从市场上消失。2023 年，SPAC 的交易总额比 2021 年的鼎盛时期下降了 98%，作为一种资产类别，它们的表现远不如同期通过更传统方式上市的风险投资支持的公司。尽管 SPAC 的表现持续不佳，但未来可能仍有立足之地（图 A-5）。

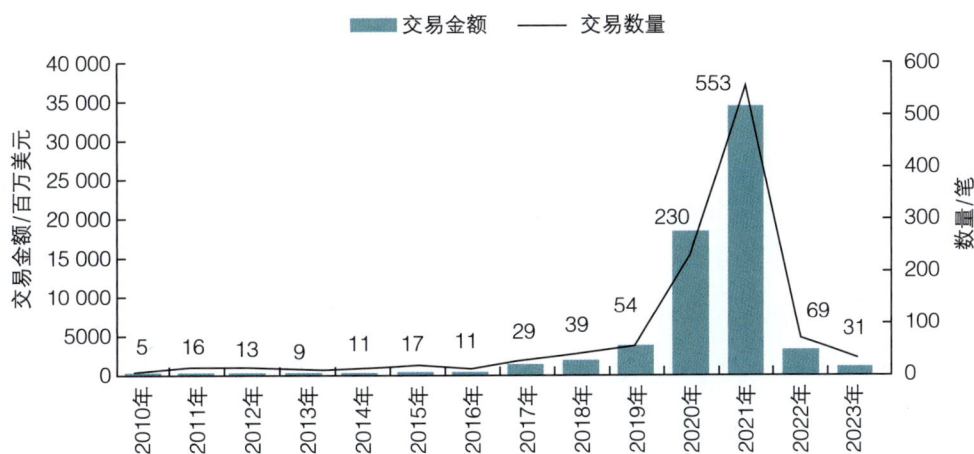

图 A-5　美国创投行业通过 SPAC 退出交易情况（2010—2023 年）

附录 B 2023 年欧洲创业投资回顾 [①]

2023 年创业投资金额为 571 亿欧元，同比下降 45.6%。因为 2023 年的创业投资市场已经从 2022 年和 2021 年过度膨胀活动中回调，再加上宏观经济环境更加严峻，排除前两年的过度炒作，2023 年的投资金额仍高于往年和 10 年平均水平。因此，从长远来看，欧洲的风险投资活动仍显示出结构性增长。最近投资活动的减少更多是由估值下降引发，而不是投资项目减少，2023 年的投资项目数量同比下降 20.4%。虽然，2023 年出现了一些复苏迹象，前三季度投资金额逐季度上升。然而，第四季度出现趋势变化，投资金额环比下跌 21.9%，这为季度表现及 2024 年的复苏带来了更多不确定性（图 B-1）。

图 B-1 欧洲创业投资总体情况一览（2013—2023 年）

注：* 表示统计数据截至 2023 年 12 月 31 日，下同。

一、资金募集

2023 年募集资金为 172 亿欧元，同比下降 39.0%。基金数量下降至 141 支，同比下降幅度高达 51.5%。2023 年募集资金下降更多是由基金数量减少引起的，规模较大的基金在募集资金中的比例有所增加。具体来看，超过 5 亿欧元的基金募集资金已经超过小型基金，占 2023 年募集资金总额的 28.4%，这几乎是 2022 年占比的两倍，这说明中、大型基金数量在逐渐增加（图 B-2）。

[①] 资料来源：《欧洲风险投资报告 2023》。

图 B-2　欧洲创业投资基金融资情况（2013—2023 年）

二、投资活动

（一）投资阶段

从投资阶段来看，2023 年后期投资同比下降幅度最大，为 50.5%，但是后期投资在所有阶段所占比重仍然最大，达到 43.3%。早期投资在普通合伙人（GP）资本中的份额有所增加。这说明了估值和市场环境的严峻，因为早期阶段往往更加独立，投资者着眼于更长的时间跨度，并且不太依赖退出市场来实现回报。退出市场（将在后面部分讨论）是 2023 年创业投资生态系统中最为薄弱的环节，这意味着与退出市场关系更紧密的投资阶段也必然大幅下降，如风险增长（图 B-3）。

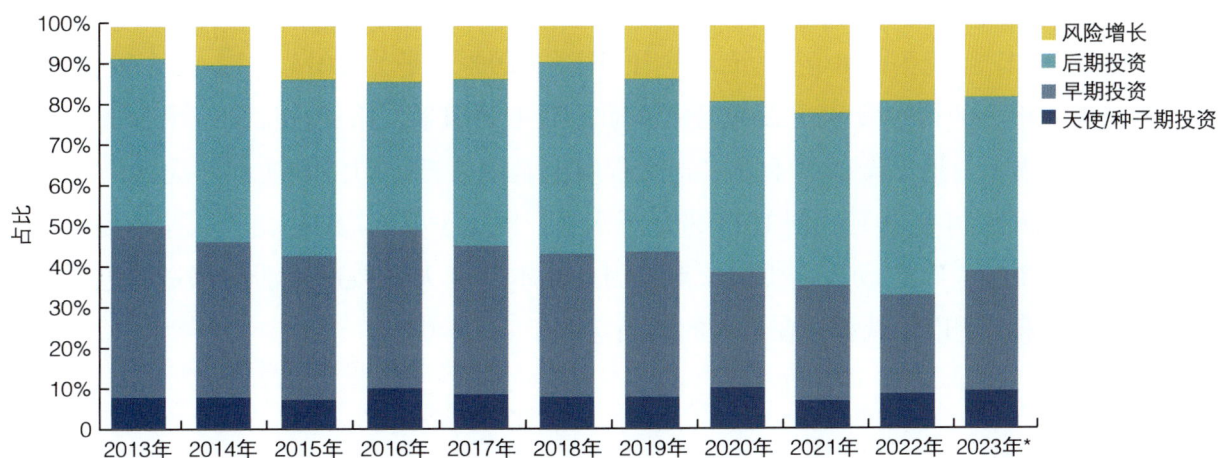

图 B-3　按照投资阶段划分情况（2013—2023 年）

（二）投资行业分布

2023 年，生物与医药行业成为行业趋势最大赢家，传媒和软件行业则表现最差。传媒行业的投资金额似乎受到的打击最大，同比下降了 73.5%，2023 年仅累计 14 亿欧元。而且，如果行业投资金额本身基数较小，其绝对值的变化会对所占比例产生更大的影响。因此软件行业本年度趋势表现较差，其投资金额较 2022 年的峰值同比下降了 61.4%（图 B−4）。

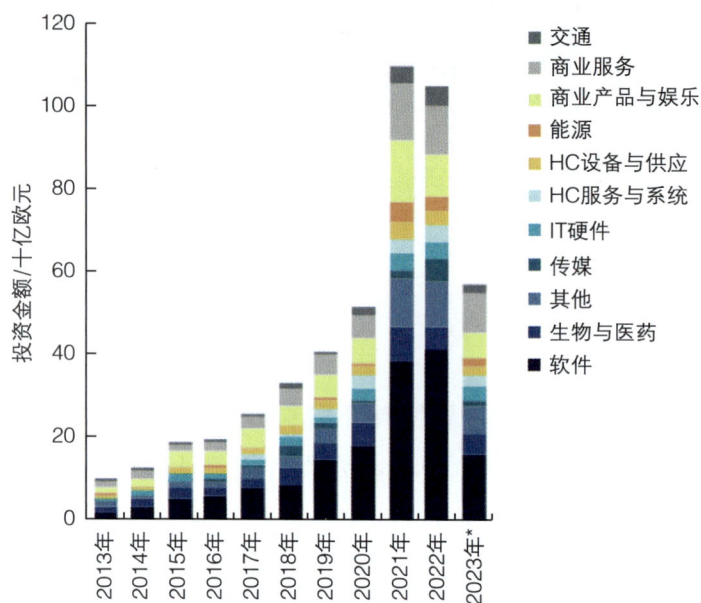

图 B−4　欧洲创业投资基金投资的行业分布（按投资金额）（2013—2023 年)

三、退出活动

2023 年退出金额为 118 亿欧元，同比下降 70.9%，是自 2014 年以来的最低水平（图 B−5）。市场的持续疲软是影响退出活动的最主要因素，第四季度的退出金额和退出项目数量全年最低。退出金额的下降在很大程度上是由公开上市活动疲软造成的，2023 年公开上市总金额为 14 亿欧元，创 10 年来最低水平，同比下降 90.2%。由于收购市场面临债务成本上升的挑战，收购成为主要增长点，因此，本年度大多数退出活动都是通过并购实现的。展望未来，上市领域仍存在最大的不确定性。

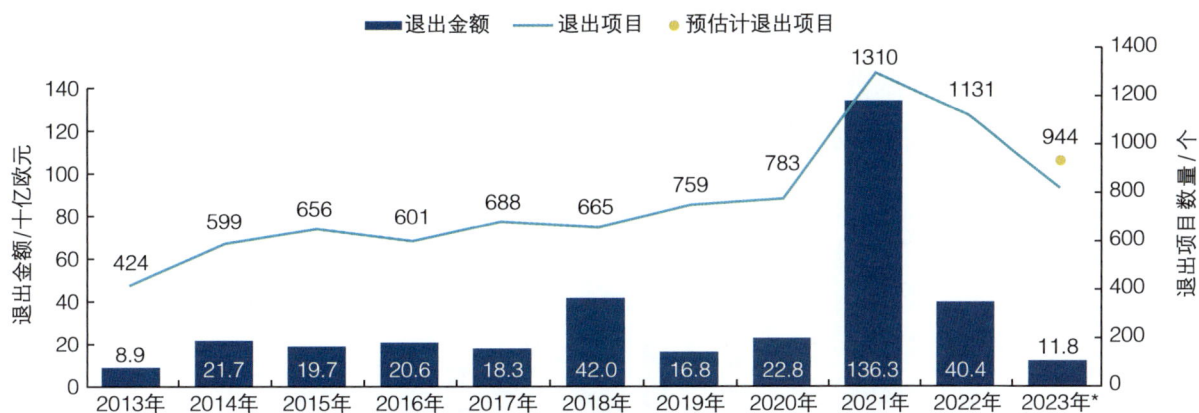

图 B-5　欧洲创业投资基金退出情况（2013—2023 年）

预计 2024 年通过公开上市退出的金额或项目数量不会出现有意义的复苏。上市活动动力不足并不意味着投资渠道不畅，相反地，公司（特别是风险增长型公司）的增加仍然处于合理范围。此外，市场上的投资数量仍超过了退出数量。然而，宏观经济疲软和市场的不确定性会使投资机构近期更谨慎地选择上市退出的方式（图 B-6）。

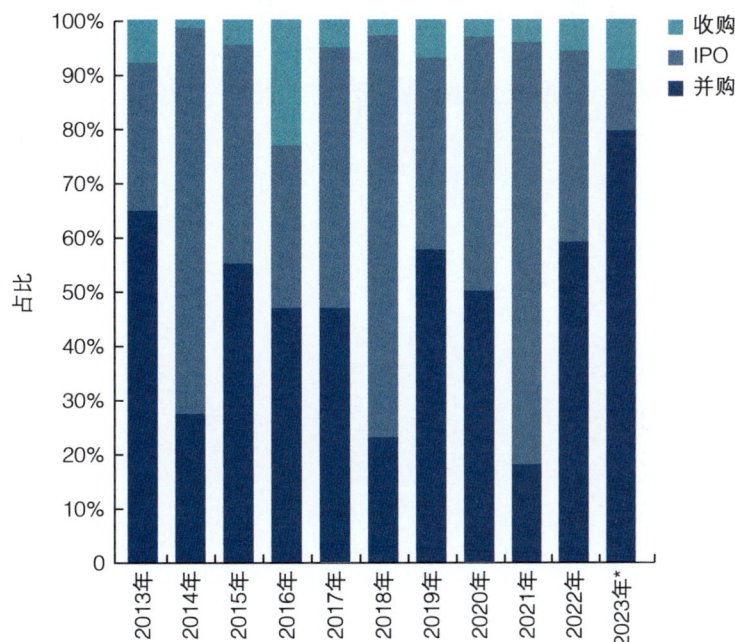

图 B-6　欧洲创业投资的主要退出方式（按金额）（2013—2023 年）

从行业情况来看，欧洲的大部分退出活动都集中在软件行业。从占比来看，软件行业继续占据欧洲总退出金额的最大份额，其次是生物与医药，然后是 IT 硬件（图 B-7）。对于软件行业来说，2023 年的退出金额同比下降了 68.8%。欧洲前十大退出个案中有一半来自软件行业，其中 3 家公司位于以色列。该行业涉及广泛，这意味着其中涵盖了各种细分领域。其中，软件即服务（SaaS）领域比其他领域表现更佳。从退出金额来看，SaaS 是 2021 年和 2022 年表现最强劲的领域之一，投资者可能希望通过退出实现回报。

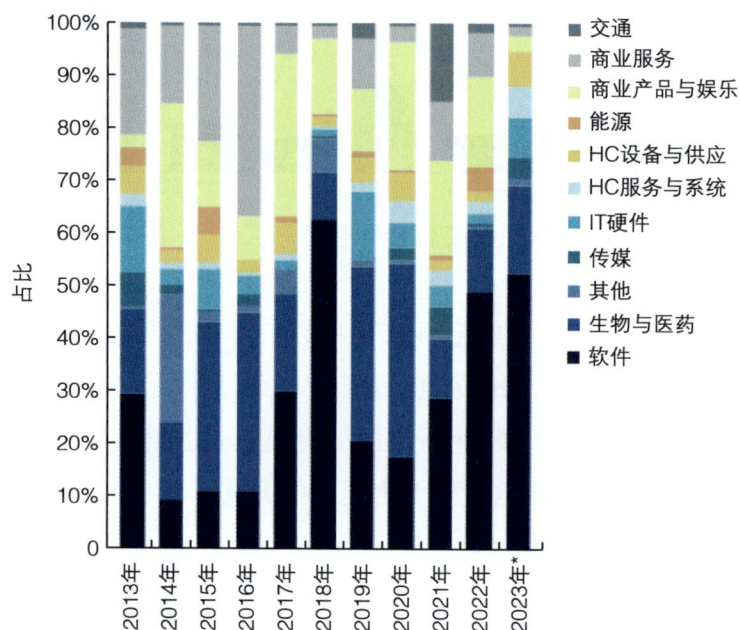

图 B-7　欧洲创业投资退出行业分布（按金额）（2013—2023 年）

附录 C　2023 年韩国创业投资回顾 [①]

一、市场概况

2023 年，韩国创业投资当年机构存量和累计注册资本均有增加，但增势减缓。当年机构存量较 2022 年净增加 15 家、新增创投机构 19 家，相较前两年均出现显著下滑；注销机构 4 家，累计注册资本持续增加，达 22 912 亿韩元（表 C-1、图 C-1）。

表 C-1　韩国创业投资机构发展情况（2014—2023 年）

指标	2014 年	2015 年	2016 年	2017 年	2018 年	2019 年	2020 年	2021 年	2022 年	2023 年
当年新注册数 / 家	6	14	13	5	20	19	21	38	42	19
当年注销数 / 家	4	2	8	4	8	3	5	6	8	4
当年机构存量 / 家	103	115	120	121	133	149	165	197	231	246
累计注册资本 / 十亿韩元	1418.5	1484.3	1502.6	1522.8	1615.6	1788.3	1883.7	2065.6	2186.8	2291.2

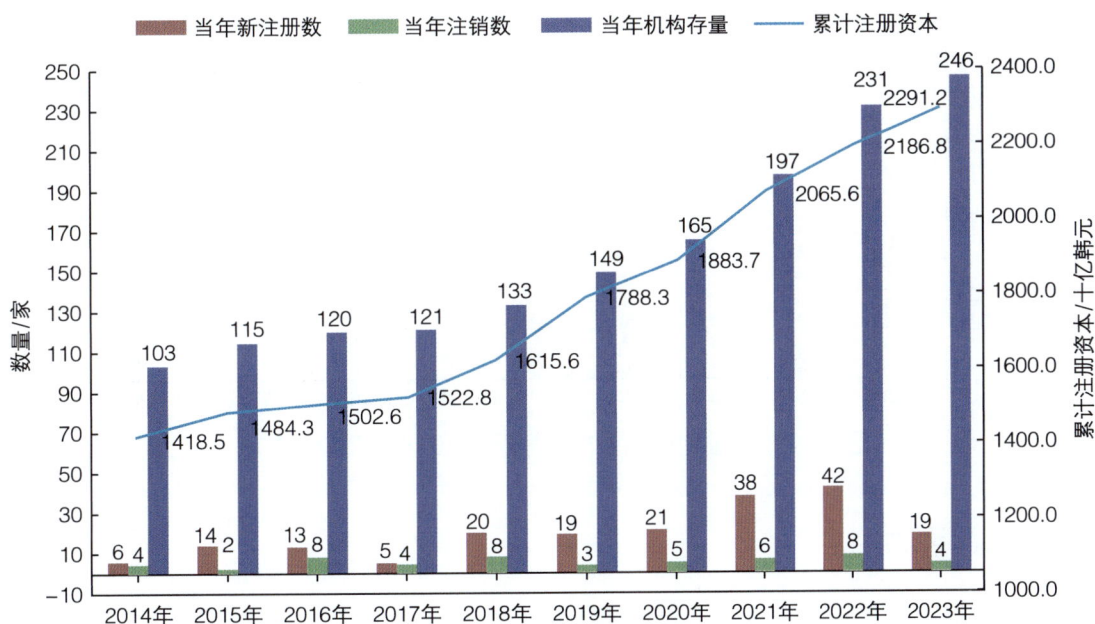

图 C-1　韩国创业投资机构发展情况（2014—2023 年）

[①] 资料来源：数据由韩国风险投资协会（Korean Venture Capital Association）提供。

截至 2023 年，共有 246 家创业投资机构管理着 1957 支基金（表 C-2、图 C-2）。其中，当年新注册数为 290 支，较 2022 年减少 90 支；当年注销数为 70 支，比 2022 年减少 4 支；创业投资基金累计承诺资本额为 569 076 亿韩元。

表 C-2 韩国创业投资基金情况（2014—2023 年）

指标	2014 年	2015 年	2016 年	2017 年	2018 年	2019 年	2020 年	2021 年	2022 年	2023 年
当年新注册数 / 支	82	108	120	164	146	170	206	404	380	290
承诺资本额 / 十亿韩元	2602.8	2582.2	3662.1	4574.1	4859.0	4241.3	6863.9	9564.9	11 072.8	6645.4
当年注销数 / 支	37	26	46	51	58	55	48	51	74	70
承诺资本额 / 十亿韩元	833.0	570.9	842.4	1114.3	1125.6	984.5	993.5	1204.0	1042.6	1487.4
当年基金存量 / 支	448	530	604	717	805	920	1078	1431	1737	1957
累计承诺资本额 / 十亿韩元	12 118.0	14 218.5	17 038.2	20 498.0	24 231.3	27 488.1	33 358.4	41 719.4	51 749.6	56 907.6

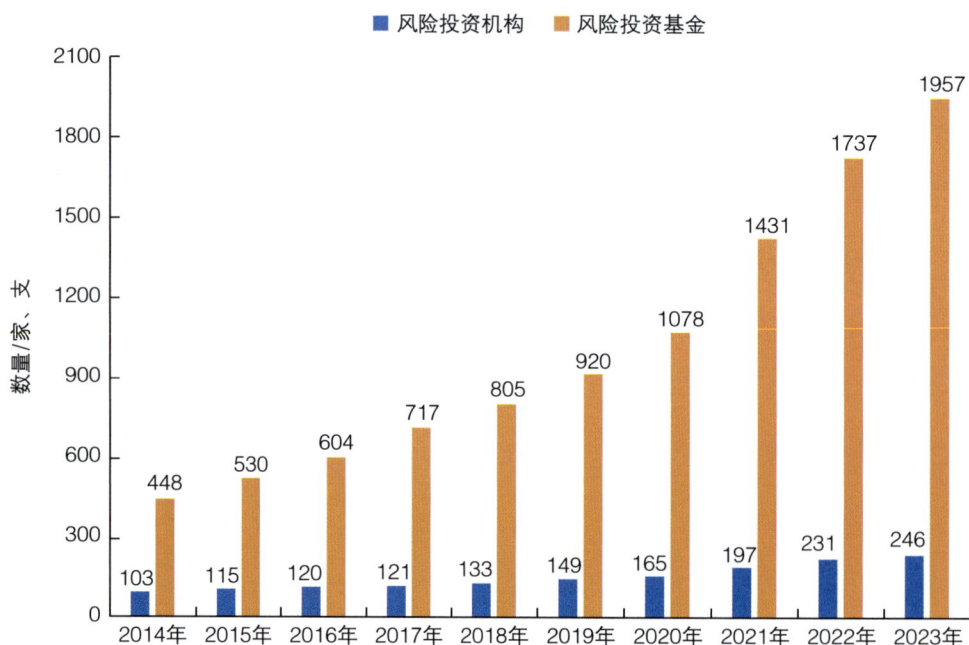

图 C-2 韩国创业投资市场概况（2014—2023 年）

二、投资活动

2023 年，韩国风险投资共投资项目 2281 项，投资金额为 53 977 亿韩元；投资项目数近 10 年内首次出现下降，投资金额与 2022 年相比亦出现回落；投资强度连续两年出现下降，由 2022 年的 27.3 亿韩元/项下降为 23.7 亿韩元/项（表 C-3）。

表 C-3　韩国创业投资项目数及金额（2014—2023 年）

指标	2014 年	2015 年	2016 年	2017 年	2018 年	2019 年	2020 年	2021 年	2022 年	2023 年
投资项目数 / 项	901	1045	1191	1266	1399	1608	2130	2438	2474	2281
投资金额 / 十亿韩元	1639.3	2085.8	2150.3	2380.3	3424.9	4277.7	4304.5	7680.2	6764.0	5397.7
投资强度 /（十亿韩元 / 项）	1.82	2.00	1.81	1.88	2.45	2.66	2.02	3.15	2.73	2.37

注：投资强度=投资金额 ÷ 投资项目数。

三、投资行业分布

2023 年，从投资项目数看，排名前 3 位的分别是 ICT 服务、零售/服务及生物/医药，与 2022 年排序相同。从投资金额看，ICT 服务与其对应投资项目数排名一致，位居第一，生物/医药、零售/服务分别居于第二、第三。以上 3 个行业投资活动发展延续了多年历史态势，但 2023 年投资项目数排名第三的生物/医药在投资金额上超越了零售/服务，排名第二，在投资金额上比 2022 年上升一位；3 个行业投资项目数和投资金额相较 2022 年均有较大减少，且三者合计占总量的比重均出现下降，其中投资项目比重从 2022 年的 67.07% 下降至 60.76%，投资金额比重从 2022 年的 70.52% 下降至 56.86%（表 C-4、图 C-3）。

表 C-4　韩国创业投资行业分布（2023 年）

指标	ICT 服务	零售/服务	生物/医药	电子/机器/设备	其他	图像/性能/存储	ICT 制造	化工/材料	游戏	合计
投资项目数 / 项	807	447	302	249	217	200	137	130	72	2561[①]
投资金额 / 十亿韩元	1459.5	725.4	884.4	623.9	440.7	409.8	401.2	337.5	115.4	5397.8[②]

---

① 报告原文投资项目总量数值为 2281，但根据该表格分项数合并计算为 2561，此处所做描述是以 2561 为基数计算。

② 报告原文投资项目金额数值为 53 977，但根据该表格分项数合并计算为 53 978，此处所做描述是以 53 978 为基数计算。

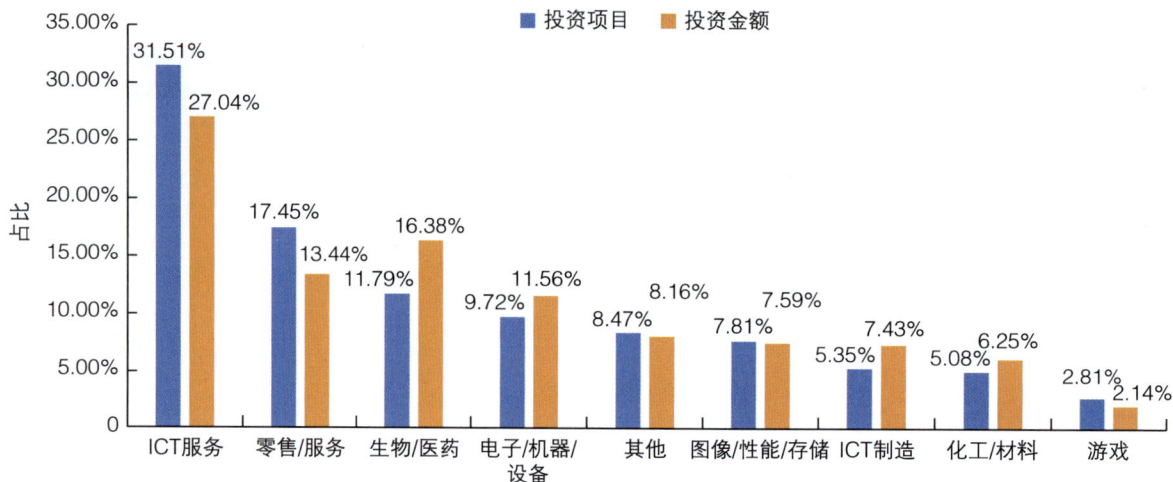

图 C-3　韩国创业投资行业分布（2023 年）

四、投资阶段分布

2023 年，从投资项目看，投资于早期的项目仍是多于创建期和扩展期，占比较 2022 年略有下降，从 45.34% 降至 43.17%；从投资金额看，早期和创建期仍是占据了韩国创业投资绝大比例资金，二者累计占比较 2022 年降幅明显，从 70.01% 降至 62.23%（表 C-5、图 C-4、图 C-5）。

表 C-5　韩国创业投资阶段分布（2023 年）

指标	早期	创建期	扩展期	合计
投资项目数 / 项	999	711	604	2314①
投资金额 / 十亿韩元	1327.0	2032.0	2038.7	5397.7

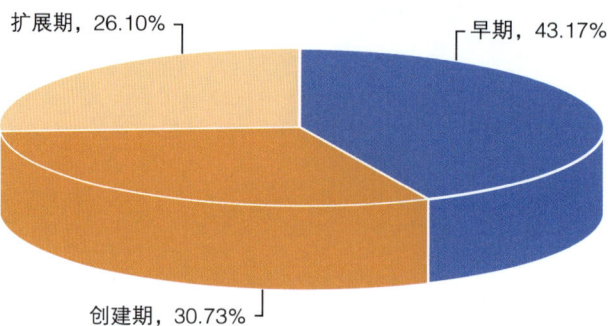

图 C-4　韩国创业投资阶段分布（按投资项目）（2023 年）

---

① 报告原文投资项目总量数值为 2281，但根据该表格分项数合并计算为 2314，此处所做描述是以 2314 为基数计算。

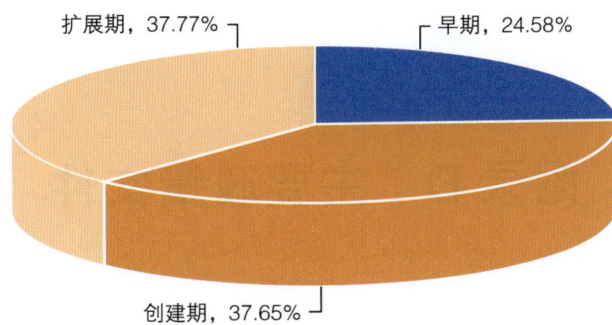

图 C-5　韩国创业投资阶段分布（按投资金额）（2023 年）

附录 D　主要政策文件

国务院办公厅关于印发《促进创业投资高质量发展的若干政策措施》的通知

国办发〔2024〕31 号

各省、自治区、直辖市人民政府，国务院各部委、各直属机构：

《促进创业投资高质量发展的若干政策措施》已经国务院同意，现印发给你们，请认真贯彻执行。

国务院办公厅
2024 年 6 月 15 日

（本文有删减）

促进创业投资高质量发展的若干政策措施

发展创业投资是促进科技、产业、金融良性循环的重要举措。为贯彻落实党中央、国务院决策部署，促进创业投资高质量发展，现提出以下政策措施。

一、总体要求

促进创业投资高质量发展，要以习近平新时代中国特色社会主义思想为指导，全面贯彻落实党的二十大精神，完整、准确、全面贯彻新发展理念，着力推动高质量发展，围绕创业投资"募投管退"全链条，进一步完善政策环境和管理制度，积极支持创业投资做大做强，充分发挥创业投资支持科技创新的重要作用，按照市场化法治化原则引导创业投资稳定和加大对重点领域投入，强化企业创新主体地位，促进科技型企业成长，为培育发展新质生产力、实现高水平科技自立自强、塑造发展新动能新优势提供有力支撑。

二、培育多元化创业投资主体

（一）加快培育高质量创业投资机构。鼓励行业骨干企业、科研机构、创新创业平台机构等参与创业投资，重点培育一批优秀创业投资机构，支持中小型创业投资机构提升发展水平。引导创业投资机构规范运作，提升股权投资、产业引导、战略咨询等综合服务能力。创业投资机构按规定开展私募投资基金业务的，应当依法依规履行登记备案手续。未经登记备案的主体，应当用自有资金投资。

（二）支持专业性创业投资机构发展。加大高新技术细分领域专业性创业投资机构培育力度，引导带动发展一批专精特新"小巨人"企业，促进提升中小企业竞争力。聚焦新领域新赛道，对投资原创性引领性科技创新的创业投资机构，加大政策支持力度，引导创业投资充分发挥投早、投小、投硬科技的作用。

（三）发挥政府出资的创业投资基金作用。充分发挥国家新兴产业创业投资引导基金、国家中小企业发展基金、国家科技成果转化引导基金等作用，进一步做优做强，提高市场化运作效率，通过"母基金＋参股＋直投"方式支持战略性新兴产业和未来产业。优化政府出资的创业投资基金管理，改革完善基金考核、容错免责机制，健全绩效评价制度。系统研究解决政府出资的创业投资基金集中到期退出问题。

（四）落实和完善国资创业投资管理制度。支持有条件的国有企业发挥自身优势，利用创业投资基金加大对行业科技领军企业、科技成果转化和产业链上下游中小企业的投资力度。健全符合创业投资行业特点和发展规律的国资创业投资管理体制和尽职合规责任豁免机制，探索对国资创业投资机构按照整个基金生命周期进行考核。

三、多渠道拓宽创业投资资金来源

（五）鼓励长期资金投向创业投资。支持保险机构按照市场化原则做好对创业投资基金的投资，保险资金投资创业投资基金穿透后底层资产为战略性新兴产业未上市公司股权的，底层资产风险因子适用保险公司偿付能力监管规则相关要求。鼓励符合条件的创业投资机构发行公司债券和债务融资工具，增强创业投资机构筹集长期稳定资金的能力。

（六）支持资产管理机构加大对创业投资的投入。支持资产管理机构开发与创业投资相适应的长期投资产品。在依法合规、严格控制风险的前提下，支持私募资产管理产品投资创业投资基金。鼓励资产管理机构针对科技型企业在不同成长阶段的经营特征和金融需求，提供并完善股权投资、债券投资、股票投资和资产服务信托等综合化金融服务。

（七）扩大金融资产投资公司直接股权投资试点范围。支持金融资产投资公司在总结上海试点开展直接股权投资经验基础上，稳步扩大试点地区范围，充分发挥金融资产投资公司在创业投资、股权投资、企业重组等方面的专业优势，加大对科技创新的支持力度。

（八）丰富创业投资基金产品类型。鼓励推出更多股债混合型创业投资基金产品，更好匹配长期资金配置特点和风险偏好，通过优先股、可转债、认股权等多种方式投资科技创新领域。积极发展创业投资母基金和契约型创业投资基金。

四、加强创业投资政府引导和差异化监管

（九）建立创业投资与创新创业项目对接机制。实施"科技产业金融一体化专项"，开展科技计划成果路演、专精特新中小企业"一月一链"等活动，组织遴选符合条件的科技型企业、专精特新中小企业，以及带动就业较多的企业和项目，加强与创业投资机构对接。

（十）实施专利产业化促进中小企业成长计划。优选一批高成长性企业，鼓励创业投资机构围绕企业专利产业化开展领投和针对性服务，加强规范化培育和投后管理。

（十一）持续落实落细创业投资企业税收优惠政策。落实鼓励创业投资企业和天使投资个人投资种子期、初创期科技型等企业的税收支持政策，加大政策宣传辅导力度，持续优化纳税服务。

（十二）实施符合创业投资基金特点的差异化监管。细化《私募投资基金监督管理条例》监管要求，对创业投资基金在登记备案、资金募集、投资运作、风险监测、现场检查等方面实施与其他私募基金差异化的监管政策，支持创业投资基金规范发展。

（十三）有序扩大创业投资对外开放。修订完善《外商投资创业投资企业管理规定》，便利外国投资者在境内从事创业投资。支持国际专业投资机构和团队在境内设立人民币基金，发挥其投资经验和综合服务优势。引导和规范我国创业投资机构有序开展境外投资。深入推进跨境融资便利化试点，进一步优化外商直接投资（FDI）项下外汇管理，便利创业投资机构等经营主体办理外汇业务。研究规范合格境外有限合伙人（QFLP）试点机制和制度框架，进一步扩大试点范围，引导境外创业投资机构规范开展跨境投资。

五、健全创业投资退出机制

（十四）拓宽创业投资退出渠道。充分发挥沪深交易所主板、科创板、创业板和全国中小企业股份转让系统（北交所）、区域性股权市场及其"专精特新"专板功能，拓宽并购重组退出渠道。对突破关键核心技术的科技型企业，建立上市融资、债券发行、并购重组绿色通道，提高全国中小企业股份转让系统（北交所）发行审核质效。落实好境外上市备案管理制度，畅通外币创业投资基金退出渠道。

（十五）优化创业投资基金退出政策。加快解决银行保险资产管理产品投资企业的股权退出问题。支持发展并购基金和创业投资二级市场基金，优化私募基金份额转让业务流程和定价机制，推动区域性股权市场与创业投资基金协同发展。推进实物分配股票试点。

六、优化创业投资市场环境

（十六）优化创业投资行业发展环境。建立创业投资新出台重大政策会商机制，各部门在出台涉创业投资行业、创业投资机构等重大政策前，应按规定开展宏观政策取向一致性评估，防止出台影响创业投资特别是民间投资积极性的政策措施。持续提升创业投资企业和创业投资管理企业登记管理规范化水平。建立健全创业投资行业统计分析体系，加强部门间信息共享。

（十七）营造支持科技创新的良好金融生态。在依法合规、风险可控前提下，支持银行与创业投资机构加强合作，开展"贷款＋外部直投"等业务。研究完善并购贷款适用范围、期限、出资比例等政策规定，扩大科技创新领域并购贷款投放。支持符合条件的上市公司通过发行股票或可转债募集资金并购科技型企业。

各地区、各部门要把促进创业投资高质量发展作为大力发展科技金融、加快实现高水平科技自立自强、推动高质量发展的重要举措，压实主体责任，精心组织实施。国家发展改革委要会同相关部门完善工作机制，加强统筹协调，形成工作合力，共同推动促进创业投资高质量发展的各项措施落实落细。

私募投资基金监督管理条例

第一章　总　则

第一条　为了规范私募投资基金（以下简称私募基金）业务活动，保护投资者以及相关当事人的合法权益，促进私募基金行业规范健康发展，根据《中华人民共和国证券投资基金法》（以下简称《证券投资基金法》）、《中华人民共和国信托法》、《中华人民共和国公司法》、《中华人民共和国合伙企业法》等法律，制定本条例。

第二条　在中华人民共和国境内，以非公开方式募集资金，设立投资基金或者以进行投资活动为目的依法设立公司、合伙企业，由私募基金管理人或者普通合伙人管理，为投资者的利益进行投资活动，适用本条例。

第三条　国家鼓励私募基金行业规范健康发展，发挥服务实体经济、促进科技创新等功能作用。

从事私募基金业务活动，应当遵循自愿、公平、诚信原则，保护投资者合法权益，不得违反法律、行政法规和国家政策，不得违背公序良俗，不得损害国家利益、社会公共利益和他人合法权益。

私募基金管理人管理、运用私募基金财产，私募基金托管人托管私募基金财产，私募基金服务机构从事私募基金服务业务，应当遵守法律、行政法规规定，恪尽职守，履行诚实守信、谨慎勤勉的义务。

私募基金从业人员应当遵守法律、行政法规规定，恪守职业道德和行为规范，按照规定接受合规和专业能力培训。

第四条　私募基金财产独立于私募基金管理人、私募基金托管人的固有财产。私募基金财产的债务由私募基金财产本身承担，但法律另有规定的除外。

投资者按照基金合同、公司章程、合伙协议（以下统称基金合同）约定分配收益和承担风险。

第五条　私募基金业务活动的监督管理，应当贯彻党和国家路线方针政策、决策部署。国务院证券监督管理机构依照法律和本条例规定对私募基金业务活动实施监督管理，其派出机构依照授权履行职责。

国家对运用一定比例政府资金发起设立或者参股的私募基金的监督管理另有规定的，从其规定。

第六条 国务院证券监督管理机构根据私募基金管理人业务类型、管理资产规模、持续合规情况、风险控制情况和服务投资者能力等，对私募基金管理人实施差异化监督管理，并对创业投资等股权投资、证券投资等不同类型的私募基金实施分类监督管理。

第二章 私募基金管理人和私募基金托管人

第七条 私募基金管理人由依法设立的公司或者合伙企业担任。

以合伙企业形式设立的私募基金，资产由普通合伙人管理的，普通合伙人适用本条例关于私募基金管理人的规定。

私募基金管理人的股东、合伙人以及股东、合伙人的控股股东、实际控制人，控股或者实际控制其他私募基金管理人的，应当符合国务院证券监督管理机构的规定。

第八条 有下列情形之一的，不得担任私募基金管理人，不得成为私募基金管理人的控股股东、实际控制人或者普通合伙人：

（一）本条例第九条规定的情形；

（二）因本条例第十四条第一款第三项所列情形被注销登记，自被注销登记之日起未逾3年的私募基金管理人，或者为该私募基金管理人的控股股东、实际控制人、普通合伙人；

（三）从事的业务与私募基金管理存在利益冲突；

（四）有严重不良信用记录尚未修复。

第九条 有下列情形之一的，不得担任私募基金管理人的董事、监事、高级管理人员、执行事务合伙人或者委派代表：

（一）因犯有贪污贿赂、渎职、侵犯财产罪或者破坏社会主义市场经济秩序罪，被判处刑罚；

（二）最近3年因重大违法违规行为被金融管理部门处以行政处罚；

（三）对所任职的公司、企业因经营不善破产清算或者因违法被吊销营业执照负有个人责任的董事、监事、厂长、高级管理人员、执行事务合伙人或者委派代表，自该公司、企业破产清算终结或者被吊销营业执照之日起未逾5年；

（四）所负债务数额较大，到期未清偿或者被纳入失信被执行人名单；

（五）因违法行为被开除的基金管理人、基金托管人、证券期货交易场所、证券公司、证券登记结算机构、期货公司以及其他机构的从业人员和国家机关工作人员；

（六）因违法行为被吊销执业证书或者被取消资格的律师、注册会计师和资产评估机构、验证机构的从业人员、投资咨询从业人员，自被吊销执业证书或者被取消资格之日起未逾5年；

（七）担任因本条例第十四条第一款第三项所列情形被注销登记的私募基金管理人的法定代表人、执行事务合伙人或者委派代表，或者负有责任的高级管理人员，自该私募基金管理人被注销登记之日起未逾 3 年。

第十条 私募基金管理人应当依法向国务院证券监督管理机构委托的机构（以下称登记备案机构）报送下列材料，履行登记手续：

（一）统一社会信用代码；

（二）公司章程或者合伙协议；

（三）股东、实际控制人、董事、监事、高级管理人员，普通合伙人、执行事务合伙人或者委派代表的基本信息，股东、实际控制人、合伙人相关受益所有人信息；

（四）保证报送材料真实、准确、完整和遵守监督管理规定的信用承诺书；

（五）国务院证券监督管理机构规定的其他材料。

私募基金管理人的控股股东、实际控制人、普通合伙人、执行事务合伙人或者委派代表等重大事项发生变更的，应当按照规定向登记备案机构履行变更登记手续。

登记备案机构应当公示已办理登记的私募基金管理人相关信息。

未经登记，任何单位或者个人不得使用"基金"或者"基金管理"字样或者近似名称进行投资活动，但法律、行政法规和国家另有规定的除外。

第十一条 私募基金管理人应当履行下列职责：

（一）依法募集资金，办理私募基金备案；

（二）对所管理的不同私募基金财产分别管理、分别记账，进行投资；

（三）按照基金合同约定管理私募基金并进行投资，建立有效的风险控制制度；

（四）按照基金合同约定确定私募基金收益分配方案，向投资者分配收益；

（五）按照基金合同约定向投资者提供与私募基金管理业务活动相关的信息；

（六）保存私募基金财产管理业务活动的记录、账册、报表和其他有关资料；

（七）国务院证券监督管理机构规定和基金合同约定的其他职责。

以非公开方式募集资金设立投资基金的，私募基金管理人还应当以自己的名义，为私募基金财产利益行使诉讼权利或者实施其他法律行为。

第十二条 私募基金管理人的股东、实际控制人、合伙人不得有下列行为：

（一）虚假出资、抽逃出资、委托他人或者接受他人委托出资；

（二）未经股东会或者董事会决议等法定程序擅自干预私募基金管理人的业务活动；

（三）要求私募基金管理人利用私募基金财产为自己或者他人牟取利益，损害投资者利益；

（四）法律、行政法规和国务院证券监督管理机构规定禁止的其他行为。

第十三条　私募基金管理人应当持续符合下列要求：

（一）财务状况良好，具有与业务类型和管理资产规模相适应的运营资金；

（二）法定代表人、执行事务合伙人或者委派代表、负责投资管理的高级管理人员按照国务院证券监督管理机构规定持有一定比例的私募基金管理人的股权或者财产份额，但国家另有规定的除外；

（三）国务院证券监督管理机构规定的其他要求。

第十四条　私募基金管理人有下列情形之一的，登记备案机构应当及时注销私募基金管理人登记并予以公示：

（一）自行申请注销登记；

（二）依法解散、被依法撤销或者被依法宣告破产；

（三）因非法集资、非法经营等重大违法行为被追究法律责任；

（四）登记之日起 12 个月内未备案首只私募基金；

（五）所管理的私募基金全部清算后，自清算完毕之日起 12 个月内未备案新的私募基金；

（六）国务院证券监督管理机构规定的其他情形。

登记备案机构注销私募基金管理人登记前，应当通知私募基金管理人清算私募基金财产或者依法将私募基金管理职责转移给其他经登记的私募基金管理人。

第十五条　除基金合同另有约定外，私募基金财产应当由私募基金托管人托管。私募基金财产不进行托管的，应当明确保障私募基金财产安全的制度措施和纠纷解决机制。

第十六条　私募基金财产进行托管的，私募基金托管人应当依法履行职责。

私募基金托管人应当依法建立托管业务和其他业务的隔离机制，保证私募基金财产的独立和安全。

第三章　资金募集和投资运作

第十七条　私募基金管理人应当自行募集资金，不得委托他人募集资金，但国务院证券监督管理机构另有规定的除外。

第十八条　私募基金应当向合格投资者募集或者转让，单只私募基金的投资者累计不得超过法律规定的人数。私募基金管理人不得采取为单一融资项目设立多只私募基金等方式，突破法律规定的人数限制；不得采取将私募基金份额或者收益权进行拆分转让等方式，降低合格投资者标准。

前款所称合格投资者，是指达到规定的资产规模或者收入水平，并且具备相应的风险识别能力和风险承担能力，其认购金额不低于规定限额的单位和个人。

合格投资者的具体标准由国务院证券监督管理机构规定。

第十九条　私募基金管理人应当向投资者充分揭示投资风险，根据投资者的风险识别能力和风险承担能力匹配不同风险等级的私募基金产品。

第二十条　私募基金不得向合格投资者以外的单位和个人募集或者转让；不得向为他人代持的投资者募集或者转让；不得通过报刊、电台、电视台、互联网等大众传播媒介，电话、短信、即时通讯工具、电子邮件、传单，或者讲座、报告会、分析会等方式向不特定对象宣传推介；不得以虚假、片面、夸大等方式宣传推介；不得以私募基金托管人名义宣传推介；不得向投资者承诺投资本金不受损失或者承诺最低收益。

第二十一条　私募基金管理人运用私募基金财产进行投资的，在以私募基金管理人名义开立账户、列入所投资企业股东名册或者持有其他私募基金财产时，应当注明私募基金名称。

第二十二条　私募基金管理人应当自私募基金募集完毕之日起 20 个工作日内，向登记备案机构报送下列材料，办理备案：

（一）基金合同；

（二）托管协议或者保障私募基金财产安全的制度措施；

（三）私募基金财产证明文件；

（四）投资者的基本信息、认购金额、持有基金份额的数量及其受益所有人相关信息；

（五）国务院证券监督管理机构规定的其他材料。

私募基金应当具有保障基本投资能力和抗风险能力的实缴募集资金规模。登记备案机构根据私募基金的募集资金规模等情况实施分类公示，对募集的资金总额或者投资者人数达到规定标准的，应当向国务院证券监督管理机构报告。

第二十三条　国务院证券监督管理机构应当建立健全私募基金监测机制，对私募基金及其投资者份额持有情况等进行集中监测，具体办法由国务院证券监督管理机构规定。

第二十四条　私募基金财产的投资包括买卖股份有限公司股份、有限责任公司股权、债券、基金份额、其他证券及其衍生品种以及符合国务院证券监督管理机构规定的其他投资标的。

私募基金财产不得用于经营或者变相经营资金拆借、贷款等业务。私募基金管理人不得以要求地方人民政府承诺回购本金等方式变相增加政府隐性债务。

第二十五条　私募基金的投资层级应当遵守国务院金融管理部门的规定。但符合国务院证券监督管理机构规定条件，将主要基金财产投资于其他私募基金的私募基金不计入投资层级。

创业投资基金、本条例第五条第二款规定私募基金的投资层级，由国务院有关部门规定。

第二十六条　私募基金管理人应当遵循专业化管理原则，聘用具有相应从业经历的高级管理人员负责投资管理、风险控制、合规等工作。

私募基金管理人应当遵循投资者利益优先原则，建立从业人员投资申报、登记、审查、处置等管理制度，防范利益输送和利益冲突。

第二十七条　私募基金管理人不得将投资管理职责委托他人行使。

私募基金管理人委托其他机构为私募基金提供证券投资建议服务的，接受委托的机构应当为《证券投资基金法》规定的基金投资顾问机构。

第二十八条　私募基金管理人应当建立健全关联交易管理制度，不得以私募基金财产与关联方进行不正当交易或者利益输送，不得通过多层嵌套或者其他方式进行隐瞒。

私募基金管理人运用私募基金财产与自己、投资者、所管理的其他私募基金、其实际控制人控制的其他私募基金管理人管理的私募基金，或者与其有重大利害关系的其他主体进行交易的，应当履行基金合同约定的决策程序，并及时向投资者和私募基金托管人提供相关信息。

第二十九条　私募基金管理人应当按照规定聘请会计师事务所对私募基金财产进行审计，向投资者提供审计结果，并报送登记备案机构。

第三十条　私募基金管理人、私募基金托管人及其从业人员不得有下列行为：

（一）将其固有财产或者他人财产混同于私募基金财产；

（二）利用私募基金财产或者职务便利，为投资者以外的人牟取利益；

（三）侵占、挪用私募基金财产；

（四）泄露因职务便利获取的未公开信息，利用该信息从事或者明示、暗示他人从事相关的证券、期货交易活动；

（五）法律、行政法规和国务院证券监督管理机构规定禁止的其他行为。

第三十一条　私募基金管理人在资金募集、投资运作过程中，应当按照国务院证券监督管理机构的规定和基金合同约定，向投资者提供信息。

私募基金财产进行托管的，私募基金管理人应当按照国务院证券监督管理机构的规定和托管协议约定，及时向私募基金托管人提供投资者基本信息、投资标的权属变更证明材料等信息。

第三十二条　私募基金管理人、私募基金托管人及其从业人员提供、报送的信息应当真实、准确、完整，不得有下列行为：

（一）虚假记载、误导性陈述或者重大遗漏；

（二）对投资业绩进行预测；

（三）向投资者承诺投资本金不受损失或者承诺最低收益；

（四）法律、行政法规和国务院证券监督管理机构规定禁止的其他行为。

第三十三条　私募基金管理人、私募基金托管人、私募基金服务机构应当按照国务院证券监督管理机构的规定，向登记备案机构报送私募基金投资运作等信息。登记备案机构应当根据不同私募基金类型，对报送信息的内容、频次等作出规定，并汇总分析私募基金行业情况，向国务院证券监督管理机构报送私募基金行业相关信息。

登记备案机构应当加强风险预警，发现可能存在重大风险的，及时采取措施并向国务院证券监督管理机构报告。

登记备案机构应当对本条第一款规定的信息保密，除法律、行政法规另有规定外，不得对外提供。

第三十四条　因私募基金管理人无法正常履行职责或者出现重大风险等情形，导致私募基金无法正常运作、终止的，由基金合同约定或者有关规定确定的其他专业机构，行使更换私募基金管理人、修改或者提前终止基金合同、组织私募基金清算等职权。

第四章　关于创业投资基金的特别规定

第三十五条　本条例所称创业投资基金，是指符合下列条件的私募基金：

（一）投资范围限于未上市企业，但所投资企业上市后基金所持股份的未转让部分及其配售部分除外；

（二）基金名称包含"创业投资基金"字样，或者在公司、合伙企业经营范围中包含"从事创业投资活动"字样；

（三）基金合同体现创业投资策略；

（四）不使用杠杆融资，但国家另有规定的除外；

（五）基金最低存续期限符合国家有关规定；

（六）国家规定的其他条件。

第三十六条　国家对创业投资基金给予政策支持，鼓励和引导其投资成长性、创新性创业企业，鼓励长期资金投资于创业投资基金。

国务院发展改革部门负责组织拟定促进创业投资基金发展的政策措施。国务院证券监督管理机构和国务院发展改革部门建立健全信息和支持政策共享机制，加强创业投资基金监督管理政策和发展政策的协同配合。登记备案机构应当及时向国务院证券监督管理机构和国务院发展改革部门报送与创业投资基金相关的信息。

享受国家政策支持的创业投资基金，其投资应当符合国家有关规定。

第三十七条　国务院证券监督管理机构对创业投资基金实施区别于其他私募基金的差异化监督管理：

（一）优化创业投资基金营商环境，简化登记备案手续；

（二）对合法募资、合规投资、诚信经营的创业投资基金在资金募集、投资运作、风险监测、现场检查等方面实施差异化监督管理，减少检查频次；

（三）对主要从事长期投资、价值投资、重大科技成果转化的创业投资基金在投资退出等方面提供便利。

第三十八条 登记备案机构在登记备案、事项变更等方面对创业投资基金实施区别于其他私募基金的差异化自律管理。

第五章 监督管理

第三十九条 国务院证券监督管理机构对私募基金业务活动实施监督管理，依法履行下列职责：

（一）制定有关私募基金业务活动监督管理的规章、规则；

（二）对私募基金管理人、私募基金托管人以及其他机构从事私募基金业务活动进行监督管理，对违法行为进行查处；

（三）对登记备案和自律管理活动进行指导、检查和监督；

（四）法律、行政法规规定的其他职责。

第四十条 国务院证券监督管理机构依法履行职责，有权采取下列措施：

（一）对私募基金管理人、私募基金托管人、私募基金服务机构进行现场检查，并要求其报送有关业务资料；

（二）进入涉嫌违法行为发生场所调查取证；

（三）询问当事人和与被调查事件有关的单位和个人，要求其对与被调查事件有关的事项作出说明；

（四）查阅、复制与被调查事件有关的财产权登记、通讯记录等资料；

（五）查阅、复制当事人和与被调查事件有关的单位和个人的证券交易记录、登记过户记录、财务会计资料以及其他有关文件和资料；对可能被转移、隐匿或者毁损的文件和资料，可以予以封存；

（六）依法查询当事人和与被调查事件有关的账户信息；

（七）法律、行政法规规定的其他措施。

为防范私募基金风险，维护市场秩序，国务院证券监督管理机构可以采取责令改正、监管谈话、出具警示函等措施。

第四十一条 国务院证券监督管理机构依法进行监督检查或者调查时，监督检查或者调查人员不得少于 2 人，并应当出示执法证件和监督检查、调查通知书或者其他执法文书。

对监督检查或者调查中知悉的商业秘密、个人隐私，依法负有保密义务。

被检查、调查的单位和个人应当配合国务院证券监督管理机构依法进行的监督检查或者调查，如实提供有关文件和资料，不得拒绝、阻碍和隐瞒。

第四十二条 国务院证券监督管理机构发现私募基金管理人违法违规，或者其内部治理结构和风险控制管理不符合规定的，应当责令限期改正；逾期未改正，或者行为严重危及该私募基金管理人的稳健运行、损害投资者合法权益的，国务院证券监督管理机构可以区别情形，对其采取下列措施：

（一）责令暂停部分或者全部业务；

（二）责令更换董事、监事、高级管理人员、执行事务合伙人或者委派代表，或者限制其权利；

（三）责令负有责任的股东转让股权、负有责任的合伙人转让财产份额，限制负有责任的股东或者合伙人行使权利；

（四）责令私募基金管理人聘请或者指定第三方机构对私募基金财产进行审计，相关费用由私募基金管理人承担。

私募基金管理人违法经营或者出现重大风险，严重危害市场秩序、损害投资者利益的，国务院证券监督管理机构除采取前款规定的措施外，还可以对该私募基金管理人采取指定其他机构接管、通知登记备案机构注销登记等措施。

第四十三条 国务院证券监督管理机构应当将私募基金管理人、私募基金托管人、私募基金服务机构及其从业人员的诚信信息记入资本市场诚信数据库和全国信用信息共享平台。国务院证券监督管理机构会同国务院有关部门依法建立健全私募基金管理人以及有关责任主体失信联合惩戒制度。

国务院证券监督管理机构会同其他金融管理部门等国务院有关部门和省、自治区、直辖市人民政府建立私募基金监督管理信息共享、统计数据报送和风险处置协作机制。处置风险过程中，有关地方人民政府应当采取有效措施维护社会稳定。

第六章 法律责任

第四十四条 未依照本条例第十条规定履行登记手续，使用"基金"或者"基金管理"字样或者近似名称进行投资活动的，责令改正，没收违法所得，并处违法所得 1 倍以上 5 倍以下的罚款；没有违法所得或者违法所得不足 100 万元的，并处 10 万元以上 100 万元以下的罚款。对直接负责的主管人员和其他直接责任人员给予警告，并处 3 万元以上 30 万元以下的罚款。

第四十五条 私募基金管理人的股东、实际控制人、合伙人违反本条例第十二条规定的，责令改正，给予警告或者通报批评，没收违法所得，并处违法所得1倍以上5倍以下的罚款；没有违法所得或者违法所得不足100万元的，并处10万元以上100万元以下的罚款。对直接负责的主管人员和其他直接责任人员给予警告或者通报批评，并处3万元以上30万元以下的罚款。

第四十六条 私募基金管理人违反本条例第十三条规定的，责令改正；拒不改正的，给予警告或者通报批评，并处10万元以上100万元以下的罚款，责令其停止私募基金业务活动并予以公告。对直接负责的主管人员和其他直接责任人员给予警告或者通报批评，并处3万元以上30万元以下的罚款。

第四十七条 违反本条例第十六条第二款规定，私募基金托管人未建立业务隔离机制的，责令改正，给予警告或者通报批评，并处5万元以上50万元以下的罚款。对直接负责的主管人员和其他直接责任人员给予警告或者通报批评，并处3万元以上30万元以下的罚款。

第四十八条 违反本条例第十七条、第十八条、第二十条关于私募基金合格投资者管理和募集方式等规定的，没收违法所得，并处违法所得1倍以上5倍以下的罚款；没有违法所得或者违法所得不足100万元的，并处10万元以上100万元以下的罚款。对直接负责的主管人员和其他直接责任人员给予警告，并处3万元以上30万元以下的罚款。

第四十九条 违反本条例第十九条规定，未向投资者充分揭示投资风险，并误导其投资与其风险识别能力和风险承担能力不匹配的私募基金产品的，给予警告或者通报批评，并处10万元以上30万元以下的罚款；情节严重的，责令其停止私募基金业务活动并予以公告。对直接负责的主管人员和其他直接责任人员给予警告或者通报批评，并处3万元以上10万元以下的罚款。

第五十条 违反本条例第二十二条第一款规定，私募基金管理人未对募集完毕的私募基金办理备案的，处10万元以上30万元以下的罚款。对直接负责的主管人员和其他直接责任人员给予警告，并处3万元以上10万元以下的罚款。

第五十一条 违反本条例第二十四条第二款规定，将私募基金财产用于经营或者变相经营资金拆借、贷款等业务，或者要求地方人民政府承诺回购本金的，责令改正，给予警告或者通报批评，没收违法所得，并处10万元以上100万元以下的罚款。对直接负责的主管人员和其他直接责任人员给予警告或者通报批评，并处3万元以上30万元以下的罚款。

第五十二条 违反本条例第二十六条规定，私募基金管理人未聘用具有相应从业经历的高级管理人员负责投资管理、风险控制、合规等工作，或者未建立从业人员投资申报、登记、审查、处置等管理制度的，责令改正，给予警告或者通报批评，并处10万元以上100万元以下的罚款。对直接负责的主管人员和其他直接责任人员给予警告或者通报批评，并处 3 万元以上 30 万元以下的罚款。

第五十三条 违反本条例第二十七条规定，私募基金管理人委托他人行使投资管理职责，或者委托不符合《证券投资基金法》规定的机构提供证券投资建议服务的，责令改正，给予警告或者通报批评，没收违法所得，并处 10 万元以上 100 万元以下的罚款。对直接负责的主管人员和其他直接责任人员给予警告或者通报批评，并处 3 万元以上 30 万元以下的罚款。

第五十四条 违反本条例第二十八条规定，私募基金管理人从事关联交易的，责令改正，给予警告或者通报批评，没收违法所得，并处 10 万元以上 100 万元以下的罚款。对直接负责的主管人员和其他直接责任人员给予警告或者通报批评，并处 3 万元以上 30 万元以下的罚款。

第五十五条 私募基金管理人、私募基金托管人及其从业人员有本条例第三十条所列行为之一的，责令改正，给予警告或者通报批评，没收违法所得，并处违法所得 1 倍以上 5 倍以下的罚款；没有违法所得或者违法所得不足 100 万元的，并处 10 万元以上 100 万元以下的罚款。对直接负责的主管人员和其他直接责任人员给予警告或者通报批评，并处 3 万元以上 30 万元以下的罚款。

第五十六条 私募基金管理人、私募基金托管人及其从业人员未依照本条例规定提供、报送相关信息，或者有本条例第三十二条所列行为之一的，责令改正，给予警告或者通报批评，没收违法所得，并处 10 万元以上 100 万元以下的罚款。对直接负责的主管人员和其他直接责任人员给予警告或者通报批评，并处 3 万元以上 30 万元以下的罚款。

第五十七条 私募基金服务机构及其从业人员违反法律、行政法规规定，未恪尽职守、勤勉尽责的，责令改正，给予警告或者通报批评，并处 10 万元以上 30 万元以下的罚款；情节严重的，责令其停止私募基金服务业务。对直接负责的主管人员和其他直接责任人员给予警告或者通报批评，并处 3 万元以上 10 万元以下的罚款。

第五十八条 私募基金管理人、私募基金托管人、私募基金服务机构及其从业人员违反本条例或者国务院证券监督管理机构的有关规定，情节严重的，国务院证券监督管理机构可以对有关责任人员采取证券期货市场禁入措施。

拒绝、阻碍国务院证券监督管理机构及其工作人员依法行使监督检查、调查职权，由国务院证券监督管理机构责令改正，处 10 万元以上 100 万元以下的罚款；构成违反治安管理行为的，由公安机关依法给予治安管理处罚；构成犯罪的，依法追究刑事责任。

第五十九条 国务院证券监督管理机构、登记备案机构的工作人员玩忽职守、滥用职权、徇私舞弊或者利用职务便利索取或者收受他人财物的，依法给予处分；构成犯罪的，依法追究刑事责任。

第六十条　违反本条例规定和基金合同约定，依法应当承担民事赔偿责任和缴纳罚款、被没收违法所得，其财产不足以同时支付时，先承担民事赔偿责任。

第七章　附　则

第六十一条　外商投资私募基金管理人的管理办法，由国务院证券监督管理机构会同国务院有关部门依照外商投资法律、行政法规和本条例制定。

境外机构不得直接向境内投资者募集资金设立私募基金，但国家另有规定的除外。

私募基金管理人在境外开展私募基金业务活动，应当符合国家有关规定。

第六十二条　本条例自 2023 年 9 月 1 日起施行。

财政部　税务总局关于延续执行创业投资企业和天使投资个人投资初创科技型企业有关政策条件的公告

财政部　税务总局公告 2023 年第 17 号

为进一步支持创业创新，现就创业投资企业和天使投资个人投资初创科技型企业有关税收政策事项公告如下：

对于初创科技型企业需符合的条件，从业人数继续按不超过 300 人、资产总额和年销售收入按均不超过 5000 万元执行，《财政部　税务总局关于创业投资企业和天使投资个人有关税收政策的通知》（财税〔2018〕55 号）规定的其他条件不变。

在此期间已投资满 2 年及新发生的投资，可按财税〔2018〕55 号文件和本公告规定适用有关税收政策。

本公告执行至 2027 年 12 月 31 日。

财政部　税务总局

2023 年 8 月 1 日

财政部　税务总局　国家发展改革委　中国证监会关于延续实施创业投资企业个人合伙人所得税政策的公告

财政部　税务总局　国家发展改革委　中国证监会公告 2023 年第 24 号

为继续支持创业投资企业（含创投基金，以下统称创投企业）发展，现将有关个人所得税政策问题公告如下：

一、创投企业可以选择按单一投资基金核算或者按创投企业年度所得整体核算两种方式之一，对其个人合伙人来源于创投企业的所得计算个人所得税应纳税额。

本公告所称创投企业，是指符合《创业投资企业管理暂行办法》（发展改革委等 10 部门令第 39 号）或者《私募投资基金监督管理暂行办法》（证监会令第 105 号）关于创业投资企业（基金）的有关规定，并按照上述规定完成备案且规范运作的合伙制创业投资企业（基金）。

二、创投企业选择按单一投资基金核算的，其个人合伙人从该基金应分得的股权转让所得和股息红利所得，按照 20% 税率计算缴纳个人所得税。

创投企业选择按年度所得整体核算的，其个人合伙人应从创投企业取得的所得，按照"经营所得"项目、5% ~ 35% 的超额累进税率计算缴纳个人所得税。

三、单一投资基金核算，是指单一投资基金（包括不以基金名义设立的创投企业）在一个纳税年度内从不同创业投资项目取得的股权转让所得和股息红利所得按下述方法分别核算纳税：

（一）股权转让所得。单个投资项目的股权转让所得，按年度股权转让收入扣除对应股权原值和转让环节合理费用后的余额计算，股权原值和转让环节合理费用的确定方法，参照股权转让所得个人所得税有关政策规定执行；单一投资基金的股权转让所得，按一个纳税年度内不同投资项目的所得和损失相互抵减后的余额计算，余额大于或等于零的，即确认为该基金的年度股权转让所得；余额小于零的，该基金年度股权转让所得按零计算且不能跨年结转。

个人合伙人按照其应从基金年度股权转让所得中分得的份额计算其应纳税额，并由创投企业在次年 3 月 31 日前代扣代缴个人所得税。如符合《财政部　税务总局关于创业投资企业和天使投资个人有关税收政策的通知》（财税〔2018〕55 号）规定条件的，创投企业个人合伙人可以按照被转让项目对应投资额的 70% 抵扣其应从基金年度股权转让所得中分得的份额后再计算其应纳税额，当期不足抵扣的，不得向以后年度结转。

（二）股息红利所得。单一投资基金的股息红利所得，以其来源于所投资项目分配的股息、红利收入以及其他固定收益类证券等收入的全额计算。

个人合伙人按照其应从基金股息红利所得中分得的份额计算其应纳税额，并由创投企业按次代扣代缴个人所得税。

（三）除前述可以扣除的成本、费用之外，单一投资基金发生的包括投资基金管理人的管理费和业绩报酬在内的其他支出，不得在核算时扣除。

本条规定的单一投资基金核算方法仅适用于计算创投企业个人合伙人的应纳税额。

四、创投企业年度所得整体核算，是指将创投企业以每一纳税年度的收入总额减除成本、费用以及损失后，计算应分配给个人合伙人的所得。如符合《财政部　税务总局关于创业投资企业和天使投资个人有关税收政策的通知》（财税〔2018〕55 号）规定条件的，创投企业个人合伙人可以按照被转让项目对应投资额的 70% 抵扣其可以从创投企业应分得的经营所得后再计算其应纳税额。年度核算亏损的，准予按有关规定向以后年度结转。

按照"经营所得"项目计税的个人合伙人，没有综合所得的，可依法减除基本减除费用、专项扣除、专项附加扣除以及国务院确定的其他扣除。从多处取得经营所得的，应汇总计算个人所得税，只减除一次上述费用和扣除。

五、创投企业选择按单一投资基金核算或按创投企业年度所得整体核算后，3 年内不能变更。

六、创投企业选择按单一投资基金核算的，应当在按照本公告第一条规定完成备案的 30 日内，向主管税务机关进行核算方式备案；未按规定备案的，视同选择按创投企业年度所得整体核算。创投企业选择一种核算方式满 3 年需要调整的，应当在满 3 年的次年 1 月 31 日前，重新向主管税务机关备案。

七、税务部门依法开展税收征管和后续管理工作，可转请发展改革部门、证券监督管理部门对创投企业及其所投项目是否符合有关规定进行核查，发展改革部门、证券监督管理部门应当予以配合。

八、本公告执行至 2027 年 12 月 31 日。

特此公告。

财政部

税务总局

国家发展改革委

中国证监会

2023 年 8 月 21 日

附录 E　通过审核的机构名录

北京秉鸿嘉辰创业投资管理有限公司

北京秉鸿嘉睿创业投资管理有限公司

北京博大环球创业投资有限公司

北京晨光创业投资有限公司

北京成就和合创业投资有限公司

北京高新成长创业投资管理有限公司

北京厚德科创科技孵化器有限公司

北京华创盛景投资管理有限公司

北京晋商资本管理有限公司

北京昆仑星河投资管理有限公司

北京墨池山创业投资管理中心（有限合伙）

北京首创创业投资有限公司

北京泰中合投资管理有限公司

北京同方以衡资产管理有限公司

北京新安财富创业投资有限责任公司

北京浙商海鹰创业投资有限公司

北京中关村创业投资发展有限公司

北京中海创业投资有限公司

鼎典投资管理（北京）有限公司

富汇创新创业投资管理有限公司

深圳人合资本管理有限公司

新开发创业投资管理有限责任公司

中富创业投资（北京）有限公司

中关村兴业（北京）投资管理有限公司

博通（天津）创业投资有限公司

国投京津冀科技成果转化创业投资基金（有限合伙）

华控（天津）投资管理有限公司

加华裕丰（天津）股权投资管理合伙企业（有限合伙）

嘉华铭德（天津）创业投资合伙企业（有限合伙）

嘉华天明（天津）创业投资合伙企业（有限合伙）

嘉华优选（天津）创业投资合伙企业（有限合伙）

嘉华原龙（天津）创业投资合伙企业（有限合伙）

京津冀（天津）科技成果转化基金有限公司

菁英汇投资管理（天津）有限责任公司

日亚（天津）创业投资企业

山东磐玉创业投资管理有限责任公司

上创普盛（天津）创业投资管理有限公司

天创博盛（天津）股权投资基金合伙企业（有限合伙）

天津滨海财富股权投资基金有限公司

天津滨海创投投资管理有限公司

天津滨海高新技术产业开发区科鑫创业投资有限公司

天津滨海天创众鑫股权投资基金有限公司

天津滨海新区财富投资管理有限公司

天津滨海新区创业风险投资引导基金有限公司

天津滨海新区嘉泓私募基金管理有限公司

天津财富嘉绩投资合伙企业（有限合伙）

天津琛琰投资有限公司

天津陈塘海天创业投资合伙企业（有限合伙）

天津酬勤天成创业投资合伙企业（有限合伙）

天津创业投资管理有限公司

天津创业投资有限公司

天津德人天使创业投资有限公司

天津东虹科技创业投资发展有限公司

天津方皋创业投资有限公司

天津翡璋创业投资中心（有限合伙）

天津蜂巢投资管理合伙企业（有限合伙）

天津海达创业投资管理有限公司

天津海泰戈壁创业投资管理有限公司

天津海泰资本投资管理有限公司

天津和煦谷雨投资合伙企业（有限合伙）

天津和易谷雨股权投资合伙企业（有限合伙）

天津和悦谷雨股权投资基金合伙企业（有限合伙）

天津泓创海河创业投资合伙企业（有限合伙）

天津虹桥天使投资有限公司

天津后天投资合伙企业（有限合伙）

天津汇鑫创富股权投资基金管理有限公司

天津嘉成创业投资中心（有限合伙）

天津金星创业投资有限公司

天津君正创业投资合伙企业（有限合伙）

天津科创天使投资有限公司

天津陆石海河鲲宇创业投资中心（有限合伙）

天津陆石华屹创业投资中心（有限合伙）

天津陆石昱航股权投资中心（有限合伙）

天津陆石之星股权投资中心（有限合伙）

天津满盈创业投资合伙企业（有限合伙）

天津南开区苑鑫创业投资有限公司

天津普银创业投资合伙企业（有限合伙）

天津普银天使创业投资有限公司

天津奇安菁英创业投资合伙企业（有限合伙）

天津千汐投资管理合伙企业（有限合伙）

天津清启陆石创业投资中心（有限合伙）

天津清研陆石投资管理有限公司

天津瑞济生物医药产业创业投资合伙企业（有限合伙）

天津瑞久创业投资管理有限公司

天津市滨海产业基金管理有限公司

天津市高成长初创科技型企业专项投资合伙企业（有限合伙）

天津市武清区信邦科技创业投资发展有限公司

天津市中小企业信用融资担保有限公司

天津泰达恒鼎创业投资合伙企业（有限合伙）

天津泰达科技投资股份有限公司

天津泰达盛林创业投资合伙企业（有限合伙）

天津天宝创业投资有限公司

天津天创华鑫现代服务产业创业投资合伙企业（有限合伙）

天津天创荣鑫创业投资合伙企业（有限合伙）

天津天创盈鑫创业投资合伙企业（有限合伙）

天津天地酬勤创业投资合伙企业（有限合伙）

天津天地酬勤股权投资管理有限公司

天津天地酬勤天使创业投资有限公司

天津天富创业投资有限公司

天津天开发展集团有限公司

天津天图兴华股权投资基金合伙企业（有限合伙）

天津天图兴盛股权投资基金合伙企业（有限合伙）

天津天以生物医药股权投资基金有限公司

天津天雨满盈股权投资基金管理有限公司

天津新开湖海河创业投资基金合伙企业（有限合伙）

天津浔渡创业投资合伙企业（有限合伙）

天津燕山航空创业投资有限公司

天津燕山科技创业投资有限公司

天津医工海河创业投资基金合伙企业（有限合伙）

天津宜科天创智能制造产业创业投资合伙企业（有限合伙）

天津优达海河生物医药创业投资基金合伙企业（有限合伙）

天津元禾原点海河创业投资合伙企业（有限合伙）

天津沅渡创业投资合伙企业（有限合伙）

天津源渡创业投资合伙企业（有限合伙）

天津远为创业投资合伙企业（有限合伙）

天津智选创业投资有限公司

天津中关村磐谷图灵股权投资基金合伙企业（有限合伙）

天津中汽璦睿创业投资有限公司

天津中睿海天创业投资合伙企业（有限合伙）

天津中知创富创业投资合伙企业（有限合伙）

万联道一（天津）创业投资合伙企业（有限合伙）

五道口创新（天津）创业投资合伙企业（有限合伙）

中科达（天津）私募股权基金有限公司

中丽（天津）产城融合发展基金管理有限公司

中投财富辛卯（天津）创业投资合伙企业（有限合伙）

保定高新技术创业服务中心

保定高新区创业投资有限公司

保定市长城创业投资有限公司

保定市创元科技风险投资有限公司

沧州渤海新区沿海发展投资基金合伙企业（有限合伙）

沧州市科技创业中心

承德高新产业发展基金有限公司

固安泽润新兴技术产业投资基金（有限合伙）

邯郸创业投资集团有限公司

河北金冀达创业投资有限公司

河北科技投资集团有限公司

河北兴石创业投资有限公司

河北燕郊燕胜创业投资有限公司

廊坊临空自贸区奥德绿色创业投资基金合伙企业（有限合伙）

廊坊临空自贸区奥德稀土创业投资基金合伙企业（有限合伙）

廊坊市高科创新创业投资有限公司

秦皇岛市科技创新投资有限公司

清河县侨康壹号创业投资合伙企业（有限合伙）

荣盛创业投资有限公司

石家庄科技创业投资有限公司

唐山科技创业投资管理有限责任公司

张家口宣科双创天使创业投资基金有限公司

内蒙古生产力促进中心有限公司

山西省科技基金发展有限公司

成都博源投资管理有限公司

成都春垒科技创业投资合伙企业（有限合伙）

成都德盛创元创业投资合伙企业（有限合伙）

成都鼎祥创业投资合伙企业（有限合伙）

成都禾睿创业投资有限公司

成都合力蓉信股权投资基金管理有限公司

成都技转智达创业投资基金合伙企业（有限合伙）

成都技转智石股权投资基金管理有限公司

成都交子九颂数智创业投资合伙企业（有限合伙）

成都阶梯创业投资合伙企业（有限合伙）

成都阶梯创业投资有限公司

成都科创动力投资发展有限公司

成都空港创新创业投资有限公司

成都量子聚益创业投资合伙企业（有限合伙）

成都晟华创合投资管理合伙企业（有限合伙）

成都市松禾医健创业投资合伙企业（有限合伙）

成都同德创客投资管理合伙企业（有限合伙）

成都温江新兴产业创业投资基金合伙企业（有限合伙）

成都壹叁交子创业投资合伙企业（有限合伙）

成都盈创德弘股权投资基金管理有限公司

成都盈创动力投资管理有限公司

成都盈创世纪股权投资基金管理有限公司

成都盈创泰富股权投资基金管理有限公司

成都元生科创天使创业投资合伙企业（有限合伙）

东方江峡产业投资私募基金管理（成都）有限公司

合之力蓉盛成都创业投资中心（有限合伙）

洪泰天创投成都创业投资中心（有限合伙）

四川创新发展投资管理有限公司

四川鼎祥股权投资基金有限公司

四川天河生物医药产业创业投资基金合伙企业（有限合伙）

英诺成都科技创业投资中心（有限合伙）

真友成都股权投资基金管理企业（有限合伙）

中小企业发展基金（成都）交子创业投资合伙企业（有限合伙）

国本股权投资基金管理（重庆）有限公司

洪泰嘉创（重庆）股权投资基金管理中心（有限合伙）

领航新界（重庆）私募股权投资基金管理有限公司

民商（重庆）股权投资基金管理有限公司

西证重庆股权投资基金管理有限公司

圆基（重庆）股权投资基金管理有限公司

中新互联互通投资基金管理有限公司

重庆安信诚股权投资基金管理有限公司

重庆北斗卫星导航投资管理有限公司

重庆渤溢股权投资基金管理有限公司

重庆产业引导股权投资基金有限责任公司

重庆长嘉纵横私募股权投资基金管理有限公司

重庆达达股权投资基金管理有限公司

重庆大凡投资管理有限公司

重庆德同创业投资中心（有限合伙）

重庆德同股权投资基金管理有限公司

重庆德同领航创业投资中心（有限合伙）

重庆东方恒益股权投资基金管理有限公司

重庆富坤创业投资中心（有限合伙）

重庆富坤新智能交通投资合伙企业（有限合伙）

重庆富坤智通投资管理有限公司

重庆高新创投红马资本管理有限公司

重庆和亚化医投资管理有限公司

重庆华犇创业投资管理有限公司

重庆华夏博大股权投资基金管理有限公司

重庆环保产业股权投资基金管理有限公司

重庆洹杉股权投资基金管理有限公司

重庆皇极股权投资基金管理有限公司

重庆汇涌金股权投资基金管理有限公司

重庆巨鹏股权投资基金管理有限公司

重庆开创高新技术创业投资有限公司

重庆科技风险投资有限公司

重庆科兴股权投资管理有限公司

重庆科兴乾健创业投资有限公司

重庆临云股权投资基金管理有限公司

重庆农投股权投资基金管理有限公司

重庆清研股权投资基金管理中心（有限合伙）

重庆瑞利丰股权投资基金管理有限公司

重庆三屋领行投资有限公司

重庆三屋领秀创业投资有限公司

重庆天使科技创业投资有限公司

重庆同趣控股有限公司

重庆西证渝富股权投资基金管理有限公司

重庆兴农股权投资基金管理有限公司

重庆英飞尼迪创业投资中心（有限合伙）

重庆英飞尼迪投资管理有限公司

重庆盈科股权投资基金管理有限公司

重庆圆基新能源创业投资基金合伙企业（有限合伙）

重庆中冶泊达股权投资基金管理有限公司

贵阳市创业投资有限公司

红塔创新投资股份有限公司

昆明高新技术产业股权投资有限公司

昆明经投股权投资基金管理有限公司

昆明市创新创业产业发展股权投资基金合伙企业（有限合伙）

曲靖信产私募基金管理有限公司

云南滇中新区私募基金管理有限公司

云南金产股权投资基金合伙企业（有限公司）

云南金产股权投资基金合伙企业（有限合伙）

云南金种子股权投资基金合伙企业（有限合伙）

云南锦苑股权投资基金管理有限公司

云南靖泽私募基金管理有限责任公司

云南文产创业投资有限责任公司

云南益创股权投资基金管理有限公司

白城市创新能源创业投资基金管理有限公司

沈阳景秀源环保科技创业投资基金（有限合伙）

沈阳科技风险投资有限公司

沈阳约印鼎泰股权投资管理中心（有限合伙）

大连北方科技企业孵化基地

大连市引导基金管理有限责任公司

煜华尚和投资管理（大连）有限公司

大庆市高新技术产业投资企业（有限合伙）

哈尔滨富德恒创业投资企业

哈尔滨富德恒利创业投资管理有限公司

哈尔滨华滨创业投资管理有限公司

哈尔滨嘉玺创业投资管理有限公司

哈尔滨经云创业投资有限公司

哈尔滨凯致辰风创业投资有限公司

哈尔滨科力创业投资管理有限公司

哈尔滨朗江创新股权投资企业

哈尔滨朗江创业投资管理有限公司

哈尔滨越榕先锋创业投资有限责任公司

黑龙江辰能工大创业投资有限公司

黑龙江凯致天使创业投资企业（有限合伙）

黑龙江科力北方投资企业（有限合伙）

黑龙江科力天使创业投资有限公司

黑龙江省工研院创业投资管理有限公司

黑龙江省工研院创业投资企业（有限合伙）

黑龙江省科力高科技产业投资有限公司

牡丹江水平科技投资基金（有限合伙）

齐齐哈尔市科技成果转化创业投资合伙企业（有限合伙）

长瑞（武汉）私募股权基金管理有限公司

楚商领先（武汉）创业投资基金管理有限公司

楚商先锋（武汉）创业投资中心（有限合伙）

恩施州高新投资开发有限责任公司

湖北产融

湖北长江高新创投基金管理有限公司

湖北长江广电文创股权投资基金管理有限公司

湖北长江广电文创股权投资基金合伙企业（有限合伙）

湖北高诚澴锋创业投资有限公司

湖北高诚澴锋投资基金管理有限公司

湖北高金生物科技创业投资基金合伙企业

湖北高通投资基金管理有限公司

湖北高宜创业投资管理有限公司

湖北国创高投产业投资基金管理有限公司

湖北宏泰高新创投基金管理有限公司

湖北津梁创业投资中心（有限合伙）

湖北九派创业投资有限公司

湖北军融高技术服务创业投资基金中心（有限合伙）

湖北量科高投创业投资有限公司

湖北珞珈梧桐创业投资有限公司

湖北青柠创业投资基金有限公司

湖北善盈投资有限公司

湖北省宏睿智能产业股权投资基金合伙企业（有限合伙）

湖北盛世高金创业投资有限公司

湖北同富创业投资管理有限公司

湖北新能源投资管理有限公司

湖北资环创业投资基金合伙企业（有限合伙）

科华（宜都）科技创业投资基金（有限合伙）

科华银赛创业投资有限公司

十堰车城新动能创业投资基金合伙企业（有限合伙）

十堰市生产力促进中心

武汉长飞产业基金管理有限公司

武汉长瑞恒兴投资基金管理有限公司

武汉光谷人才创业投资合伙企业（有限合伙）

武汉华工创业投资有限责任公司

武汉人福生物医药产业投资基金中心（有限合伙）

武汉市科创天使投资基金管理有限公司

武汉智启临空智慧城市创业投资基金合伙企业（有限合伙）

武汉中科科源创业投资合伙企业（有限合伙）

武汉中元九派产业投资管理有限公司

襄阳市汉江高同创业投资基金合伙企业（有限合伙）

宜昌悦和股权投资基金管理有限公司

北京中研世纪科技有限公司

长沙大定投资管理有限公司

长沙鼎钧投资管理有限公司

长沙高新技术创业投资管理有限公司

长沙合瑞盈科技创业投资合伙企业（有限合伙）

长沙麓谷创业投资管理有限公司

长沙麓谷高新移动互联网创业投资有限公司

长沙市昭阳资本管理有限公司

长沙天心经开创业投资基金合伙企业（有限合伙）

长沙天巽投资合伙企业（有限合伙）

长沙通和投资管理咨询有限公司

长沙先导产业投资有限公司

长沙携六创业投资合伙企业（有限合伙）

长沙永创草花创业投资基金合伙企业（有限合伙）

长沙钲和启泰股权投资合伙企业（有限合伙）

长沙钲和融兴投资合伙企业（有限合伙）

长沙钲和芯材股权投资合伙企业（有限合伙）

长沙钲和信创投资合伙企业（有限合伙）

常德合金生物科技投资中心（有限合伙）

常德沅澧产业投资控股有限公司

常德智能制造装备产业投资合伙企业（有限合伙）

常德中科芙蓉创业投资有限责任公司

常德中科现代农业投资管理中心（有限合伙）

东方金典商业集团有限公司

哈工成长（岳阳）私募股权基金企业（有限合伙）

衡阳高新南粤基金管理有限公司

湖南泊富基金管理有限公司

湖南财信创新私募股权基金有限公司

湖南财信湘江岳麓山技术孵化转化发展创业投资合伙企业（有限合伙）

湖南长沙天心区玖玥创业投资合伙企业（有限合伙）

湖南达晨文化旅游创业投资管理有限公司

湖南达麟汉森私募股权基金管理有限公司

湖南鼎信泰和股权投资管理有限公司

湖南枫石私募股权投资基金管理有限公司

湖南高创环宇创业投资合伙企业（有限合伙）

湖南高创新时代创业投资合伙企业（有限合伙）

湖南高科发创智能制造装备创业投资有限公司

湖南高新创业投资管理有限公司

湖南高新创业投资集团有限公司

湖南国融大量私募股权基金管理有限公司

湖南国微集成电路创业投资基金合伙企业（有限合伙）

湖南国微投资管理合伙企业（有限合伙）

湖南海捷投资有限公司

湖南海捷先进装备创业投资有限公司

湖南昊辰创业投资有限公司

湖南昊辰一号创业投资合伙企业（有限合伙）

湖南和润产业投资基金管理有限公司

湖南恒驰创业投资合伙企业（有限合伙）

湖南弘高高技术服务创业投资有限公司

湖南湖大海捷津杉创业投资有限公司

湖南华菱津杉投资管理有限公司

湖南华曦资产管理有限公司

湖南汇垠天星股权投资私募基金管理有限公司

湖南玖诚创业投资合伙企业（有限合伙）

湖南玖肆创业投资合伙企业（有限合伙）

湖南玖玥泉私募股权基金管理有限公司

湖南君行健创业投资有限公司

湖南钧先创业投资合伙企业（有限合伙）

湖南浚源鼎立创业投资管理有限公司

湖南昆石私募股权基金管理有限公司

湖南乐华私募股权基金管理有限公司

湖南麓山创星创业投资有限公司

湖南麓盛产业投资基金管理有限公司

湖南摩根信通投资有限公司

湖南品尚创业投资有限公司

湖南蒲公英私募股权基金管理有限公司

湖南麒源企业管理中心（有限合伙）

湖南轻盐晟富创业投资管理有限公司

湖南瑞世私募股权基金管理有限公司

湖南睿泽创业投资有限公司

湖南润菲创业投资合伙企业（有限合伙）

湖南三一创业投资管理有限公司

湖南三泽生物医药创业投资企业（有限合伙）

湖南省财信精益投资合伙企业（有限合伙）
湖南省天惠军民融合投资基金合伙企业（有限合伙）
湖南省现代种业投资有限公司
湖南省中小微企业产业投资基金管理有限公司
湖南晟弘私募基金管理有限公司
湖南天惠投资基金管理有限公司
湖南天瑞丰年私募股权基金管理有限公司
湖南天巽高端制造产业投资基金合伙企业（有限合伙）
湖南天巽投资管理有限公司
湖南天舟创新投资合伙企业（有限合伙）
湖南天舟创业投资基金管理有限公司
湖南天舟科创创业投资合伙企业（有限合伙）
湖南伟大股权投资基金管理有限公司
湖南文化旅游创业投资基金企业（有限合伙）
湖南希言壹号创业投资合伙企业（有限合伙）
湖南湘江汇芯半导体产业投资基金合伙企业（有限合伙）
湖南湘江汇智天使投资基金合伙企业（有限合伙）
湖南湘江三泽创业投资合伙企业（有限合伙）
湖南湘江新区国有资本投资有限公司
湖南湘江正和私募股权基金合伙企业（有限合伙）
湖南湘投高科技创业投资有限公司
湖南湘粤私募股权投资基金管理有限公司
湖南潇湘珞珈创业投资有限公司
湖南新能源创业投资基金企业（有限合伙）
湖南兴湘新兴产业投资基金管理有限公司
湖南壹同创业投资基金管理有限公司
湖南壹同瑞岳创业投资合伙企业（有限合伙）
湖南颐道方圆私募股权投资基金管理有限公司
湖南益阳新瑞私募股权基金管理有限公司
湖南永创伟业创业投资企业（有限合伙）

湖南宇纳私募股权基金管理有限公司

湖南宇纳壹念创业投资合伙企业（有限合伙）

湖南域达企业管理中心（有限合伙）

湖南云发股权投资管理有限公司

湖南泽华私募股权基金管理有限公司

湖南兆为投资管理有限公司

湖南浙商嘉立创业投资有限公司

湖南臻泰股权投资管理合伙企业（有限合伙）

湖南致博股权投资基金管理有限公司

湖南中大联合创业咨询有限公司

华菱津杉（湖南）创业投资有限公司

怀化众益达私募股权基金管理有限公司

津市津鑫投资发展有限公司

涟源市创业投资有限责任公司

三泽创业投资管理有限公司

韶山高新创业投资有限公司

湘潭产宏私募股权基金企业（有限合伙）

湘潭智造谷产业投资管理有限责任公司

益阳高新产业发展投资集团有限公司

岳阳临港高新技术产业发展有限公司

中创投天使二号（湖南）创业投资股份有限公司

中大联合（长沙）创业投资管理合伙企业（有限合伙）

株洲聚时代私募股权基金合伙企业（有限合伙）

株洲市国投创新创业投资有限公司

株洲市青年创业引导投资合伙企业（有限合伙）

株洲市融创基金管理有限公司

河南长源创业投资股份有限公司

河南创业投资股份有限公司

河南德茂创业投资中心（有限合伙）

河南德瑞恒通高端装备创业投资基金有限公司

河南高科技创业投资股份有限公司

河南高新众创空间有限公司

河南华夏海纳创业投资集团有限公司

河南华夏海纳源禾小微企业创业投资基金（有限合伙）

河南科源产业投资基金合伙企业（有限合伙）

河南省国控基金管理有限公司

河南省留学创业投资有限公司

河南嵩岚投资管理有限公司

河南豫之晟创业投资中心（有限合伙）

河南战兴产业投资基金（有限合伙）

河南中创信环保产业创业投资基金（有限合伙）

鹤壁金鹤上市辅导投资基金（有限合伙）

焦作通财创新创业投资基金（有限合伙）

焦作通财创业投资有限责任公司

洛阳创业投资有限公司

洛阳国宏资本创业投资有限公司

洛阳浩正科技创新投资基金（有限合伙）

洛阳红土创新资本创业投资有限公司

洛阳前海科创发展基金（有限合伙）

洛阳盈科智能装备投资管理有限公司

洛阳周山高创科技成果转化创业投资基金（有限合伙）

南阳市艾草产业股权投资基金有限公司

南阳中关村协同创业投资基金管理有限公司

南阳专精科技创新投资合伙企业（有限合伙）

郑州海归孵化器管理中心（有限合伙）

郑州浩海投资发展中心（有限合伙）

郑州科创谷投资管理有限公司

郑州企巢资产管理有限公司

郑州乾乾投资管理中心（有限合伙）

郑州易企投资产管理有限公司

郑州优埃富欧投资管理有限公司

郑州中惠融金创业投资管理中心（有限合伙）

中鼎开源创业投资管理有限公司

中科图灵洛阳投资管理中心（有限合伙）

中物利和顺逸（洛阳）股权投资基金合伙企业（有限合伙）

华威慧创（上海）投资管理咨询有限公司

洹水资产管理（上海）有限公司

上海艾云慧信创业投资有限公司

上海邦明投资管理股份有限公司

上海成为创伴创业投资合伙企业（有限合伙）

上海创伴创业投资合伙企业（有限合伙）

上海创伴投资管理有限公司

上海创业投资有限公司

上海复旦医疗产业创业投资有限公司

上海高特佳投资有限公司

上海国鑫创业投资有限公司

上海韩吾纪创业投资管理有限公司

上海韩吾纪创业投资合伙企业（有限合伙）

上海厚雪为新创业投资合伙企业（有限合伙）

上海凯风长养创业投资合伙企业（有限合伙）

上海凯风开泰创业投资合伙企业（有限合伙）

上海凯风开耀投资中心（有限合伙）

上海凯风至德创业投资合伙企业（有限合伙）

上海科创接力一期创业投资合伙企业（有限合伙）

上海科技创业投资有限公司

上海力合清源创业投资管理合伙企业（有限合伙）

上海力合清源创业投资合伙企业（有限合伙）

上海利彤创业投资有限公司

上海麦腾永联创业投资合伙企业（有限合伙）

上海浦东创业投资有限公司

上海浦东天使创业投资合伙企业（有限合伙）

上海汽车创业投资有限公司

上海瑞经达创业投资有限公司

上海三奕搜索壹号创业投资合伙企业（有限合伙）

上海上汽芯聚创业投资合伙企业（有限合伙）

上海双创投资中心（有限合伙）

上海天演郡润创业投资合伙企业（有限合伙）

上海萧商创业投资合伙企业（有限合伙）

上海星湾创业投资合伙企业（有限合伙）

上海徐汇科技创业投资有限公司

上海羿图新兴二号创业投资合伙企业（有限合伙）

上海羿图新兴三号创业投资合伙企业（有限合伙）

上海羿图新兴一号创业投资合伙企业（有限合伙）

上海张江成为兴庐创业投资合伙企业（有限合伙）

上海张江科技创业投资有限公司

上海张科禾苗创业投资合伙企业（有限合伙）

上海张科垚坤创业投资合伙企业（有限合伙）

上海正海聚弘创业投资中心（有限合伙）

上海正海资产管理有限公司

上海正赛联创业投资管理有限公司

上海正赛联创业投资有限公司

上海中卫创业投资中心

滨州北海创业投资有限公司

滨州渤海科创私募基金有限公司

滨州高新技术创业投资有限公司

滨州市创业发展投资有限公司

滨州市慧立创业投资有限公司

初辉恒达创业投资（日照）合伙企业（有限合伙）

德州市创业投资有限公司

广饶观由金元创业投资中心（有限合伙）

菏泽金玖私募基金管理有限公司

黄河三角洲投资管理有限公司

济宁共创投资有限公司

济宁市惠达财丰创业投资有限公司

济宁市时晴投资合伙企业（有限合伙）

济宁英飞尼迪创业投资管理有限公司

平原华鼎股权投资基金中心（有限合伙）

日照常春藤小派创业投资合伙企业（有限合伙）

日照高鑫一号创业投资合伙企业（有限合伙）

日照蓝海创投科技服务有限公司

山东昌润创业投资股份有限公司

山东多盈节能环保产业创业投资有限公司

山东方舟财富资产管理有限公司

山东恒发创业投资有限公司

山东弘利创业投资有限公司

山东黄河三角洲创业发展集团有限公司

山东吉富创业投资合伙企业

山东江诣创业投资有限公司

山东启荣创业投资管理有限公司

山东山科创业投资管理有限公司

山东省方正创业投资有限责任公司

山东泰山创业投资股份有限公司

山东天宝私募基金管理有限公司

山东亿盛资产管理有限公司

山东毅达创业投资基金合伙企业（有限合伙）

山东智邦创业投资有限公司

山东中泰天使创业投资基金企业（有限合伙）

水木启航贰号（日照）创业投资合伙企业（有限合伙）

泰安开发区泰山创业投资有限公司

泰安泰山控股有限公司

拓金高创产融（泰安）创业投资合伙企业（有限合伙）

威海北创投资管理有限公司

威海创新投资有限公司

威海红土创业投资合伙企业（有限合伙）

威海金子元股权投资管理有限公司

威海鲁信知欣创业投资合伙企业（有限合伙）

威海市港融创业投资基金合伙企业（有限合伙）

潍坊红土资本管理有限公司

潍坊齐风文化发展投资基金合伙企业（有限合伙）

潍坊市国维创业投资有限公司

无棣县城投创业投资集团有限公司

烟台创新创业投资有限公司

烟台红土创业投资管理有限公司

烟台市蓝海创业投资有限公司

烟台泰达生物及新医药产业创业投资中心（有限合伙）

烟台文化发展创业投资基金有限公司

烟台业达才睿芯成股权投资合伙企业（有限合伙）

烟台业达才熹创业投资合伙企业（有限合伙）

烟台业达禾香股权投资合伙企业（有限合伙）

烟台源创科技投资中心（有限合伙）

安丰创业投资有限公司

安吉普华国诚创业投资合伙企业（有限合伙）

安吉普华延康创业投资合伙企业（有限合伙）

安吉启真丰实股权投资合伙企业（有限合伙）

安吉求创起源股权投资合伙企业（有限合伙）

北海万豪铭安投资合伙企业（有限合伙）

长兴贝达股权投资合伙企业（有限合伙）

长兴大象投资管理中心（有限合伙）

长兴迭代股权投资合伙企业（有限合伙）

长兴君盈股权投资合伙企业（有限合伙）

长兴科商创业投资合伙企业（有限合伙）

长兴科威创业投资合伙企业（有限合伙）

长兴泰特股权投资合伙企业（有限合伙）

长兴小野常新股权投资合伙企业（有限合伙）

长兴兴郜股权投资合伙企业（有限合伙）

常山县柚富股权投资基金合伙企业（有限合伙）

淳安三仁腾兴股权投资合伙企业（有限合伙）

淳安三仁望岳股权投资合伙企业（有限合伙）

淳安途壹股权投资合伙企业（有限合伙）

德清县数智旅文农通富股权投资合伙企业（有限合伙）

东阳市财通仁药股权投资合伙企业（有限合伙）

东阳市财通智车股权投资合伙企业（有限合伙）

东阳市熠光财通股权投资合伙企业（有限合伙）

鄂尔多斯市嘉富泽力绿色发展基金合伙企业（有限合伙）

丰数（嘉兴）投资合伙企业（有限合伙）

富浙探索（诸暨）股权投资合伙企业（有限合伙）

广东启真世纪普华创业投资基金合伙（有限合伙）

国核环创（嘉兴）股权投资合伙企业（有限合伙）

国核凯华（嘉兴）股权投资合伙企业（有限合伙）

国核绿能（嘉兴）股权投资合伙企业（有限合伙）

海南嘉富泽至私募股权投资基金合伙企业（有限合伙）

海宁高质创拓股权投资合伙企业（有限合伙）

海宁普华友创股权投资管理合伙企业（有限合伙）

海宁启真毓金创业投资合伙企业（有限合伙）

海宁实业产业股权投资合伙企业（有限合伙）

海宁芯潮股权投资合伙企业（有限合伙）

杭实资产管理（杭州）有限公司

杭州安丰创健创业投资合伙企业（有限合伙）

杭州安丰丰裕创业投资合伙企业（有限合伙）

杭州安丰富盛创业投资合伙企业（有限合伙）

杭州安丰杭盈创业投资合伙企业（有限合伙）

杭州安丰慧元创业投资合伙企业（有限合伙）

杭州安丰玖号创业投资合伙企业（有限合伙）

杭州安丰上盈创业投资合伙企业（有限合伙）

杭州安丰盛科创业投资合伙企业（有限合伙）

杭州安丰私募基金管理有限公司

杭州安丰新干投创业投资合伙企业（有限合伙）

杭州安丰鑫元创业投资合伙企业（有限合伙）

杭州安丰元港创业投资合伙企业（有限合伙）

杭州翱鹏投资管理有限公司

杭州帮创投资合伙企业（有限合伙）

杭州帮实投资管理有限公司

杭州葆光投资管理有限公司

杭州贝达投资管理有限公司

杭州倍达广聚创业投资合伙企业（有限合伙）

杭州倍达广顺创业投资合伙企业（有限合伙）

杭州滨江普华天晴股权投资合伙企业（有限合伙）

杭州滨江众创创业投资合伙企业（有限合伙）

杭州伯乐中赢创业投资合伙企业（有限合伙）

杭州博观丰年投资合伙企业（有限合伙）

杭州不死鸟投资管理有限公司

杭州财通领芯股权投资基金合伙企业（有限合伙）

杭州财通网新股权投资合伙企业（有限合伙）

杭州财通新瑞泰股权投资合伙企业（有限合伙）

杭州畅知投资管理合伙企业（有限合伙）

杭州丞富股权投资合伙企业（有限合伙）

杭州承富投资管理合伙企业（有限合伙）

杭州承芯股权投资合伙企业（有限合伙）

杭州诚和创业投资有限公司

杭州诚和鸿熙股权投资合伙企业（有限合伙）

杭州诚和西元投资合伙企业（有限合伙）

杭州驰富投资管理合伙企业（有限合伙）

杭州崇石投资合伙企业（有限合伙）

杭州穿越投资合伙企业（有限合伙）

杭州传艺股权投资合伙企业（有限合伙）

杭州创潮汇投资管理有限公司

杭州慈山创业投资合伙企业（有限合伙）

杭州大美临卓文化创业投资合伙企业（有限合伙）

杭州大头投资管理有限公司

杭州道生初阳科创股权投资基金合伙企业（有限合伙）

杭州道生灵境股权投资基金合伙企业（有限合伙）

杭州道生投资管理有限公司

杭州道生元力投资合伙企业（有限合伙）

杭州道昇投资合伙企业（有限合伙）

杭州德才投资管理合伙企业（有限合伙）

杭州德创投资管理有限公司

杭州德芮投资管理合伙企业（有限合伙）

杭州德石德瀚健能创业投资合伙企业（有限合伙）

杭州德石联动股权投资合伙企业（有限合伙）

杭州德石灵动投资合伙企业（有限合伙）

杭州德石驱动投资合伙企业（有限合伙）

杭州德石欣动创业投资合伙企业（有限合伙）

杭州德石悦动投资合伙企业（有限合伙）

杭州德石智动创业投资合伙企业（有限合伙）

杭州德同创业投资合伙企业（有限合伙）

杭州迭代创氪投资管理合伙企业（有限合伙）

杭州迭代夸克投资管理合伙企业（有限合伙）

杭州迭代升集投资管理合伙企业（有限合伙）

杭州迭代投资管理有限公司

杭州鼎聚芥园创业投资合伙企业（有限合伙）

杭州鼎聚景成创业投资合伙企业（有限合伙）

杭州鼎聚景远创业投资合伙企业（有限合伙）

杭州鼎聚坤华创业投资合伙企业（有限合伙）

杭州鼎聚茂华创业投资合伙企业（有限合伙）

杭州鼎聚投资管理有限公司

杭州鼎霖投资合伙企业（有限合伙）

杭州东创汇富投资合伙企业（有限合伙）

杭州东方嘉奇投资合伙企业（有限合伙）

杭州东汇创智投资合伙企业（有限合伙）

杭州敦隽海海股权投资合伙企业（有限合伙）

杭州敦钧资产管理有限公司

杭州敦骏股权投资合伙企业（有限合伙）

杭州敦泰阳能股权投资合伙企业（有限合伙）

杭州多隆股权投资合伙企业（有限合伙）

杭州枫惠投资管理有限公司

杭州福生创业投资管理有限公司

杭州附加值投资管理有限公司

杭州复朴共创私募管理有限公司

杭州复朴共进投资合伙企业（有限合伙）

杭州复朴康临股权投资合伙企业（有限合伙）

杭州复朴私募基金管理有限公司

杭州富阳弘信卓成股权投资合伙企业（有限合伙）

杭州富阳泽直股权投资合伙企业（有限合伙）

杭州富阳真石巨星拾号创业投资合伙企业（有限合伙）

杭州富阳真石巨星拾壹号创业投资合伙企业（有限合伙）

杭州富阳真石实享股权投资合伙企业（有限合伙）

杭州赋实投资管理合伙企业（有限合伙）

杭州高达创业投资合伙企业（有限合伙）

杭州高特佳睿安投资合伙企业（有限合伙）

杭州高特佳睿海投资合伙企业（有限合伙）

杭州庚富股权投资合伙企业（有限合伙）

杭州工创股权投资基金合伙企业（有限合伙）

杭州古越龙山创业投资基金合伙企业（有限合伙）

杭州固海投资合伙企业（有限合伙）

杭州固泽私募基金管理有限公司

杭州冠丰投资合伙企业（有限合伙）

杭州光福股权投资合伙企业（有限合伙）

杭州光速晟远企业管理咨询合伙企业（有限合伙）

杭州广润创业投资有限公司

杭州硅谷真石资产管理有限公司

杭州贵巨创业投资合伙企业（有限合伙）

杭州海邦博源创业投资合伙企业（有限合伙）

杭州海邦沣华数智股权投资合伙企业（有限合伙）

杭州海邦沣华投资管理有限公司

杭州海邦巨擎创业投资合伙企业（有限合伙）

杭州海邦数瑞股权投资合伙企业（有限合伙）

杭州海邦新湖人才创业投资合伙企业（有限合伙）

杭州海邦药谷从正创业投资合伙企业（有限合伙）

杭州海邦羿谷创业投资合伙企业（有限合伙）

杭州海邦引智投资管理有限公司

杭州汉洋友创投资合伙企业（有限合伙）

杭州翰风股权投资合伙企业（有限合伙）

杭州瀚臻投资管理有限公司

杭州杭商大承投资管理合伙企业（有限合伙）

杭州杭实创汇股权投资合伙企业（有限合伙）

杭州杭实格林达股权投资合伙企业（有限合伙）

杭州杭实进取股权投资合伙企业（有限合伙）

杭州杭实赛谨投资合伙企业（有限合伙）

杭州杭实友创九智创业投资合伙企业（有限合伙）

杭州好利朝昇股权投资合伙企业（有限合伙）

杭州好望角车航投资合伙企业（有限合伙）

杭州好望角奇点投资合伙企业（普通合伙）

杭州好望角启航投资合伙企业（有限合伙）

杭州好望角投资管理有限公司

杭州好望角苇航投资合伙企业（有限合伙）

杭州好望角引航投资合伙企业（有限合伙）

杭州好望角越航投资合伙企业（有限合伙）

杭州浩瀚星空股权投资合伙企业（有限合伙）

杭州河创投资合伙企业（有限合伙）

杭州荷清投资管理有限公司

杭州荷塘创新杭实创业投资合伙企业（有限合伙）

杭州宏翼创业投资合伙企业（有限合伙）

杭州鸿富股权投资合伙企业（有限合伙）

杭州鸿翌股权投资合伙企业（有限合伙）

杭州厚初创业投资合伙企业（有限合伙）

杭州厚达茂硕股权投资合伙企业（有限合伙）

杭州厚达瑞择投资合伙企业（有限合伙）

杭州厚达顺网股权投资合伙企业（有限合伙）

杭州厚达元奥股权投资合伙企业（有限合伙）

杭州虎跃永沃投资管理合伙企业（有限合伙）

杭州虎跃悦夏投资管理合伙企业（有限合伙）

杭州花贝投资管理合伙企业（有限合伙）

杭州花云股权投资合伙企业（有限合伙）

杭州华旦丹阳投资管理有限公司

杭州华旦投资管理合伙企业（有限合伙）

杭州华媒泽商创业投资合伙企业（有限合伙）

杭州华睿嘉银股权投资合伙企业（有限合伙）

杭州华薇创业投资合伙企业（有限合伙）

杭州华夏爱康股权投资合伙企业（有限合伙）

杭州华夏八维股权投资合伙企业（有限合伙）

杭州华夏创盈股权投资合伙企业（有限合伙）

杭州华夏科发股权投资合伙企业（有限合伙）

杭州华夏绿合股权投资合伙企业（有限合伙）

杭州华夏粟捷股权投资合伙企业（有限合伙）

杭州华夏云亿投资管理合伙企业（有限合伙）

杭州华研创壹号股权投资合伙企业（有限合伙）

杭州怀济私募基金管理有限公司

杭州汇孚智创投资合伙企业（有限合伙）

杭州汇翮聚融创业投资合伙企业（有限合伙）

杭州汇翮投资管理有限公司

杭州慧全投资管理有限公司

杭州慧逸投资合伙企业（有限合伙）

杭州慧涌投资合伙企业（有限合伙）

杭州基实股权投资合伙企业（有限合伙）

杭州绩优汀兰股权投资合伙企业（有限合伙）

杭州绩优投资管理有限公司

杭州绩优悦泉创业投资合伙企业（有限合伙）

杭州绩优卓源创业投资合伙企业（有限合伙）

杭州吉年投资合伙企业（有限合伙）

杭州济实生物医药股权投资合伙企业（有限合伙）

杭州嘉富天堂硅谷二号股权投资合伙企业（有限合伙）

杭州嘉富泽君投资管理合伙企业（有限合伙）

杭州嘉富泽涞股权投资合伙企业（有限合伙）

杭州嘉富泽枢股权投资合伙企业（有限合伙）

杭州嘉富泽易股权投资合伙企业（有限合伙）

杭州嘉富泽甬投资合伙企业（有限合伙）

杭州嘉富泽玉股权投资合伙企业（有限合伙）

杭州见和投资管理合伙企业（有限合伙）

杭州健宜股权投资合伙企业（有限合伙）

杭州戒和投资管理合伙企业（有限合伙）

杭州金投智和创业投资合伙企业（有限合伙）

杭州金投智恒创业投资合伙企业（有限合伙）

杭州金投智业创业投资合伙企业（有限合伙）

杭州金投智远创业投资合伙企业（有限合伙）

杭州谨诺股权投资合伙企业（有限合伙）

杭州锦聚投资管理有限公司

杭州锦聚新能源壹号投资合伙企业（有限合伙）

杭州锦薇股权投资合伙企业（有限合伙）

杭州锦杏谷创业投资合伙企业（有限合伙）

杭州锦杏海创业投资合伙企业（有限合伙）

杭州锦杏云创业投资合伙企业（有限合伙）

杭州锦元资产管理有限公司

杭州劲健投资合伙企业（有限合伙）

杭州景程钠电股权投资合伙企业（有限合伙）

杭州玖华弘盛私募基金管理有限公司

杭州聚立股权投资合伙企业（有限合伙）

杭州君富股权投资合伙企业（有限合伙）

杭州君汇创业投资合伙企业（有限合伙）

杭州君品科技有限公司

杭州君青投资合伙企业（有限合伙）

杭州君远投资管理合伙企业（有限合伙）

杭州君知投资合伙企业（有限合伙）

杭州君志投资合伙企业（有限合伙）

杭州铠鹏投资合伙企业（有限合伙）

杭州康方创业投资合伙企业（有限合伙）

杭州科道股权投资合伙企业（有限合伙）

杭州科发创业投资合伙企业（有限合伙）

杭州科发金鼎创业投资合伙企业（有限合伙）

杭州科发康鼎创业投资合伙企业（有限合伙）

杭州科发天使投资合伙企业（有限合伙）

杭州科发相湖创业投资合伙企业（有限合伙）

杭州科启股权投资合伙企业（有限合伙）

杭州叩问股权投资合伙企业（有限合伙）

杭州蓝贝壳帮实创业投资合伙企业（有限合伙）

杭州澜拓投资合伙企业（有限合伙）

杭州朗健投资合伙企业（有限合伙）

杭州立晟佳悦创业投资合伙企业（有限合伙）

杭州立晟投资管理有限公司

杭州立元宸皓投资合伙企业（有限合伙）

杭州立元创业投资股份有限公司

杭州立元熙茂投资合伙企业（有限合伙）

杭州立元熙润投资合伙企业（有限合伙）

杭州利海互联创业投资合伙企业（有限合伙）

杭州利和临卓天使创业投资合伙企业（有限合伙）

杭州联创投资管理有限公司

杭州联创永津创业投资合伙企业（有限合伙）

杭州联创永荣股权投资合伙企业（有限合伙）

杭州联创永溢创业投资合伙企业（有限合伙）

杭州联线投资有限公司

杭州链反应投资合伙企业（有限合伙）

杭州隆启浩宇股权投资合伙企业（有限合伙）

杭州隆启天际股权投资基金合伙企业（有限合伙）

杭州隆启投资管理有限公司

杭州隆启云辰股权投资基金合伙企业（有限合伙）

杭州陆鼎创业投资基金合伙企业（有限合伙）

杭州路遥私募基金管理有限公司

杭州马不停蹄股权投资合伙企业（有限合伙）

杭州珉澜股权投资基金合伙企业（有限合伙）

杭州明巍股权投资合伙企业（有限合伙）

杭州明烨资产管理有限公司

杭州鸣弦投资管理有限公司

杭州沐邦股权投资合伙企业（有限合伙）

杭州平博投资合伙企业（有限合伙）

杭州普华博帆投资合伙企业（有限合伙）

杭州普华博谊投资合伙企业（有限合伙）

杭州普华帆顺投资合伙企业（有限合伙）

杭州普华锐昆创业投资合伙企业（有限合伙）

杭州普华顺程投资合伙企业（有限合伙）

杭州普华硕阳春日股权投资合伙企业（有限合伙）

杭州普华硕阳股权投资合伙企业（有限合伙）

杭州普华天勤私募基金管理有限公司

杭州普华昱辰股权投资合伙企业（有限合伙）

杭州普华泽同股权投资合伙企业（有限合伙）

杭州普华智顺投资合伙企业（有限合伙）

杭州启翰股权投资合伙企业（有限合伙）

杭州启势私募基金管理有限公司

杭州启真未来创新股权投资合伙企业（有限合伙）

杭州启真友智创业投资合伙企业（有限合伙）

杭州启真毓安股权投资合伙企业（有限合伙）

杭州启真毓星股权投资合伙企业（有限合伙）

杭州千鹰展翼投资管理有限公司

杭州牵海创业投资合伙企业（有限合伙）

杭州钱江浙商创业投资合伙企业（有限合伙）

杭州钱塘创业投资合伙企业（有限合伙）

杭州钱塘和港创业投资合伙企业（有限合伙）

杭州钱塘智涌创业投资合伙企业（有限合伙）

杭州乾润股权投资合伙企业（有限合伙）

杭州乾曜投资合伙企业（有限合伙）

杭州乾奕景华私募基金管理有限公司

杭州倾力助合创业投资合伙企业（有限合伙）

杭州擎名股权投资合伙企业（有限合伙）

杭州擎耀股权投资合伙企业（有限合伙）

杭州擎熠股权投资合伙企业（有限合伙）

杭州擎宇股权投资基金合伙企业（有限合伙）

杭州擎在股权投资基金合伙企业（有限合伙）

杭州庆诚投资合伙企业（有限合伙）

杭州求创凤栖谷股权投资合伙企业（有限合伙）

杭州求创天使股权投资基金合伙企业（有限合伙）

杭州仁财创业投资合伙企业（有限合伙）

杭州戎富投资管理合伙企业（有限合伙）

杭州容胜投资合伙企业（有限合伙）

杭州睿泓投资合伙企业（有限合伙）

杭州赛滨投资管理合伙企业（有限合伙）

杭州赛宸吉盛投资合伙企业（有限合伙）

杭州赛德智云投资合伙企业（有限合伙）

杭州赛硅银创业投资合伙企业（有限合伙）

杭州赛航投资合伙企业（有限合伙）

杭州赛珩投资合伙企业（有限合伙）

杭州赛久投资合伙企业（有限合伙）

杭州赛智珩科投资合伙企业（有限合伙）

杭州赛智君锐投资合伙企业（有限合伙）

杭州赛智瓦特创业投资合伙企业（有限合伙）

杭州赛智网科投资合伙企业（有限合伙）

杭州三花弘道创业投资合伙企业（有限合伙）

杭州山丰股权投资合伙企业（有限合伙）

杭州上马台股权投资合伙企业（有限合伙）

杭州深改哲新企业管理合伙企业（有限合伙）

杭州昇远投资合伙企业（有限合伙）

杭州盛河股权投资合伙企业（有限合伙）

杭州盛启河股权投资合伙企业（有限合伙）

杭州盛维股权投资合伙企业（有限合伙）

杭州盛元茗溪投资合伙企业（有限合伙）

杭州盛元行稳股权投资合伙企业（有限合伙）

杭州十棱投资管理有限公司

杭州十维创业投资合伙企业（有限合伙）

杭州十维天使股权投资基金合伙企业（有限合伙）

杭州实硕股权投资合伙企业（有限合伙）

杭州树兰俊杰医景创业投资有限公司

杭州数创创业投资合伙企业（有限合伙）

杭州水木泽华创业投资合伙企业（有限合伙）

杭州硕石投资合伙企业（有限合伙）

杭州泰恒投资管理有限公司

杭州滕华高远创业投资基金合伙企业（有限合伙）

杭州滕华卓睿股权投资合伙企业（有限合伙）

杭州滕华卓优股权投资合伙企业（有限合伙）

杭州滕华卓越股权投资合伙企业（有限合伙）

杭州媞文投资管理合伙企业（有限合伙）

杭州天帮投资合伙企业（有限合伙）

杭州天孚创业投资合伙企业（有限合伙）

杭州天联投资管理合伙企业（有限合伙）

杭州天璞创业投资合伙企业（有限合伙）

杭州天使湾投资管理股份有限公司

杭州天堂硅谷长实股权投资合伙企业（有限合伙）

杭州天堂硅谷杭实股权投资合伙企业（有限合伙）

杭州天堂硅谷嘉富一号股权投资合伙企业（有限合伙）

杭州天堂硅谷领创股权投资合伙企业（有限合伙）

杭州天堂硅谷新弈股权投资合伙企业（有限合伙）

杭州天堂硅谷云沛股权投资合伙企业（有限合伙）

杭州天堂硅谷贞吉企业管理咨询合伙企业（有限合伙）

杭州同创叩问进取股权投资合伙企业（有限合伙）

杭州同创伟业资产管理有限公司

杭州同辉股权投资合伙企业（有限合伙）

杭州同心众创投资合伙企业（有限合伙）

杭州头头是道投资合伙企业（有限合伙）

杭州万豪碧扬投资合伙企业（有限合伙）

杭州万豪投资管理有限公司

杭州微盟股权投资合伙企业（有限合伙）

杭州文辰友创投资合伙企业（有限合伙）

杭州西创股权投资合伙企业（有限合伙）

杭州矽芯股权投资有限公司

杭州禧筠股权投资基金管理合伙企业（有限合伙）

杭州祥晖翎裕股权投资基金合伙企业（有限合伙）

杭州祥晖深富股权投资基金合伙企业（有限合伙）

杭州祥晖佑芯股权投资合伙企业（有限合伙）

杭州萧山熙泽创业投资合伙企业（有限合伙）

杭州萧通数智低碳股权投资合伙企业（有限合伙）

杭州小兄第投资管理合伙企业（有限合伙）

杭州晓池飞鸿创业投资合伙企业（有限合伙）

杭州晓池开物致知股权投资合伙企业（有限合伙）

杭州晓池摩山一号创业投资合伙企业（有限合伙）

杭州晓池私募基金管理有限公司

杭州晓泉八号股权投资合伙企业（有限合伙）

杭州晓泉二号创业投资合伙企业（有限合伙）

杭州晓泉六号股权投资合伙企业（有限合伙）

杭州晓泉七号股权投资合伙企业（有限合伙）

杭州晓泉三号股权投资合伙企业（有限合伙）

杭州晓泉五号股权投资合伙企业（有限合伙）

杭州晓泉一号创业投资合伙企业（有限合伙）

杭州晓月投资合伙企业（有限合伙）

杭州芯成微股权投资合伙企业（有限合伙）

杭州芯富微股权投资合伙企业（有限合伙）

杭州芯集微股权投资合伙企业（有限合伙）

杭州芯岚微创业投资合伙企业（有限合伙）

杭州芯泉微创业投资合伙企业（有限合伙）

杭州芯睿微股权投资合伙企业（有限合伙）

杭州芯盛微股权投资合伙企业（有限合伙）

杭州芯宇微股权投资合伙企业（有限合伙）

杭州新筹投资合伙企业（有限合伙）

杭州新愿景毓秀九智股权投资合伙企业（有限合伙）

杭州信倍股权投资合伙企业（有限合伙）

杭州信得宝投资管理有限公司

杭州兴富投资管理合伙企业（有限合伙）

杭州兴绎投资合伙企业（有限合伙）

杭州星楠湾创业投资合伙企业（有限合伙）

杭州星榕湾股权投资合伙企业（有限合伙）

杭州雄健投资合伙企业（有限合伙）

杭州璿石投资合伙企业（有限合伙）

杭州言和投资管理合伙企业（有限合伙）

杭州仰健投资合伙企业（有限合伙）

杭州一公医正创业投资合伙企业（有限合伙）

杭州以弘投资合伙企业（有限合伙）

杭州亿航股权投资合伙企业（有限合伙）

杭州逸岩股权投资基金合伙企业（有限合伙）

杭州银瀚创业投资合伙企业（有限合伙）

杭州银江智慧产业创业投资合伙企业（有限合伙）

杭州银杏堡股权投资合伙企业（有限合伙）

杭州银杏橙股权投资合伙企业（有限合伙）

杭州银杏果股权投资合伙企业（有限合伙）

杭州银杏海创业投资合伙企业（有限合伙）

杭州银杏湖股权投资合伙企业（有限合伙）

杭州银杏坚股权投资合伙企业（有限合伙）

杭州银杏仁创业投资合伙企业（有限合伙）

杭州银杏山创业投资合伙企业（有限合伙）

杭州银杏数股权投资合伙企业（有限合伙）

杭州银杏烨股权投资合伙企业（有限合伙）

杭州银杏源股权投资合伙企业（有限合伙）

杭州英恒创业投资合伙企业（有限合伙）

杭州盈动投资管理有限公司

杭州盈动悦创创业投资合伙企业（有限合伙）

杭州赢欣谷投资合伙企业（有限合伙）

杭州硬科股权投资合伙企业（有限合伙）

杭州永宣永铭股权投资合伙企业（有限合伙）

杭州友创启真钟毓创业投资合伙企业（有限合伙）

杭州友创天辰投资合伙企业（有限合伙）

杭州友创天晟股权投资合伙企业（有限合伙）

杭州友创天使投资合伙企业（有限合伙）

杭州友创新润股权投资合伙企业（有限合伙）

杭州友创星材股权投资合伙企业（有限合伙）

杭州友创毓瑞临卓天使股权投资合伙企业（有限合伙）

杭州余汐金股权投资合伙企业（有限合伙）

杭州虞顺创业投资合伙企业（有限合伙）

杭州元弘投资管理有限公司

杭州元弈投资合伙企业（有限合伙）

杭州源聚丰创业投资合伙企业（有限合伙）

杭州远实股权投资合伙企业（有限合伙）

杭州远瞩股权投资合伙企业（有限合伙）

杭州云博丰创业投资合伙企业（有限合伙）

杭州云创创业投资合伙企业（有限合伙）

杭州云达丰创业投资合伙企业（有限合伙）

杭州云栖创投股权投资合伙企业（有限合伙）

杭州云祥创新投资合伙企业（有限合伙）
杭州云卓二期投资合伙企业（有限合伙）
杭州云卓投资合伙企业（有限合伙）
杭州韵云创业投资合伙企业（有限合伙）
杭州凿凿股权投资合伙企业（有限合伙）
杭州早月投资合伙企业（有限合伙）
杭州兆恒投资管理有限公司
杭州浙创宏悦创业投资合伙企业（有限合伙）
杭州浙创启慧新兴产业股权投资合伙企业（有限合伙）
杭州浙创启智新兴产业股权投资合伙企业（有限合伙）
杭州浙创中能股权投资合伙企业（有限合伙）
杭州浙丰宏胜创业投资合伙企业（有限合伙）
杭州浙丰悦享创业投资合伙企业（有限合伙）
杭州浙科厚合创业投资合伙企业（有限合伙）
杭州浙科汇福创业投资合伙企业（有限合伙）
杭州浙科汇经股权投资合伙企业（有限合伙）
杭州浙科汇庆企业管理咨询合伙企业（有限合伙）
杭州浙科汇涛创业投资合伙企业（有限合伙）
杭州浙科美而林企业管理咨询有限公司
杭州浙科盛元创业投资合伙企业（有限合伙）
杭州浙里金通股权投资合伙企业（有限合伙）
杭州浙农科业投资管理有限公司
杭州浙潇私募基金管理有限公司
杭州浙欣投资合伙企业（有限合伙）
杭州浙友创材股权投资合伙企业（有限合伙）
杭州真和投资管理合伙企业（有限合伙）
杭州志云创业投资合伙企业（有限合伙）
杭州智汇钱潮股权投资管理有限公司
杭州智汇小子股权投资合伙企业（有限合伙）
杭州智汇欣隆股权投资基金合伙企业（有限合伙）

杭州智汇鑫能股权投资合伙企业（有限合伙）

杭州智汇越康股权投资基金合伙企业（有限合伙）

杭州智特股权投资合伙企业（有限合伙）

杭州中寰投资管理有限公司

杭州中来锦聚投资管理有限公司

杭州中来锦聚新能源合伙企业（有限合伙）

杭州中翎股权投资合伙企业（有限合伙）

杭州中榕科创股权投资合伙企业（有限合伙）

杭州中欣智汇股权投资合伙企业（有限合伙）

杭州中赢复朴仁股权投资合伙企业（有限合伙）

杭州中赢复朴投资管理有限公司

杭州助创天使创业投资合伙企业（普通合伙）

杭州紫金港未来创新投资合伙企业（有限合伙）

红榕创业投资股份有限公司

湖州倍安股权投资合伙企业（有限合伙）

湖州财通实力新长合股权投资合伙企业（有限合伙）

湖州铖祥股权投资合伙企业（有限合伙）

湖州东信实业投资有限公司

湖州复朴长吉股权投资合伙企业（有限合伙）

湖州海邦数湖创业投资合伙企业（有限合伙）

湖州河安股权投资合伙企业（有限合伙）

湖州华睿未来之星股权投资合伙企业（有限合伙）

湖州环太湖通富创业投资合伙企业（有限合伙）

湖州见丰股权投资有限公司

湖州健沣股权投资合伙企业（有限合伙）

湖州聚呈鼎钧股权投资合伙企业（有限合伙）

湖州聚纳鼎睿股权投资合伙企业（有限合伙）

湖州力申股权投资合伙企业（有限合伙）

湖州企兴投资管理合伙企业（有限合伙）

湖州润安股权投资合伙企业（有限合伙）

湖州盛元兰芯股权投资合伙企业（有限合伙）

湖州盛元腾越股权投资合伙企业（有限合伙）

湖州盛元兴汇股权投资合伙企业（有限合伙）

湖州盛元酉鹏股权投资合伙企业（有限合伙）

湖州滕华晖泰创业投资合伙企业（有限合伙）

湖州滕华源鸿创业投资合伙企业（有限合伙）

湖州欣创客智汇贰号股权投资合伙企业（有限合伙）

湖州欣创客智汇股权投资合伙企业（有限合伙）

湖州银江智慧产业投资合伙企业（有限合伙）

湖州泽安股权投资合伙企业（有限合伙）

湖州泽源投资合伙企业（有限合伙）

湖州真石巨星捌号创业投资合伙企业（有限合伙）

湖州真石巨星贰号股权投资合伙企业（有限合伙）

湖州真石巨星玖号创业投资合伙企业（有限合伙）

湖州真石巨星陆号创业投资合伙企业（有限合伙）

湖州真石巨星柒号创业投资合伙企业（有限合伙）

湖州真石巨星叁号股权投资合伙企业（有限合伙）

湖州真石巨星伍号创业投资合伙企业（有限合伙）

湖州真石巨星壹号股权投资合伙企业（有限合伙）

湖州真石臻享股权投资合伙企业（有限合伙）

湖州臻石众享股权投资合伙企业（有限合伙）

湖州智汇清能股权投资合伙企业（有限合伙）

湖州智汇鑫盛股权投资合伙企业（有限合伙）

华夏恒天资本管理有限公司

嘉善鼎峰创业投资合伙企业（有限合伙）

嘉善浙股善商股权投资合伙企业（有限合伙）

嘉善浙股优企股权投资合伙企业（有限合伙）

嘉兴安宏志飞金源宏泰创业投资合伙企业（有限合伙）

嘉兴翱瀚股权投资合伙企业（有限合伙）

嘉兴翱宇创业投资合伙企业（有限合伙）

嘉兴佰诺泽致股权投资合伙企业（有限合伙）

嘉兴贝鱼康达创业投资合伙企业（有限合伙）

嘉兴伯翰果毅股权投资合伙企业（有限合伙）

嘉兴伯翰经略股权投资合伙企业（有限合伙）

嘉兴伯翰赛伯股权投资合伙企业（有限合伙）

嘉兴铂创股权投资合伙企业（有限合伙）

嘉兴博观约取创业投资合伙企业（有限合伙）

嘉兴材兴榕泽创业投资合伙企业（有限合伙）

嘉兴苍穹精导股权投资合伙企业（有限合伙）

嘉兴长波同光创业投资合伙企业（有限合伙）

嘉兴长沛宗泓股权投资合伙企业（有限合伙）

嘉兴常垒明诚股权投资合伙企业（有限合伙）

嘉兴超摩芯望未来创业投资合伙企业（有限合伙）

嘉兴超摩玄宇创业投资合伙企业（有限合伙）

嘉兴朝冉股权投资合伙企业（有限合伙）

嘉兴朝希永瑞股权投资合伙企业（有限合伙）

嘉兴成聚成芯创业投资合伙企业（有限合伙）

嘉兴崇山投资合伙企业（有限合伙）

嘉兴淳辉昭润股权投资合伙企业（有限合伙）

嘉兴醇聚新能源股权投资合伙企业（有限合伙）

嘉兴当看星辉股权投资合伙企业（有限合伙）

嘉兴得月投资合伙企业（有限合伙）

嘉兴德宁柏茂创业投资合伙企业（有限合伙）

嘉兴德韬创业投资合伙企业（有限合伙）

嘉兴德硬股权投资合伙企业（有限合伙）

嘉兴迪昇创业投资合伙企业（有限合伙）

嘉兴点豹君虹股权投资合伙企业（有限合伙）

嘉兴鼎峰泛融二期创业投资合伙企业（有限合伙）

嘉兴鼎峰硅鑫创业投资合伙企业（有限合伙）

嘉兴鼎峰佳创创业投资合伙企业（有限合伙）

嘉兴鼎峰嘉园创业投资合伙企业（有限合伙）

嘉兴鼎峰昆仲创业投资合伙企业（有限合伙）

嘉兴鼎峰深投投资合伙企业（有限合伙）

嘉兴鼎峰信通创业投资合伙企业（有限合伙）

嘉兴敦迪股权投资合伙企业（有限合伙）

嘉兴敦敏创业投资合伙企业（有限合伙）

嘉兴斐昱永淳投资管理合伙企业（有限合伙）

嘉兴斐昱悦柏投资管理合伙企业（有限合伙）

嘉兴蜂巢创业投资合伙企业（有限合伙）

嘉兴福宝股权投资合伙企业（有限合伙）

嘉兴福多股权投资合伙企业（有限合伙）

嘉兴福锐股权投资合伙企业（有限合伙）

嘉兴福余股权投资合伙企业（有限合伙）

嘉兴福云股权投资合伙企业（有限合伙）

嘉兴附加值青山投资合伙企业（有限合伙）

嘉兴高达祖龙股权投资合伙企业（有限合伙）

嘉兴高昇股权投资合伙企业（有限合伙）

嘉兴高泽股权投资合伙企业（有限合伙）

嘉兴歌彩善知股权投资合伙企业（有限合伙）

嘉兴庚润创业投资合伙企业（有限合伙）

嘉兴共聚焦创业投资合伙企业（有限合伙）

嘉兴观江投资合伙企业（有限合伙）

嘉兴冠和创业投资合伙企业（有限合伙）

嘉兴管华叁皓股权投资合伙企业（有限合伙）

嘉兴光珀股权投资合伙企业（有限合伙）

嘉兴光煜股权投资合伙企业（有限合伙）

嘉兴广润智友创业投资合伙企业（有限合伙）

嘉兴硅谷天堂辉正投资管理合伙企业（有限合伙）

嘉兴国禾聿同创业投资合伙企业（有限合伙）

嘉兴国思汇聚新能源产业创业投资合伙企业（有限合伙）

嘉兴国思领拓新能源产业创业投资合伙企业（有限合伙）

嘉兴国思鑫佑新能源产业创业投资合伙企业（有限合伙）

嘉兴国仪五期半导体产业投资合伙企业（有限合伙）

嘉兴国仪志芯股权投资合伙企业（有限合伙）

嘉兴杭实毓澄创业投资合伙企业（有限合伙）

嘉兴昊阳忻泉创业投资合伙企业（有限合伙）

嘉兴灏煜烟雨股权投资合伙企业（有限合伙）

嘉兴禾焕投资合伙企业（有限合伙）

嘉兴合纵连横未来创业投资合伙企业（有限合伙）

嘉兴和一宏智创业投资合伙企业（有限合伙）

嘉兴和正珐琅创业投资合伙企业（有限合伙）

嘉兴恒纬股权投资合伙企业（有限合伙）

嘉兴弘玺股权投资合伙企业（有限合伙）

嘉兴宏溥凤巢创业投资合伙企业（有限合伙）

嘉兴宏翊创业投资合伙企业（有限合伙）

嘉兴鸿桐创业投资合伙企业（有限合伙）

嘉兴鸿御股权投资合伙企业（有限合伙）

嘉兴厚熙涌泉创业投资合伙企业（有限合伙）

嘉兴厚熙泽锦创业投资合伙企业（有限合伙）

嘉兴虎威创业投资合伙企业（有限合伙）

嘉兴华睿布谷鸟创业投资合伙企业（有限合伙）

嘉兴华睿盛银创业投资合伙企业（有限合伙）

嘉兴华睿志德股权投资合伙企业（有限合伙）

嘉兴华森股权投资合伙企业（有限合伙）

嘉兴浣江创业投资合伙企业（有限合伙）

嘉兴慧石综合能源股权投资合伙企业（有限合伙）

嘉兴绩优投资合伙企业（有限合伙）

嘉兴吉瑞芯鑫股权投资合伙企业（有限合伙）

嘉兴霁昇股权投资合伙企业（有限合伙）

嘉兴嘉创昊瑞股权投资合伙企业（有限合伙）

嘉兴嘉睿未来之星股权投资合伙企业（有限合伙）

嘉兴嘉誉丰芯祥吉创业投资合伙企业（有限合伙）

嘉兴杰伴飞华股权投资合伙企业（有限合伙）

嘉兴捷科股权投资合伙企业（有限合伙）

嘉兴金鸿峰泉创业投资合伙企业（有限合伙）

嘉兴锦庆创业投资合伙企业（有限合伙）

嘉兴锦悦星材创业投资合伙企业（有限合伙）

嘉兴锦舟投资合伙企业（有限合伙）

嘉兴京瀚鸿芯创业投资合伙企业（有限合伙）

嘉兴京瀚鹏意股权投资合伙企业（有限合伙）

嘉兴惊蛰创业投资合伙企业（有限合伙）

嘉兴晶丰创业投资合伙企业（有限合伙）

嘉兴晶凯合裕股权投资合伙企业（有限合伙）

嘉兴晶凯聚行股权投资合伙企业（有限合伙）

嘉兴晶泰创业投资合伙企业（有限合伙）

嘉兴景盈股权投资合伙企业（有限合伙）

嘉兴璟腾股权投资合伙企业（有限合伙）

嘉兴崛盛一号股权投资合伙企业（有限合伙）

嘉兴君茂远见股权投资合伙企业（有限合伙）

嘉兴君为投资合伙企业（有限合伙）

嘉兴君阳股权投资合伙企业（有限合伙）

嘉兴君翊股权投资合伙企业（有限合伙）

嘉兴均为灵均投资合伙企业（有限合伙）

嘉兴钧澄股权投资合伙企业（有限合伙）

嘉兴钧荃七号股权投资合伙企业（有限合伙）

嘉兴钧鑫股权投资合伙企业（有限合伙）

嘉兴骏导股权投资合伙企业（有限合伙）

嘉兴凯山投资合伙企业（有限合伙）

嘉兴康晶半导体产业投资合伙企业（有限合伙）

嘉兴空天凯拓股权投资合伙企业（有限合伙）

嘉兴空天勇毅股权投资合伙企业（有限合伙）

嘉兴空天卓锐股权投资合伙企业（有限合伙）

嘉兴岚江投资合伙企业（有限合伙）

嘉兴蓝贝远见创业投资合伙企业（有限合伙）

嘉兴揽月投资合伙企业（有限合伙）

嘉兴乐信乘股权投资合伙企业（有限合伙）

嘉兴力鼎佳檀股权投资合伙企业（有限合伙）

嘉兴立鼎宏宁创业投资合伙企业（有限合伙）

嘉兴立鼎旗开创业投资合伙企业（有限合伙）

嘉兴立鼎通承股权投资合伙企业（有限合伙）

嘉兴立鼎同辉创业投资合伙企业（有限合伙）

嘉兴砺行龙翊股权投资合伙企业（有限合伙）

嘉兴涟邦瑞元佰思格创业投资合伙企业（有限合伙）

嘉兴联创汉德投资合伙企业（有限合伙）

嘉兴绿合创业投资有限公司

嘉兴萌竹股权投资合伙企业（有限合伙）

嘉兴米硕股权投资基金合伙企业（有限合伙）

嘉兴缅邈股权投资合伙企业（有限合伙）

嘉兴敏实定向股权投资合伙企业（有限合伙）

嘉兴明畅股权投资合伙企业（有限合伙）

嘉兴明兔投资合伙企业（有限合伙）

嘉兴明向一期创业投资合伙企业（有限合伙）

嘉兴牧易投资合伙企业（有限合伙）

嘉兴藕舫康健股权投资合伙企业（有限合伙）

嘉兴普华五浩创业投资合伙企业（有限合伙）

嘉兴普华壹灏创业投资合伙企业（有限合伙）

嘉兴普曼殊云股权投资合伙企业（有限合伙）

嘉兴樸盛安家股权投资合伙企业（有限合伙）

嘉兴樸盛乐意股权投资合伙企业（有限合伙）

嘉兴樸盛罗丰股权投资合伙企业（有限合伙）

嘉兴栖港崇隆创业投资合伙企业（有限合伙）

嘉兴栖港重望股权投资合伙企业（有限合伙）

嘉兴齐物创业投资合伙企业（有限合伙）

嘉兴麒祥昆崙股权投资合伙企业（有限合伙）

嘉兴启钧股权投资合伙企业（有限合伙）

嘉兴启原旭能创业投资合伙企业（有限合伙）

嘉兴启真丰戎股权投资合伙企业（有限合伙）

嘉兴千同创业投资合伙企业（有限合伙）

嘉兴谦德股权投资合伙企业（有限合伙）

嘉兴谦毅创业投资合伙企业（有限合伙）

嘉兴乾瞻蕴朝创业投资合伙企业（有限合伙）

嘉兴青蒿春醒股权投资合伙企业（有限合伙）

嘉兴青骊氢秀股权投资合伙企业（有限合伙）

嘉兴秋晔创业投资合伙企业（有限合伙）

嘉兴仁熙医疗产业股权投资合伙企业（有限合伙）

嘉兴蓉博投资合伙企业（有限合伙）

嘉兴榕树股权投资合伙企业（有限合伙）

嘉兴榕树相伴创业投资合伙企业（有限合伙）

嘉兴融峥创业投资合伙企业（有限合伙）

嘉兴瑞越股权投资合伙企业（有限合伙）

嘉兴睿笕栈略创业投资合伙企业（有限合伙）

嘉兴睿翼裕和创业投资合伙企业（有限合伙）

嘉兴润龙股权投资合伙企业（有限合伙）

嘉兴润淼创业投资合伙企业（有限合伙）

嘉兴润樾创业投资合伙企业（有限合伙）

嘉兴善达明凯股权投资合伙企业（有限合伙）

嘉兴上哲夫诸股权投资合伙企业（有限合伙）

嘉兴深泉创业投资合伙企业（有限合伙）

嘉兴深泉致真股权投资合伙企业（有限合伙）

嘉兴深研新能源股权投资合伙企业（有限合伙）

嘉兴昇安富翼股权投资合伙企业（有限合伙）

嘉兴盛眸股权投资合伙企业（有限合伙）

嘉兴盛牛创业投资合伙企业（有限合伙）

嘉兴盛石股权投资合伙企业（有限合伙）

嘉兴盛壮股权投资合伙企业（有限合伙）

嘉兴十棱创业投资合伙企业（有限合伙）

嘉兴十维启航创业投资合伙企业（有限合伙）

嘉兴石沣安创业投资合伙企业（有限合伙）

嘉兴石雀庚午创业投资合伙企业（有限合伙）

嘉兴石雀己巳股权投资合伙企业（有限合伙）

嘉兴时远瑞茁创业投资合伙企业（有限合伙）

嘉兴时远涌舜创业投资合伙企业（有限合伙）

嘉兴市南湖区合旺股权投资合伙企业（有限合伙）

嘉兴水沐骐骥驰骋创业投资合伙企业（有限合伙）

嘉兴顺航创业投资合伙企业（有限合伙）

嘉兴穗银神翼创业投资合伙企业（有限合伙）

嘉兴泰如股权投资合伙企业（有限合伙）

嘉兴泰芯科启创业投资合伙企业（有限合伙）

嘉兴泰芯南硕股权投资合伙企业（有限合伙）

嘉兴韬樾珙桐股权投资合伙企业（有限合伙）

嘉兴藤升创业投资合伙企业（有限合伙）

嘉兴天启轩辰股权投资合伙企业（有限合伙）

嘉兴同毓领顺创业投资合伙企业（有限合伙）

嘉兴同竹股权投资合伙企业（有限合伙）

嘉兴投胜益苍股权投资合伙企业（有限合伙）

嘉兴万祥礼毅股权投资合伙企业（有限合伙）

嘉兴望众明礼创业投资合伙企业（有限合伙）

嘉兴沃畦股权投资合伙企业（有限合伙）

嘉兴沃芯股权投资合伙企业（有限合伙）

嘉兴武岳峰投资管理有限公司

嘉兴橡鸿股权投资合伙企业（有限合伙）

嘉兴芯舟创业投资合伙企业（有限合伙）

嘉兴昕宜股权投资合伙企业（有限合伙）

嘉兴鑫纯股权投资合伙企业（有限合伙）

嘉兴鑫弘元通创业投资合伙企业（有限合伙）

嘉兴鑫汇兴华创业投资合伙企业（有限合伙）

嘉兴星地驰宇创业投资合伙企业（有限合伙）

嘉兴星浩丰驰股权投资合伙企业（有限合伙）

嘉兴星涌海耀创业投资合伙企业（有限合伙）

嘉兴星涌智会创业投资合伙企业（有限合伙）

嘉兴玄骓诺金创业投资合伙企业（有限合伙）

嘉兴阎江投资合伙企业（有限合伙）

嘉兴垚源股权投资合伙企业（有限合伙）

嘉兴医斯科创业投资合伙企业（有限合伙）

嘉兴依山投资合伙企业（有限合伙）

嘉兴铱达投资合伙企业（有限合伙）

嘉兴屹腾创业投资合伙企业（有限合伙）

嘉兴翌琴创业投资合伙企业（有限合伙）

嘉兴翌昕私募基金管理有限公司

嘉兴翌愉创业投资合伙企业（有限合伙）

嘉兴懿信慧达创业投资合伙企业（有限合伙）

嘉兴因诺创业投资合伙企业（有限合伙）

嘉兴英招股权投资合伙企业（有限合伙）

嘉兴鹰盟瑞曦创业投资合伙企业（有限合伙）

嘉兴鹰盟晟捷股权投资合伙企业（有限合伙）

嘉兴盈创华嘉创业投资合伙企业（有限合伙）

嘉兴硬核创业投资合伙企业（有限合伙）

嘉兴友创启真创业投资合伙企业（有限合伙）

嘉兴宇虹投资合伙企业（有限合伙）

嘉兴禹景投资合伙企业（有限合伙）

嘉兴禹宁投资合伙企业（有限合伙）

嘉兴御风凯诺芯源股权投资合伙企业（有限合伙）

嘉兴云菏达峰创业投资合伙企业（有限合伙）

嘉兴云润智行股权投资合伙企业（有限合伙）

嘉兴昀曜麦田创业投资合伙企业（有限合伙）

嘉兴早月投资合伙企业（有限合伙）

嘉兴翟邦股权投资合伙企业（有限合伙）

嘉兴湛泸之官创业投资合伙企业（有限合伙）

嘉兴兆昂伍玥股权投资合伙企业（有限合伙）

嘉兴浙华武岳峰投资合伙企业（有限合伙）

嘉兴真远股权投资合伙企业（有限合伙）

嘉兴真灼创昕创业投资合伙企业（有限合伙）

嘉兴正方十期股权投资合伙企业（有限合伙）

嘉兴正也股权投资合伙企业（有限合伙）

嘉兴证骏股权投资合伙企业（有限合伙）

嘉兴知赛创业投资合伙企业（有限合伙）

嘉兴沚赋创业投资合伙企业（有限合伙）

嘉兴致海投资合伙企业（有限合伙）

嘉兴致君煦辰投资合伙企业（有限合伙）

嘉兴致君致合二期投资合伙企业（有限合伙）

嘉兴中博承泽股权投资合伙企业（有限合伙）

嘉兴中博宇晨股权投资合伙企业（有限合伙）

嘉兴中启合悦股权投资合伙企业（有限合伙）

嘉兴中启积庆股权投资合伙企业（有限合伙）

嘉兴中润昉股权投资合伙企业（有限合伙）

嘉兴中润雍晟股权投资合伙企业（有限合伙）

嘉兴众金涌鑫股权投资合伙企业（有限合伙）

嘉兴子非鱼股权投资合伙企业（有限合伙）

江山市恒创投资合伙企业（有限合伙）

江阴银杏谷股权投资合伙企业（有限合伙）

金华普华君跻投资合伙企业（有限合伙）

金华普华天勤股权投资基金合伙企业（有限合伙）

金华市博观科华股权投资合伙企业（有限合伙）

金华市金开产业引领投资合伙企业（有限合伙）

金华市普华海纳股权投资合伙企业（有限合伙）

金华市普华济帆股权投资合伙企业（有限合伙）

金华市普华济兴股权投资合伙企业（有限合伙）

金华市天勤科华股权投资合伙企业（有限合伙）

金控天勤（杭州）创业投资合伙企业（有限合伙）

景宁鑫谷创业投资合伙企业（有限合伙）

景宁银杏谷壹号创业投资合伙企业（有限合伙）

开化硅谷天堂鲲裕股权投资基金合伙企业（有限合伙）

兰溪怀泽鼎泰创业投资合伙企业（有限合伙）

兰溪立鼎辉耀创业投资合伙企业（有限合伙）

兰溪宁宏泰鼎创业投资合伙企业（有限合伙）

兰溪普华创荟创业投资合伙企业（有限合伙）

兰溪普华晖赢投资合伙企业（有限合伙）

兰溪普华聚力股权投资合伙企业（有限合伙）

兰溪普华凌聚创业投资合伙企业（有限合伙）

兰溪普华硕阳夏星创业投资合伙企业（有限合伙）

兰溪普华同润创业投资合伙企业（有限合伙）

兰溪普华欣盛创业投资合伙企业（有限合伙）

兰溪普华曜晨创业投资合伙企业（有限合伙）

兰溪普华壹晖投资合伙企业（有限合伙）

兰溪普华亦行创业投资合伙企业（有限合伙）

兰溪普华屹润创业投资合伙企业（有限合伙）

兰溪普华臻宜股权投资合伙企业（有限合伙）

兰溪新能鼎华创业投资合伙企业（有限合伙）

兰溪哲铎投资合伙企业（有限合伙）

丽水诚和维佳股权投资合伙企业（有限合伙）

丽水绿谷信息产业投资合伙企业（有限合伙）

丽水启芯创业投资合伙企业（有限合伙）

丽水仁海股权投资合伙企业（有限合伙）

丽水天机股权投资合伙企业（有限合伙）

丽水中锴科新股权投资合伙企业（有限合伙）

良造超享象（嘉兴）创业投资合伙企业（有限合伙）

临安绩优青岚创业投资合伙企业（有限合伙）

临海市乾珩股权投资合伙企业（有限合伙）

龙泉市科技创投基金合伙企业（有限合伙）

龙岩市普华睿智投资合伙企业（有限合伙）

龙游商帮小巨人股权投资合伙企业（有限合伙）

隆启同盛（杭州）投资管理合伙企业（有限合伙）

隆启星路（杭州）投资管理合伙企业（有限合伙）

隆启轩成（杭州）投资管理合伙企业（有限合伙）

宁波安丰领先创业投资合伙企业（有限合伙）

宁波安丰添富创业投资合伙企业（有限合伙）

宁波邦柯创业投资合伙企业（有限合伙）

宁波保税区链上股权投资合伙企业（有限合伙）

宁波创典投资管理合伙企业（有限合伙）

宁波瀚臻绿伏创业投资合伙企业（有限合伙）

宁波华桐创业投资管理有限公司

宁波金硕投资有限公司

宁波科发宝鼎创业投资合伙企业（有限合伙）

宁波科发富鼎创业投资合伙企业（有限合伙）

宁波科发海鼎创业投资合伙企业（有限合伙）

宁波联合创新新能源投资管理合伙企业（有限合伙）

宁波联利共达投资管理合伙企业（有限合伙）

宁波联利中芯投资管理合伙企业（有限合伙）

宁波梅山保税港区畅驰凯祥股权投资基金合伙企业（有限合伙）

宁波梅山保税港区道通好合股权投资合伙企业（有限合伙）

宁波梅山保税港区敦钧万乘洪武投资合伙企业（有限合伙）

宁波梅山保税港区敦骏香叶天宝投资合伙企业（有限合伙）

宁波梅山保税港区海健瑞投资合伙企业（有限合伙）

宁波梅山保税港区华旦碧峰投资管理合伙企业（有限合伙）

宁波梅山保税港区兰石投资合伙企业（有限合伙）

宁波梅山保税港区普华天跻创业投资合伙企业（有限合伙）

宁波梅山保税港区普续润鑫投资合伙企业（有限合伙）

宁波梅山保税港区万乘轻勇骑投资合伙企业（有限合伙）

宁波梅山保税港区万乘游骑兵投资合伙企业（有限合伙）

宁波梅山保税港区苑博惠丰投资合伙企业（有限合伙）

宁波梅山保税港区苑博融亨投资合伙企业（有限合伙）

宁波梅山保税港区苑博新启航投资合伙企业（有限合伙）

宁波梅山保税港区苑博哲源投资合伙企业（有限合伙）

宁波梅山保税港区苑博智富投资合伙企业（有限合伙）

宁波梅山保税港区智汇聚鑫股权投资基金合伙企业（有限合伙）

宁波梅山保税港区智汇润鑫股权投资合伙企业（有限合伙）

宁波梅山保税港区智汇上谦股权投资基金合伙企业（有限合伙）

宁波铭韬投资合伙企业（有限合伙）

宁波普华友实股权投资合伙企业（有限合伙）

宁波普华元顺股权投资合伙企业（有限合伙）

宁波市科发二号股权投资基金合伙企业（有限合伙）

宁波市科发股权投资基金合伙企业（有限合伙）

宁波思得成长创业投资合伙企业（有限合伙）

宁波思得创业投资基金管理有限公司

宁波思得泓嘉创业投资合伙企业（有限合伙）

宁波天堂硅谷科创股权投资合伙企业（有限合伙）

宁波天堂硅谷融创股权投资合伙企业（有限合伙）

宁波天堂硅谷融合股权投资合伙企业（有限合伙）

宁波天堂硅谷新风股权投资合伙企业（有限合伙）

宁波天堂硅谷新健股权投资合伙企业（有限合伙）

宁波天堂硅谷新力股权投资合伙企业（有限合伙）

宁波天堂硅谷元德股权投资合伙企业（有限合伙）

宁波天堂硅谷元丰股权投资合伙企业（有限合伙）

宁波天堂硅谷元正股权投资合伙企业（有限合伙）

宁波天堂硅谷云成企业管理咨询合伙企业（有限合伙）

宁波天堂硅谷贞兆企业管理咨询合伙企业（有限合伙）

宁波天堂硅谷正汇股权投资合伙企业（有限合伙）

宁波万豪铭辉投资合伙企业（有限合伙）

宁波万豪铭锐投资合伙企业（有限合伙）

宁波万豪铭山投资合伙企业（有限合伙）

宁波万豪铭轩投资合伙企业（有限合伙）

宁波浙科汇聚创业投资合伙企业（有限合伙）

宁波浙科永强创业投资合伙企业（有限合伙）

宁波浙鑫博远股权投资合伙企业（有限合伙）

宁波宙石股权投资有限公司

平湖合稷股权投资合伙企业（有限合伙）

平湖华睿嘉银创业投资合伙企业（有限合伙）

平湖嘉创智谷一号创业投资合伙企业（有限合伙）

平湖经开海纳股权投资合伙企业（有限合伙）

平湖绿合股权投资基金合伙企业（有限合伙）

平湖绿合金凰展平二号创业投资合伙企业（有限合伙）

平湖绿合金凰展平一号创业投资合伙企业（有限合伙）

平阳凯星股权投资合伙企业（有限合伙）

平阳维度军科股权投资基金中心（有限合伙）

平阳维度中唐投资中心（有限合伙）

平阳维度中夏投资中心（有限合伙）

平阳熙宁股权投资合伙企业（有限合伙）

平阳友创九禧创业投资合伙企业（有限合伙）

平阳友创友科创业投资合伙企业（有限合伙）

平阳友创友新创业投资合伙企业（有限合伙）

青岛凯尔特豪斯投资合伙企业（有限合伙）

衢州氟达股权投资合伙企业（有限合伙）

衢州康合股权投资合伙企业（有限合伙）

衢州立元天投壹号投资合伙企业（有限合伙）

衢州隆启润泽股权投资合伙企业（有限合伙）

衢州仁安股权投资合伙企业

衢州润哲涵夏股权投资合伙企业（有限合伙）

衢州润哲九域股权投资合伙企业（有限合伙）

衢州润哲蓉越股权投资合伙企业（有限合伙）

衢州润哲吴越股权投资合伙企业（有限合伙）

衢州润哲诸华股权投资合伙企业（有限合伙）

衢州市新安财通智造股权投资合伙企业（有限合伙）

衢州益安股权投资合伙企业（有限合伙）

衢州友创天泰股权投资合伙企业（有限合伙）

衢州宙石天启股权投资合伙企业（有限合伙）

瑞安市海越启航创业投资合伙企业（有限合伙）

三亚磐数科新投资合伙企业（有限合伙）

三亚磐越科新投资合伙企业（有限合伙）

绍兴海邦才智创业投资合伙企业（有限合伙）

绍兴海邦人才创业投资合伙企业（有限合伙）

绍兴凯泰投资管理有限公司

绍兴柯桥锦聚创业投资合伙企业（有限合伙）

绍兴柯桥普华引领创业投资合伙企业（有限合伙）

绍兴柯桥天堂硅谷福睿股权投资合伙企业（有限合伙）

绍兴柯桥天堂硅谷领新股权投资合伙企业（有限合伙）

绍兴柯桥天堂硅谷远光股权投资合伙企业（有限合伙）

绍兴柯桥天堂硅谷云创股权投资合伙企业（有限合伙）

绍兴普华震元创业投资合伙企业（有限合伙）

绍兴上虞和丰企业管理咨询合伙企业（有限合伙）

绍兴上虞乾信股权投资合伙企业（有限合伙）

绍兴市上虞区安丰康元创业投资合伙企业（有限合伙）

绍兴市上虞区安丰盈元创业投资合伙企业（有限合伙）

绍兴市上虞区财通春晖股权投资基金合伙企业（有限合伙）

绍兴天堂硅谷恒煜股权投资合伙企业（有限合伙）

绍兴天堂硅谷新材料产业投资合伙企业（有限合伙）

深圳市远联产业投资企业（有限合伙）

盛元定增壹号私募股权投资基金

时屹（嘉兴）股权投资合伙企业（有限合伙）

苏州工业园区睿灿投资企业（有限合伙）

苏州海邦新能创业投资合伙企业（有限合伙）

遂昌县科技创新创业投资基金合伙企业（有限合伙）

遂昌壹佰科二期股权投资合伙企业（有限合伙）

遂昌壹佰科一期股权投资合伙企业（有限合伙）

台州华睿沣收股权投资合伙企业（有限合伙）

台州华睿石药丰收股权投资合伙企业（有限合伙）

台州汇明股权投资合伙企业（有限合伙）

台州汇融嘉能友创股权投资合伙企业（有限合伙）

台州苗圃创业投资合伙企业（有限合伙）

台州乾宏股权投资合伙企业（有限合伙）

台州市耀涨股权投资合伙企业（有限合伙）

天堂硅谷创业投资集团有限公司

桐庐富嘉产业发展股权投资合伙企业（有限合伙）

桐庐富嘉泽汇股权投资合伙企业（有限合伙）

桐庐富嘉泽越股权投资合伙企业（有限合伙）

桐庐浙富桐君股权投资基金合伙企业（有限合伙）

桐乡普华凤栖创业投资合伙企业（有限合伙）

桐乡市新豪投资合伙企业（有限合伙）

桐乡浙商乌镇壹号互联网产业投资合伙企业（有限合伙）

温岭财鑫股权投资合伙企业（有限合伙）

温州汉铭极动股权投资合伙企业（有限合伙）

温州恒择创富股权投资合伙企业（有限合伙）

温州健朔股权投资合伙企业（有限合伙）

温州联创永润创业投资合伙企业（有限合伙）

温州鹭嘉红榕创业投资基金合伙企业（有限合伙）

温州瓯瑞股权投资合伙企业（有限合伙）

温州瓯泰投资企业（有限合伙）

温州启势星创业投资合伙企业（有限合伙）

温州青创多能创业投资合伙企业（有限合伙）

温州青创新投宜华创业投资合伙企业（有限合伙）

温州市基金投资有限公司

温州市瓯江口产业投资合伙企业（有限合伙）

温州市瓯锟创业投资合伙企业（有限合伙）

温州市青峰创业投资合伙企业（有限合伙）

温州天堂硅谷海越创业投资基金合伙企业（有限合伙）

温州天堂硅谷天泽创业投资合伙企业（有限合伙）

温州维度科创股权投资基金合伙企业（有限合伙）

温州维度投资管理有限公司

温州维度维壹投资中心（有限合伙）

温州维度智联投资中心（有限合伙）

温州维盛投资中心（有限合伙）

温州一凡创业投资合伙企业（有限合伙）

温州浙民投乐泰物联网产业基金合伙企业（有限合伙）

温州逐陆投资管理合伙企业（有限合伙）

西湖创新（杭州）产业投资基金合伙企业（有限合伙）

西湖创新（杭州）私募基金管理有限公司

新昌华宇浙鑫博远人才创业投资合伙企业（有限合伙）

新昌普华京新固周健康管理合伙企业（有限合伙）

新昌三花弘道二号创业投资合伙企业（有限合伙）

新昌三花弘道三号创业投资合伙企业（有限合伙）

新昌三花弘道一号股权投资合伙企业（有限合伙）

新昌头雁创业投资合伙企业（有限合伙）

新昌新能普华创业投资合伙企业（有限合伙）

新昌鑫远创业投资合伙企业（有限合伙）

新昌浙鑫睿博创新创业投资合伙企业（有限合伙）

新昌浙鑫睿远创业投资合伙企业（有限合伙）

新昌浙鑫远博创业投资合伙企业（有限合伙）

兴仓协同创新（湖州）创业投资合伙企业（有限合伙）

兴产财通（湖州）创业投资合伙企业（有限合伙）

兴产汇孚君凌（湖州）创业投资合伙企业（有限合伙）

兴产汇孚西研（湖州）创业投资合伙企业（有限合伙）

兴产逐鹿（湖州）创业投资合伙企业（有限合伙）

以骏峰汇创业投资（嘉兴）合伙企业（有限合伙）

义乌弘坤德胜创业投资合伙企业（有限合伙）

义乌惠商紫荆资本管理有限公司

义乌科发创业投资合伙企业（有限合伙）

义乌浙科汇富企业管理咨询合伙企业（有限合伙）

屹远（杭州）私募基金管理有限公司

永康市天堂硅谷智能制造投资合伙企业（有限合伙）

浙大未来创新（杭州）私募基金管理有限公司

浙大友创（杭州）私募基金管理有限公司

浙股山石（嘉善）股权投资合伙企业（有限合伙）

浙江安丰进取创业投资有限公司

浙江安宏志飞投资管理有限公司

浙江澳兴投资管理有限公司

浙江贝达乾嘉投资合伙企业（有限合伙）

浙江比丘私募基金管理有限公司

浙江财通资本投资有限公司

浙江赤子股权投资基金管理有限公司

浙江大晶创业投资有限公司

浙江大学科技创业投资有限公司

浙江德石投资管理有限公司

浙江德盈资产管理有限公司

浙江菲达股权投资基金合伙企业（有限合伙）

浙江沣华投资管理有限公司

浙江富华睿银投资管理有限公司

浙江富鑫创业投资有限公司

浙江贯邦私募基金管理有限公司

浙江海邦创智投资管理有限公司

浙江海邦投资管理有限公司

浙江海洋经济创业投资有限公司

浙江海越创业投资有限公司

浙江浩誉创业投资有限公司

浙江合力创业投资有限公司

浙江和实私募基金管理有限公司

浙江恒晋同盛创业投资合伙企业（有限合伙）

浙江恒晋投资管理有限公司

浙江弘翔创业投资有限公司

浙江红石创业投资有限公司

浙江宏城创业投资有限公司

浙江厚达股权投资基金管理有限公司

浙江华瓯创业投资有限公司

浙江华瓯股权投资管理有限公司

浙江华睿北信源数据信息产业投资合伙企业（有限合伙）

浙江华睿布谷鸟创业投资合伙企业（有限合伙）

浙江华睿产业互联网股权投资合伙企业（有限合伙）

浙江华睿德银创业投资有限公司

浙江华睿点石投资管理有限公司

浙江华睿富华创业投资合伙企业（有限合伙）

浙江华睿海越现代服务业创业投资有限公司

浙江华睿弘源智能产业创业投资有限公司

浙江华睿胡庆余堂健康产业投资基金合伙企业（有限合伙）
浙江华睿火炬创业投资合伙企业（有限合伙）
浙江华睿控股有限公司
浙江华睿蓝石投资有限公司
浙江华睿庆余投资有限公司
浙江华睿如山创业投资有限公司
浙江华睿睿银创业投资有限公司
浙江华睿盛银创业投资有限公司
浙江华睿泰信创业投资有限公司
浙江华睿泰银投资有限公司
浙江华睿祥生环境产业创业投资有限公司
浙江华睿兴华股权投资合伙企业（有限合伙）
浙江华睿医疗创业投资有限公司
浙江华睿中科创业投资有限公司
浙江汇孚资本管理有限公司
浙江嘉海创业投资有限公司
浙江金控创业投资合伙企业（有限合伙）
浙江金控资本管理有限公司
浙江军合投资管理有限公司
浙江科发资本管理有限公司
浙江坤鑫投资管理有限公司
浙江联盛创业投资有限公司
浙江临海永强股权并购投资中心（有限合伙）
浙江民营企业联合投资股份有限公司
浙江瓯盛创业投资有限公司
浙江檏盛檏华投资管理有限公司
浙江启源股权投资基金管理有限公司
浙江乾正资产管理合伙企业（有限合伙）
浙江求是共创投资管理有限公司
浙江如山成长创业投资有限公司

浙江如山高新创业投资有限公司

浙江如山汇金私募基金管理有限公司

浙江如山汇鑫创业投资合伙企业（有限合伙）

浙江如山新兴创业投资有限公司

浙江赛伯乐科创股权投资管理有限公司

浙江赛伯乐投资管理有限公司

浙江赛盛创业投资合伙企业（有限合伙）

浙江绍兴普华兰亭文化投资合伙企业（有限合伙）

浙江省创业投资集团有限公司

浙江省科技风险投资有限公司

浙江省浙创启元创业投资有限公司

浙江盛元私募基金管理有限公司

浙江丝路产业投资基金合伙企业（有限合伙）

浙江泰银创业投资有限公司

浙江滕华资产管理有限公司

浙江天使湾创业投资有限公司

浙江天堂硅谷晨曦创业投资有限公司

浙江天堂硅谷合丰创业投资有限公司

浙江天堂硅谷合胜创业投资有限公司

浙江天堂硅谷合顺股权投资合伙企业（有限合伙）

浙江天堂硅谷和翔股权投资合伙企业（有限合伙）

浙江天堂硅谷久和股权投资合伙企业（有限合伙）

浙江天堂硅谷久盈至臻股权投资合伙企业（有限合伙）

浙江天堂硅谷鲲诚创业投资有限公司

浙江天堂硅谷乐通至臻股权投资合伙企业（有限合伙）

浙江天堂硅谷七弦股权投资合伙企业（有限合伙）

浙江天堂硅谷台州合盈股权投资有限公司

浙江天堂硅谷天晟股权投资合伙企业（有限合伙）

浙江天堂硅谷盈丰股权投资合伙企业（有限合伙）

浙江天堂硅谷盈通创业投资有限公司

浙江天堂硅谷众实股权投资合伙企业（有限合伙）

浙江天堂硅谷资产管理集团有限公司

浙江万安投资管理有限公司

浙江温州普华兰桥文化投资合伙企业（有限合伙）

浙江悟源股权投资合伙企业（有限合伙）

浙江祥晖资产管理有限公司

浙江协同创新投资管理有限公司

浙江新干世业投资管理有限公司

浙江鑫海资产管理有限公司

浙江信海创业投资合伙企业（有限合伙）

浙江兴华鼎立私募基金管理有限公司

浙江亿诚创业投资有限公司

浙江亿品创业投资有限公司

浙江银江股权投资管理有限公司

浙江银江辉皓创业投资合伙企业（有限合伙）

浙江银杏谷投资有限公司

浙江银杏云股权投资基金合伙企业（有限合伙）

浙江盈瓯创业投资有限公司

浙江玉泉正合创业投资合伙企业（有限合伙）

浙江苑博投资管理有限公司

浙江浙大联合创新投资管理合伙企业

浙江浙大正合股权投资管理有限公司

浙江浙富资本管理有限公司

浙江浙科汇利创业投资有限公司

浙江浙科汇盈创业投资有限公司

浙江浙科投资管理有限公司

浙江浙科银江创业投资有限公司

浙江浙能创业投资有限公司

浙江浙商长海创业投资合伙企业（有限合伙）

浙江浙商创业投资股份有限公司

浙江浙商利海创业投资合伙企业（有限合伙）

浙江浙商诺海创业投资合伙企业（有限合伙）

浙江中简尚略股权投资管理有限公司

浙江舟洋创业投资有限公司

浙江诸暨惠风创业投资有限公司

浙江诸暨头头是道投资合伙企业（有限合伙）

浙江诸暨万泽股权投资基金合伙企业（有限合伙）

浙江自贸区伟成创业投资合伙企业（有限合伙）

浙商创投股份有限公司

浙银鸿绅（杭州）资产管理有限公司

中保投信尚微（嘉兴）股权投资合伙企业（有限合伙）

中关村领雁（杭州）私募基金有限公司

中简尚材股权投资（杭州）合伙企业（有限合伙）

中简尚壹股权投资（杭州）合伙企业（有限合伙）

中喜（浙江）私募基金管理有限公司

舟山启熙股权投资合伙企业（有限合伙）

舟山毅仁永潮创业投资合伙企业（有限合伙）

舟山浙科东港创业投资合伙企业（有限合伙）

诸暨大联股权投资合伙企业（有限合伙）

诸暨富华产业转型升级基金合伙企业（有限合伙）

诸暨富华睿银投资管理有限公司

诸暨高特佳瑞程投资合伙企业（有限合伙）

诸暨高特佳睿安投资合伙企业（有限合伙）

诸暨贵银投资有限公司

诸暨海越禧越创业投资合伙企业（有限合伙）

诸暨海越卓越股权投资合伙企业（有限合伙）

诸暨恒晋融汇创业投资合伙企业（有限合伙）

诸暨鸿宸创业投资合伙企业（有限合伙）

诸暨鸿华创业投资合伙企业（有限合伙）

诸暨鸿启股权投资合伙企业（有限合伙）

诸暨鸿睿股权投资合伙企业（有限合伙）

诸暨鸿旺股权投资合伙企业（有限合伙）

诸暨鸿毓股权投资合伙企业（有限合伙）

诸暨华睿金钻股权投资合伙企业（有限合伙）

诸暨华睿聚智股权投资合伙企业（有限合伙）

诸暨华睿庆丰创业投资合伙企业（有限合伙）

诸暨华睿同道股权投资合伙企业（有限合伙）

诸暨华睿文华股权投资合伙企业（有限合伙）

诸暨华睿新锐投资合伙企业（有限合伙）

诸暨华睿信汇股权投资合伙企业（有限合伙）

诸暨华夏赢科投资合伙企业（有限合伙）

诸暨华越投资有限公司

诸暨华越一期创业投资合伙企业（有限合伙）

诸暨嘉维创业投资合伙企业（有限合伙）

诸暨磐合银科创业投资合伙企业（有限合伙）

诸暨磐沃创业投资合伙企业（有限合伙）

诸暨普华安盛股权投资合伙企业（有限合伙）

诸暨普华荣拓创业投资合伙企业（有限合伙）

诸暨普华信泰创业投资合伙企业（有限合伙）

诸暨千荷创业投资合伙企业（有限合伙）

诸暨如山汇安创业投资合伙企业（有限合伙）

诸暨如山汇盈创业投资合伙企业（有限合伙）

诸暨市暨阳高层次人才创业投资合伙企业（有限合伙）

诸暨市天越贝克智行股权投资合伙企业（有限合伙）

诸暨市文晨股权投资合伙企业（有限合伙）

诸暨天虫富华股权投资合伙企业（有限合伙）

诸暨同君投资管理有限公司

诸暨万安智行创业投资合伙企业（有限合伙）

诸暨万睿创业投资合伙企业（有限合伙）

诸暨万微进芯创业投资合伙企业（有限合伙）

诸暨万昕创业投资合伙企业（有限合伙）

诸暨芯源股权投资合伙企业（有限合伙）

诸暨鑫石股权投资合伙企业（有限合伙）

诸暨浙科乐英创业投资合伙企业（有限合伙）

诸暨浙银鸿绅股权投资合伙企业（有限合伙）

安义百鑫汇富创业投资基金合伙企业（有限合伙）

安义承树十期医疗产业投资合伙企业（有限合伙）

安义高鲲集芯创业投资基金合伙企业（有限合伙）

安义高远二号创业投资合伙企业（有限合伙）

安义高远启航一号创业投资合伙企业（有限合伙）

安义恒博创业投资基金合伙企业（有限合伙）

安义恒乾创业投资合伙企业（有限合伙）

安义恒硕创业投资基金合伙企业（有限合伙）

安义恒腾创业投资合伙企业（有限合伙）

安义恒芯天成创业投资基金合伙企业（有限合伙）

安义恒驭创业投资合伙企业（有限合伙）

安义恒泽创业投资合伙企业（有限合伙）

安义瑞吉八期股权投资合伙企业（有限合伙）

安义瑞吉九期投资合伙企业（有限合伙）

安义森松高鲲壹号创业投资基金合伙企业（有限合伙）

安义银杏慧享创业投资基金合伙企业（有限合伙）

安义云川创业投资合伙企业（有限合伙）

安义中恒洺泽创业投资合伙企业（有限合伙）

安义诸瑞灿翔创业投资基金合伙企业（有限合伙）

赣州长波优选创业投资基金合伙企业（有限合伙）

赣州飞凡数联影响力创业投资合伙企业（有限合伙）

赣州赣晟领骏创业投资合伙企业（有限合伙）

赣州恒浩创业投资合伙企业（有限合伙）

赣州三新腾杰创业投资中心（有限合伙）

赣州三新腾永创业投资中心（有限合伙）

赣州善善创业投资有限公司

赣州市晟富贰号私募股权投资基金合伙企业（有限合伙）

赣州中科融合创业投资基金管理有限公司

共青城宝盛智行创业投资中心（有限合伙）

共青城博源欣禾创业投资合伙企业（有限合伙）

共青城布谷华傲创业投资合伙企业（有限合伙）

共青城畅联创业投资合伙企业（有限合伙）

共青城储兴创业投资合伙企业（有限合伙）

共青城创徒丛林创业投资合伙企业（有限合伙）

共青城创徒芯钬创业投资合伙企业（有限合伙）

共青城沸点鸿创投资合伙企业（有限合伙）

共青城沸点云迹二号投资合伙企业（有限合伙）

共青城丰灵创业投资合伙企业（有限合伙）

共青城丰睿年璟创业投资合伙企业（有限合伙）

共青城富厚壹号创业投资合伙企业（有限合伙）

共青城富士诸瑞远达创业投资合伙企业（有限合伙）

共青城富士诸瑞岳达创业投资合伙企业（有限合伙）

共青城高脉元航传感投资合伙企业（有限合伙）

共青城航远创业投资合伙企业（有限合伙）

共青城灏辰创业投资合伙企业（有限合伙）

共青城禾健赢创业投资中心（有限合伙）

共青城华拓至盈玖号投资合伙企业（有限合伙）

共青城华拓至盈柒号投资合伙企业（有限合伙）

共青城稷微创业投资合伙企业（有限合伙）

共青城锦益三号创业投资合伙企业（有限合伙）

共青城聚变一号创业投资合伙企业（有限合伙）

共青城凯旋机会成长五号股权投资合伙企业（有限合伙）

共青城兰石创业投资合伙企业（有限合伙）

共青城蓝海创盈创业投资合伙企业（有限合伙）

共青城蓝海鸿侠创业投资合伙企业（有限合伙）

共青城蓝海激光三期创业投资合伙企业（有限合伙）

共青城蓝海沃特创业投资合伙企业（有限合伙）

共青城蓝海兴盈创业投资合伙企业（有限合伙）

共青城联安创业投资中心（有限合伙）

共青城联栖创业投资合伙企业（有限合伙）

共青城临灏创业投资合伙企业（有限合伙）

共青城龙芯创贰创业投资合伙企业（有限合伙）

共青城龙芯聚能创业投资合伙企业（有限合伙）

共青城龙芯立积创业投资合伙企业（有限合伙）

共青城龙芯智能创业投资合伙企业（有限合伙）

共青城龙佑鼎祥创业投资合伙企业（有限合伙）

共青城明善源泰创业投资合伙企业（有限合伙）

共青城木立创业投资合伙企业（有限合伙）

共青城牧鸣创业投资合伙企业（有限合伙）

共青城启源善仁股权投资合伙企业（有限合伙）

共青城勤智和成壹号创业投资合伙企业（有限合伙）

共青城勤智慧升创业投资合伙企业（有限合伙）

共青城勤智康鼎创业投资合伙企业（有限合伙）

共青城勤智康鑫创业投资合伙企业（有限合伙）

共青城融汇沣盈创业投资合伙企业（有限合伙）

共青城瑞宏叁号投资合伙企业（有限合伙）

共青城睿和爱凯创业投资合伙企业（有限合伙）

共青城睿和华旭创业投资合伙企业（有限合伙）

共青城睿和菁英创业投资合伙企业（有限合伙）

共青城睿和致能创业投资合伙企业（有限合伙）

共青城睿和智控创业投资合伙企业（有限合伙）

共青城睿芯五号创业投资合伙企业（有限合伙）

共青城森林湖一号创业投资合伙企业（有限合伙）

共青城胜道七期创业投资合伙企业（有限合伙）

共青城石睿创业投资合伙企业（有限合伙）

共青城石溪创业投资合伙企业（有限合伙）

共青城天启宜通创业投资合伙企业（有限合伙）

共青城天曦三期股权投资合伙企业（有限合伙）

共青城雾峰创业投资合伙企业（有限合伙）

共青城芯动能计算创业投资合伙企业（有限合伙）

共青城芯轴创业投资合伙企业（有限合伙）

共青城欣睿创业投资合伙企业（有限合伙）

共青城欣兴创业投资合伙企业（有限合伙）

共青城壹德尚科创业投资合伙企业（有限合伙）

共青城壹德尚智创业投资合伙企业（有限合伙）

共青城元航高脉观复投资合伙企业（有限合伙）

共青城元航观复星河投资合伙企业（有限合伙）

共青城源利智能创业投资中心（有限合伙）

共青城源启创业投资合伙企业（有限合伙）

共青城源拓创业投资合伙企业（有限合伙）

共青城云起创业投资合伙企业（有限合伙）

共青城中航凯晟肆号创业投资合伙企业（有限合伙）

共青城中航凯晟伍号创业投资合伙企业（有限合伙）

共青城中航数字贰号创业投资合伙企业（有限合伙）

共青城中科筑诚创业投资合伙企业（有限合伙）

共青城中时创盈创业投资合伙企业（有限合伙）

共青城中文贰号创业投资合伙企业（有限合伙）

共青城中文壹号创业投资合伙企业（有限合伙）

共青城诸瑞精选成长九号创业投资合伙企业（有限合伙）

贵溪市铜城悦芯创业投资基金中心（有限合伙）

吉安市德声创业投资中心（有限合伙）

江西高技术产业投资股份有限公司

江西高特佳投资管理有限公司

江西华商股权投资管理有限公司

江西立达新材料产业创业投资中心（有限合伙）

江西省创东方科技创业投资中心（有限合伙）

井冈山蜂云壹号股权投资合伙企业（有限合伙）

井冈山天润精选股权投资合伙企业（有限合伙）

井冈山天润优选股权投资合伙企业（有限合伙）

井冈山新流域创业投资合伙企业（有限合伙）

井冈山鑫滨股权投资合伙企业（有限合伙）

井冈山鑫和创业投资合伙企业（有限合伙）

井冈山鑫鸿创业投资合伙企业（有限合伙）

井冈山泽芃创业投资合伙企业（有限合伙）

景德镇蜂巢铃轩新能源产业投资中心（有限合伙）

景德镇市昌江区创富创业投资合伙企业（有限合伙）

芦溪大瓷股权投资基金合伙企业（有限合伙）

芦溪国悦君安股权投资中心（有限合伙）

南昌创业投资有限公司

南昌新世纪创业投资有限责任公司

鄱阳县鄱阳湖创业投资基金（有限合伙）

铅山县信江创业投资基金（有限合伙）

新余方略德睦创业投资管理中心（有限合伙）

新余鸿城创业投资合伙企业（有限合伙）

新余纳新紫薇创业投资合伙企业（有限合伙）

新余善金博景创业投资基金合伙企业（有限合伙）

新余新鼎啃哥叁拾贰号创业投资基金合伙企业（有限合伙）

修水县睿信工业产业股权投资基金（有限合伙）

鹰潭彬沃创新创业投资合伙企业（有限合伙）

永修泰杉创业投资中心（有限合伙）

永修煜康二期创业投资中心（有限合伙）

安徽爱众筹投资管理股份有限公司

安徽安元投资基金有限公司

安徽亳海共创股权投资基金合伙企业（有限合伙）

安徽博韬创投基金管理有限公司

安徽鼎信创业投资有限公司

安徽丰创生物技术产业创业投资有限公司

安徽高科创业投资有限公司

安徽高新金通安益二期创业投资基金（有限合伙）

安徽高新金通安益股权投资基金（有限合伙）

安徽高新同华创业投资基金（有限合伙）

安徽高新招商致远股权投资基金（有限合伙）

安徽国安创业投资有限公司

安徽国科文勤创业投资合伙企业（有限合伙）

安徽国控十月新兴产业股权投资合伙企业（有限合伙）

安徽国耀创业投资有限公司

安徽国元创投有限责任公司

安徽国元种子二期创业投资基金有限公司

安徽翰果创业投资合伙企业（有限合伙）

安徽合产投开盛创新创业投资基金合伙企业（有限合伙）

安徽合信投资有限公司

安徽红土创业投资有限公司

安徽华文创业投资管理有限公司

安徽徽商产业投资基金管理有限公司

安徽汇智富创业投资有限公司

安徽火花科技创业投资有限公司

安徽纪元时代创业投资管理有限公司

安徽联华盈创投资管理有限公司

安徽千珠之城创业投资合伙企业（有限合伙）

安徽庆余投资管理有限公司

安徽省阿格莱雅创业投资合伙企业（有限合伙）

安徽省安庆发展投资（集团）有限公司

安徽省创投资本基金有限公司

安徽省创业投资有限公司

安徽省高新创业投资有限责任公司

安徽省高新技术产业投资有限公司

安徽省科创投资管理咨询有限责任公司

安徽省科技产业投资有限公司

安徽省闽商投资控股有限公司

安徽省铁路建设投资基金有限公司

安徽泰运投资管理有限公司

安徽皖投泰信创业投资基金管理有限公司

安徽新天柱投资集团有限公司

安徽兴皖创业投资有限公司

安徽益明商务信息咨询服务有限公司

安徽云谷芯微股权投资合伙企业（有限合伙）

安徽云松投资管理有限公司

安徽执新创业投资合伙企业（有限合伙）

安徽智鼎创业投资有限公司

安徽中德创新发展基金有限公司

安庆发投创业投资有限公司

安庆市大观区玖兆微方创业投资基金合伙企业（有限合伙）

蚌埠市科技创业投资有限公司

蚌埠市天使投资基金（有限合伙）

蚌埠市远大创新创业投资有限公司

蚌埠皖北金牛创业投资有限公司

蚌埠中城创业投资有限公司

巢湖力合创业投资基金合伙企业（有限合伙）

池州均为安齿创业投资合伙企业（有限合伙）

池州中安创业投资基金合伙企业（有限合伙）

滁州爱乐致德创业投资合伙企业（有限合伙）

滁州浚源创业投资中心（有限合伙）

滁州市城投创业投资有限公司

肥西光电智能制造一号创业投资合伙企业（有限合伙）

阜阳市辰峰天玑股权投资合伙企业（有限合伙）

富海合璧（芜湖）创业投资基金合伙企业（有限合伙）

广德开泽创业投资合伙企业（有限合伙）

国科新能（合肥）智能电动汽车创业投资合伙企业（有限合伙）

合肥北城创业投资有限公司

合肥滨湖科学城科技创业投资基金合伙企业（有限合伙）

合肥产投东创清电创业投资合伙企业（有限合伙）

合肥产投兴辰创业投资基金合伙企业（有限合伙）

合肥产投紫云晟开创业投资合伙企业（有限合伙）

合肥德丰杰启峰创业投资管理有限公司

合肥敦勤致丰创业投资中心（有限合伙）

合肥敦勤致盛创业投资中心（有限合伙）

合肥敦勤致元创业投资中心（有限合伙）

合肥高特佳创业投资有限责任公司

合肥高特佳投资管理有限公司

合肥高投科转创业投资合伙企业（有限合伙）

合肥高新产业投资有限公司

合肥高新创业投资管理合伙企业（有限合伙）

合肥高新孵化二期创业投资合伙企业（有限合伙）

合肥高新科技成果转化创业投资合伙企业（有限合伙）

合肥高新科技创业投资有限公司

合肥硅耀创业投资合伙企业（有限合伙）

合肥国科新能股权投资管理合伙企业（有限合伙）

合肥弘博叁期股权投资合伙企业（有限合伙）

合肥经开创业投资管理有限公司

合肥凯风开盛创业投资合伙企业（有限合伙）

合肥科赛投资管理有限公司

合肥科耀智能装备天使投资合伙企业（有限合伙）

合肥朗程投资合伙企业（有限合伙）

合肥南方国正创业投资合伙企业（有限合伙）

合肥赛富合元创业投资中心（有限合伙）

合肥晟泽创新贰号创业投资合伙企业（有限合伙）

合肥十月润南创业投资合伙企业（有限合伙）

合肥市创新科技风险投资有限公司

合肥市高科技风险投资有限公司

合肥市国硅股权投资合伙企业（有限合伙）

合肥市培优发展创业投资合伙企业（有限合伙）

合肥市蜀山区全域科创创业投资合伙企业（有限合伙）

合肥碳壹号创业投资合伙企业（有限合伙）

合肥同安创业投资基金行

合肥蔚岚里程创业投资合伙企业（有限合伙）

合肥蔚悦创业投资合伙企业（有限合伙）

合肥蔚泽清湛创业投资合伙企业（有限合伙）

合肥新兴产业创业投资合伙企业（有限合伙）

合肥新站高新创业投资合伙企业（有限合伙）

合肥兴泰资本管理有限公司

合肥亚禾星德创业投资合伙企业（有限合伙）

合肥元瑞芳十创业投资合伙企业（有限合伙）

合肥中科亚商创业投资管理有限公司

合肥中投中财产业投资管理有限公司

华晟投资管理有限责任公司

淮北建元绿金碳谷创业投资基金合伙企业（有限合伙）

淮北泰润新兴产业创业投资基金（有限合伙）

淮南市创业风险投资有限公司

黄山市诚敬和一农创投资合伙企业（有限合伙）

黄山市诚敬和一叁号投资合伙企业（有限合伙）

霍山县智能制造创业投资合伙企业（有限合伙）

建银皖江产业基金管理（安徽）有限公司

六安高科创业投资有限公司

六安中安创业投资基金合伙企业（有限合伙）

六安中安天使基金合伙企业（有限合伙）

濉溪县新兴产业投资基金合伙企业（有限合伙）
太湖县公有资产管理有限公司
桐城半山美克创业投资合伙企业（有限合伙）
桐城市辰峰创新投资合伙企业（有限合伙）
桐城市辰峰智驾投资合伙企业（有限合伙）
铜陵静雅创业投资基金合伙企业（有限合伙）
铜陵明源循环经济产业创业投资基金中心（有限合伙）
芜湖博恒二号创业投资合伙企业（有限合伙）
芜湖博恒三号创业投资合伙企业（有限合伙）
芜湖富海浩研创业投资基金（有限合伙）
芜湖国元种子创业投资基金有限公司
芜湖奇瑞科技有限公司
芜湖启明二号创业投资合伙企业（有限合伙）
芜湖瑞建汽车产业创业投资有限公司
芜湖瑞业股权投资基金（有限合伙）
芜湖市镜湖高投毅达中小企业创业投资基金（有限合伙）
芜湖市世纪江东创业投资中心（有限合伙）
芜湖炯顺创业投资合伙企业（有限合伙）
芜湖远大创业投资有限公司
新能源汽车科技创新（合肥）股权投资合伙企业（有限合伙）
宣城火花科技创业投资有限公司
国科瑞祺物联网创业投资有限公司
华软创业投资无锡合伙企业（有限合伙）
华软创业投资宜兴合伙企业（有限合伙）
江苏氿渡投资有限公司
江苏隶泉君海荣芯投资合伙企业（有限合伙）
江苏金茂环保产业创业投资有限公司
江苏民营投资控股有限公司
江苏思佰益投资管理有限公司
江苏橡树资本投资有限公司

江苏中科物联网科技创业投资有限公司

南京瑞明博创业投资有限公司

无锡 TCL 爱思开半导体产业投资基金合伙企业（有限合伙）

无锡 TCL 创业投资合伙企业（有限合伙）

无锡宝捷会沐山创业投资合伙企业（有限合伙）

无锡宝捷会专丽创业投资合伙企业（有限合伙）

无锡滨湖科技创业投资有限责任公司

无锡博信力创业投资合伙企业（有限合伙）

无锡产发高创股权投资基金管理合伙企业（有限合伙）

无锡产发和生光科技创业投资合伙企业（有限合伙）

无锡产发骞创创业投资合伙企业（有限合伙）

无锡创微创业投资合伙企业（有限合伙）

无锡创业投资集团有限公司

无锡鼎祺中肃成果转化投资合伙企业（有限合伙）

无锡丰瓴壹号创业投资合伙企业（有限合伙）

无锡复星安健创业投资合伙企业（有限合伙）

无锡复星奥来德创业投资合伙企业（有限合伙）

无锡高创创业投资合伙企业（有限合伙）

无锡高软创业投资合伙企业（有限合伙）

无锡高新创友创业投资合伙企业（有限合伙）

无锡高新集电创业投资合伙企业（有限合伙）

无锡高新技术创业投资股份有限公司

无锡高新区新动能产业发展基金（有限合伙）

无锡高新区新投天使创业投资基金（有限合伙）

无锡国联厚泽创业投资企业（有限合伙）

无锡国联浚源创业投资中心（有限合伙）

无锡国联卓成创业投资有限公司

无锡航科二期创业投资中心（有限合伙）

无锡红杉恒业股权投资合伙企业（有限合伙）

无锡红杉兴业股权投资合伙企业（有限合伙）

无锡厚泽成长创业投资企业（有限合伙）

无锡厚泽创新创业投资企业（有限合伙）

无锡华软投资管理有限公司

无锡华映文化产业投资企业（有限合伙）

无锡汇新众达科技合伙企业（有限合伙）

无锡惠程才济创业投资合伙企业（有限合伙）

无锡惠开正合私募基金管理有限公司

无锡江南仁和新能源产业投资中心（有限合伙）

无锡江溪科技创业投资有限公司

无锡金茂二号新兴产业创业投资企业（有限合伙）

无锡金浦璞芯创业投资合伙企业（有限合伙）

无锡金投惠开新兴产业创业投资基金合伙企业（有限合伙）

无锡金投鲁信创业投资合伙企业（有限合伙）

无锡金投资本私募基金管理有限公司

无锡金吴创业投资合伙企业（有限合伙）

无锡金宜产发创业投资合伙企业（有限合伙）

无锡钧溪股权投资合伙企业（有限合伙）

无锡力合清源创业投资合伙企业（有限合伙）

无锡临创志芯股权投资合伙企业（有限合伙）

无锡瓴创创业投资合伙企业（有限合伙）

无锡领汇创业投资中心（有限合伙）

无锡鲁信叁期创业投资合伙企业（有限合伙）

无锡朴华股权投资合伙企业（有限合伙）

无锡启越创业投资合伙企业（有限合伙）

无锡清研投资有限公司

无锡群英股权投资合伙企业（有限合伙）

无锡瑞桐创业投资合伙企业（有限合伙）

无锡睿势六期创业投资合伙企业（有限合伙）

无锡润创投资管理有限公司

无锡圣丰联创业投资合伙企业（有限合伙）

无锡市创新投资集团有限公司

无锡市高新区创业投资控股集团有限公司

无锡市金程高新创业投资管理有限公司

无锡市金惠创业投资有限责任公司

无锡市新达创投合伙企业（有限合伙）

无锡市新吴区太科城科技创业投资合伙企业（有限合伙）

无锡市新吴区新投金硕创投合伙企业（有限合伙）

无锡市新吴区新投领硕创业投资合伙企业（有限合伙）

无锡市新吴区新投融智创业投资合伙企业（有限合伙）

无锡势红创业投资合伙企业（有限合伙）

无锡太湖人才种子赋能一期创业投资基金（有限合伙）

无锡太湖云和正奇科技成果转化创业投资企业（有限合伙）

无锡腾瑞创业投资管理有限公司

无锡完美睿势创业投资合伙企业（有限合伙）

无锡文韬创业投资合伙企业（有限合伙）

无锡锡山科技创业园有限公司

无锡芯和私募基金管理有限公司

无锡新创联芯股权投资合伙企业（有限合伙）

无锡新区领航创业投资有限公司

无锡新投丰源创业投资合伙企业（有限合伙）

无锡新投领庆创业投资合伙企业（有限合伙）

无锡信润合创创业投资合伙企业（有限合伙）

无锡一奇碳鸿数联产业投资基金合伙企业（有限合伙）

无锡源生高科技投资有限责任公司

无锡源鑫创业投资企业（有限合伙）

无锡源鑫二期创业投资合伙企业（有限合伙）

无锡耘杉创业投资中心（有限合伙）

无锡钲和芯图创业投资合伙企业（有限合伙）

无锡正海联云创业投资合伙企业（有限合伙）

无锡正基鼎翔三期创业投资合伙企业（有限合伙）

无锡智凛产业投资合伙企业（有限合伙）

无锡智韵产业投资合伙企业（有限合伙）

无锡中电海康慧海产业投资合伙企业（有限合伙）

无锡中科汇盈二期实业投资有限责任公司

无锡中科赛新投资合伙企业（有限合伙）

无锡众合投资发展有限公司

宜兴高易创业投资合伙企业（有限合伙）

宜兴高易二期创业投资合伙企业（有限合伙）

宜兴环保科技创新创业投资有限公司

宜兴江南天源创业投资企业（有限合伙）

宜兴杰宜私募基金管理有限公司

怡和联创（无锡）创业投资企业（有限合伙）

中航联创信科（无锡）股权投资中心（有限合伙）

中科招商投资管理集团股份有限公司无锡分公司

艾科（广东）创新投资有限责任公司

东莞粤科鑫泰三十一号创业投资合伙企业（有限合伙）

广东博源创业投资有限公司

广东复创投资管理有限公司

广东高山私募基金管理有限公司

广东花城十六号创业投资合伙企业（有限合伙）

广东金叶投资控股集团有限公司

广东猎投基金管理合伙企业（有限合伙）

广东猎投三期创业投资合伙企业（有限合伙）

广东青禾创业投资合伙企业（有限合伙）

广东清合创业投资有限公司

广东赛意信息产业投资中心（有限合伙）

广东省科技创业投资有限公司

广东省科技风险投资有限公司

广东省粤科创新创业投资母基金有限公司

广东省粤科创业投资有限公司

广东省粤科金融集团有限公司

广东省粤科母基金投资管理有限公司

广东莞商清大创业投资合伙企业（有限合伙）

广东湘三泽医药创业投资企业（有限合伙）

广东蚁米创业投资合伙企业（有限合伙）

广东易简投资有限公司

广东粤海私募股权投资基金管理有限公司

广东粤科白云新材料创业投资有限公司

广东粤科创赛种子一号创业投资有限公司

广东粤科风险投资管理有限公司

广东粤科格金先进制造投资合伙企业（有限合伙）

广东粤科广永创新投资有限公司

广东粤科天使一号创业投资有限公司

广东粤科昱拓股权投资合伙企业（有限合伙）

广东粤科粤茂创新创业投资基金（有限合伙）

广华创业投资有限公司

广州长策投资管理有限公司

广州瀚科股权投资合伙企业（有限合伙）

广州花城八号创业投资合伙企业（有限合伙）

广州花城成长创业投资合伙企业（有限合伙）

广州花城创业投资管理有限公司

广州花城创业投资合伙企业（有限合伙）

广州花城三号创业投资合伙企业（有限合伙）

广州科学城创业投资管理有限公司

广州乾兴引导股权投资合伙企业（有限合伙）

广州燃起新曦投资控股有限公司

广州市中海汇金创业投资合伙企业（有限合伙）

广州天使投资有限公司

广州蚁米町丰创业投资合伙企业（有限合伙）

广州蚁米戊星股权投资合伙企业（有限合伙）

广州银杏投资管理有限公司

广州煜健创业投资管理有限公司

华盖南方投资管理（深圳）有限公司

深圳飞凡数联股权投资管理合伙企业（有限合伙）

深圳富华股权投资基金管理有限公司

深圳汉新盛益私募股权投资管理合伙企业（有限合伙）

深圳鸿泰基金投资管理有限公司

深圳力合载物创业投资有限公司

深圳南山上华红土双创股权投资基金合伙企业（有限合伙）

深圳清源创业投资管理合伙企业（有限合伙）

深圳市海创创新基金合伙企业（有限合伙）

深圳市领信基石股权投资基金管理合伙企业（有限合伙）

深圳市青松中小微企业发展投资合伙企业（有限合伙）

深圳市引源私募股权基金管理有限公司

深圳市紫金港资本管理有限公司

深圳松禾创智私募创业投资基金管理合伙企业（有限合伙）

深圳仙瞳顺创生物医疗天使投资合伙企业（有限合伙）

深圳仙瞳资本管理有限公司

深圳远致富海新兴产业投资企业（有限合伙）

万联天泽资本投资有限公司

厦门琢石明玉私募基金管理有限公司

祥峰（深圳）私募股权投资基金管理有限公司

英飞尼迪（珠海）创业投资管理有限公司

中山西湾创业投资管理有限公司

珠海横琴长策二号股权投资企业（有限合伙）

珠海横琴长卓股权投资企业（有限合伙）

珠海横琴西玛斯股权投资合伙企业（有限合伙）

珠海市庚通投资合伙企业（有限合伙）

珠海市横琴乾元中鼎股权投资合伙企业（有限合伙）

珠海香洲科盈天使投资合伙企业（有限合伙）

珠海紫荆泓鑫投资管理有限公司

佛山白桦林投资管理有限公司

佛山吉富投资管理有限公司

佛山市荟金海纳资本管理有限公司

佛山市赛尔米克基金管理有限公司

佛山市顺德区东方晨星基金管理有限公司

佛山优势资本创业投资管理有限公司

广东鼎诺资本管理有限公司

广东动量资本管理有限公司

广东海润锦龙资本管理有限公司

广东珩创私募基金管理有限公司

广东集成富达基金管理中心（有限合伙）

广东金九格私募基金管理有限公司

广东凯鼎投资有限公司

广东凯容胜达投资管理有限公司

广东磊晋同创股权投资基金管理有限公司

广东力合开物创业投资基金合伙企业（有限合伙）

广东力量私募基金管理有限公司

广东猎投创业投资基金合伙企业（有限合伙）

广东岭鑫私募基金管理有限公司

广东领阳私募基金管理有限公司

广东千灯中欣投资管理有限公司

广东瑞浩股权投资基金管理有限公司

广东瑞信投资有限公司

广东睿和投资管理有限公司

广东顺德高新创业投资管理有限公司

广东顺德科创基金投资有限公司

广东兴邦股权投资基金管理有限公司

广东宜利凯旋股权投资基金管理企业（有限合伙）

广东易高智汇股权投资基金管理有限公司

广东优势易盛创业投资管理合伙企业（有限合伙）

广东远智先行股权投资基金管理有限公司

华玖股权投资（广东）有限公司

诚承投资控股有限公司

广东国科创业投资有限公司

国信弘盛私募基金管理有限公司

君盛投资管理有限公司

朗玛峰创业投资有限公司

朗玛六十四号（深圳）创业投资中心（有限合伙）

朗玛六十五号（深圳）创业投资中心（有限合伙）

朗玛三十八号（深圳）创业投资中心（有限合伙）

朗玛三十九号（深圳）创业投资中心（有限合伙）

朗玛四十号（深圳）创业投资中心（有限合伙）

朗玛四十七号（深圳）创业投资中心（有限合伙）

朗玛四十三号（深圳）创业投资中心（有限合伙）

朗玛四十五号（深圳）创业投资中心（有限合伙）

朗玛五十号（深圳）创业投资中心（有限合伙）

朗玛五十一号（深圳）创业投资中心（有限合伙）

岭南海创创业投资（深圳）合伙企业（有限合伙）

凌群创业投资（深圳）有限公司

人民网创业投资有限公司

深圳澳银资本管理有限公司

深圳财鑫精选一号创业投资合伙企业（有限合伙）

深圳创客智联股权投资管理有限公司

深圳创维创业投资有限公司

深圳创享恒绽创业投资合伙企业（有限合伙）

深圳创享家赋成长创业投资合伙企业（有限合伙）

深圳创享润祥天使创业投资合伙企业（有限合伙）

深圳创享至灿投资合伙企业（有限合伙）

深圳创展谷创业投资有限公司

深圳道鑫创业投资合伙企业（有限合伙）

深圳帝煌一期科创投资合伙企业（有限合伙）

深圳冠昱创业投资合伙企业（有限合伙）

深圳国成世纪创业投资有限公司

深圳国中创业投资管理有限公司

深圳和汇智成私募创业投资基金合伙企业（有限合伙）

深圳汇金远通创业投资合伙企业（有限合伙）

深圳吉信启航投资合伙企业（有限合伙）

深圳嘉禾芯锐创业投资合伙企业（有限合伙）

深圳嘉远一号投资合伙企业（有限合伙）

深圳九畹中创贰拾壹号科技投资中心（有限合伙）

深圳九畹中创拾陆号科技投资中心（有限合伙）

深圳力合创赢股权投资基金合伙企业（有限合伙）

深圳力合清源创业投资管理有限公司

深圳力合融通创业投资有限公司

深圳力合智汇创新基金管理有限公司

深圳明奥传感科技创业投资合伙企业（有限合伙）

深圳鹏德创业投资有限公司

深圳鹏莱即刻创业投资合伙企业（有限合伙）

深圳奇迹之光创业投资企业（有限合伙）

深圳前海邦勤投资有限公司

深圳前海创享时代投资管理企业（有限合伙）

深圳前海惠宇投资合伙企业（有限合伙）

深圳前海开宇投资合伙企业（有限合伙）

深圳前海儒蕴投资合伙企业（有限合伙）

深圳前海申宇投资合伙企业（有限合伙）

深圳前海知宇投资合伙企业（有限合伙）

深圳市艾特私募股权基金管理有限公司

深圳市邦勤兴睿创业投资企业（有限合伙）

深圳市保腾创业投资有限公司

深圳市成商湾创贰号投资合伙企业（有限合伙）

深圳市初至创业投资合伙企业（有限合伙）

深圳市创东方投资有限公司

深圳市春分创业投资合伙企业（有限合伙）

深圳市达晨财智创业投资管理有限公司

深圳市达实股权投资发展有限公司

深圳市德弘启元创业投资合伙企业（有限合伙）

深圳市德弘士元创业投资合伙企业（有限合伙）

深圳市鼎实创业投资有限公司

深圳市沸腾创业投资有限公司

深圳市分享成长投资管理有限公司

深圳市分享创业投资管理有限公司

深圳市分享投资合伙企业（有限合伙）

深圳市分享择善精准医疗创业投资合伙企业（有限合伙）

深圳市孚威创业投资有限公司

深圳市富海卓能创业投资合伙企业（有限合伙）

深圳市富士私募股权投资基金管理有限公司

深圳市高上瓷材创业投资合伙企业（有限合伙）

深圳市国成科技投资有限公司

深圳市汉迪创业投资有限公司

深圳市汇金福仁一期医疗产业创业投资合伙企业（有限合伙）

深圳市慧洋二号投资合伙企业（有限合伙）

深圳市加法创业投资有限公司

深圳市加法同达创业投资合伙企业（有限合伙）

深圳市加法同和创业投资合伙企业（有限合伙）

深圳市加法同兴创业投资合伙企业（有限合伙）

深圳市佳利泰创业投资有限公司

深圳市嘉远创富投资合伙企业（有限合伙）

深圳市江源柏瑞创业投资合伙企业（有限合伙）

深圳市京浦股权投资有限公司

深圳市兰石泰元二期创业投资合伙企业（有限合伙）

深圳市立夏一号创业投资合伙企业（有限合伙）

深圳市龙柏开源创业投资合伙企业（有限合伙）

深圳市南桥股权投资基金合伙企业（有限合伙）

深圳市南桥资本投资管理合伙企业（有限合伙）

深圳市南山创业投资有限公司

深圳市年利达创业投资有限公司

深圳市女娲九号创业投资合伙企业（有限合伙）

深圳市朋年投资集团有限公司

深圳市鹏德华芯创业投资企业（有限合伙）

深圳市鹏德新芯创业投资合伙企业（有限合伙）

深圳市普禾资产管理有限公司

深圳市前海鹏德移动互联网创业投资基金（有限合伙）

深圳市深港产学研科技发展有限公司

深圳市时代伯乐创业投资管理有限公司

深圳市时代伯乐领航天使创业投资合伙企业（有限合伙）

深圳市太和华阳投资合伙企业（有限合伙）

深圳市天图创业投资有限公司

深圳市同心文鼎基金管理有限公司

深圳市湾创贰号投资合伙企业（有限合伙）

深圳市亚布力创新股权投资管理有限公司

深圳市阳和生物医药产业投资有限公司

深圳市倚锋创业投资有限公司

深圳市倚锋睿景创业投资合伙企业（有限合伙）

深圳市倚锋泰华创业投资合伙企业（有限合伙）

深圳市倚锋投资管理企业（有限合伙）

深圳市倚锋泽泰创业投资合伙企业（有限合伙）

深圳市盈吉创业投资合伙企业（有限合伙）

深圳市智城数智十号创业投资合伙企业（有限合伙）

深圳市铸成毅行二号创业投资合伙企业（有限合伙）

深圳一村淞灵私募创业投资基金管理有限公司

深圳英诺厚德基金管理有限公司

深圳元浩股权投资管理合伙企业（有限合伙）

深圳智宸十二期创业投资合伙企业（有限合伙）

深圳智宸十期创业投资合伙企业（有限合伙）

深圳智宸十五期创业投资合伙企业（有限合伙）

深圳智盛锂能贰号创业投资企业（有限合伙）

深圳智盛新能创业投资企业（有限合伙）

深圳中时鼎诚投资管理有限公司

深圳中时谦益资本有限公司

深圳中喜医疗创业投资合伙企业（有限合伙）

深圳琢石红芒创业投资合伙企业（有限合伙）

深圳紫荆航信投资合伙企业（有限合伙）

羲智创业投资（深圳）合伙企业（有限合伙）

盈富泰克创业投资有限公司

盈富泰克国家新兴产业创业投资引导基金（有限合伙）

中钰贤齐（深圳）投资管理有限公司

安康硒谷科技创业投资管理合伙企业（有限合伙）

长安汇通私募基金管理有限公司

方元磐石资产管理股份有限公司

方元资产管理股份有限公司

海通创新私募基金管理有限公司

汉中市绿色循环发展科技投资基金管理合伙企业（有限合伙）

汉中投资基金管理有限公司

汉中众合创业投资管理有限公司

和翎同行（西安）私募基金有限公司

锦汇天成私募基金管理（西安）有限公司

农银金融资产投资有限公司

千山资本管理有限公司

秦岭科技创业投资有限公司

曲江唐人投资管理（西安）有限公司

陕西半导体先导基金管理有限公司

陕西川发创星光子创业投资合伙企业（有限合伙）

陕西创文投资管理有限公司

陕西大数据企业孵化管理中心合伙企业（有限合伙）

陕西德创智能汽车创业投资基金合伙企业（有限合伙）

陕西德同福方投资管理有限公司

陕西德同投资管理有限公司

陕西电子信息产业投资管理有限公司

陕西敦敏投资合伙企业（有限合伙）

陕西高校科创基金投资合伙企业（有限合伙）

陕西高校科技创新种子创业投资基金合伙企业（有限合伙）

陕西工业技改电子轻工产业投资基金合伙企业（有限合伙）

陕西关天私募基金管理有限公司

陕西光子强链创新创业投资合伙企业（有限合伙）

陕西国开旅游产业基金管理有限公司

陕西航天红土创业投资有限公司

陕西和灵投资管理有限公司

陕西宏信创业投资有限公司

陕西鸿创投资管理有限公司

陕西鸿德航科创业投资合伙企业（有限合伙）

陕西鸿德源创私募投资管理有限公司

陕西华秦永和投资管理有限公司

陕西环保产业基金管理有限公司

陕西江豪私募基金管理有限公司

陕西金河科技创业投资有限责任公司

陕西金控知守私募基金管理有限公司

陕西金控资本管理企业（有限合伙）

陕西金资基金管理有限公司

陕西景润投资管理有限公司

陕西久毅投资管理有限公司

陕西君盈材新创业投资基金合伙企业（有限合伙）

陕西科技创业投资管理有限公司

陕西科控创新谷创业投资合伙企业（有限合伙）

陕西科控启元创业投资管理合伙企业（有限合伙）

陕西科控协同创业投资管理合伙企业（有限合伙）

陕西科迈投资管理合伙企业（有限合伙）

陕西空港金控资产管理有限公司

陕西空港临空产业投资管理有限公司

陕西空港瑞鹏象屿新材料创业投资基金合伙企业（有限合伙）

陕西空天宏远创业投资管理有限公司

陕西空天科创天使基金合伙企业（有限合伙）

陕西空天启明星股权投资合伙企业（有限合伙）

陕西空天云海创业投资基金合伙企业（有限合伙）

陕西空天智海创业投资基金合伙企业（有限合伙）

陕西凌翔创业投资有限公司

陕西秦创原硬科技创业投资合伙企业（有限合伙）

陕西秦商投资管理有限公司

陕西青年创业投资管理有限公司

陕西荣厚源创业投资有限公司

陕西融媒投资管理有限公司

陕西三元航科投资基金合伙企业（有限合伙

陕西三元航科投资基金合伙企业（有限合伙）

陕西陕核泰康基金管理有限公司

陕西神木创业投资有限公司

陕西省产业投资有限公司

陕西省成长性企业引导基金管理有限公司

陕西省创业投资引导基金管理中心

陕西省高新技术产业投资有限公司

陕西省现代能源创业投资基金有限公司

陕西省新能源汽车高技术创业投资基金（有限合伙）

陕西省义禧循环经济高技术创业投资基金（有限合伙）

陕西天泓创业投资合伙企业（有限合伙）

陕西铜川飞龙资本投资管理有限公司

陕西投资基金管理有限公司

陕西文化产业投资基金（有限合伙）

陕西文投新诺股权投资合伙企业（有限合伙）

陕西文投兴华陶业投资合伙企业（有限合伙）

陕西文投资本管理有限公司

陕西西科天使投资管理有限公司

陕西西咸沣东产业发展引导投资合伙企业（有限合伙）

陕西西咸沣东产业投资管理有限公司

陕西希达大同创业投资有限公司

陕西新时代资本管理有限公司

陕西义禧投资管理有限公司

陕西永安信私募基金管理有限公司

陕西中海创业投资有限公司

陕西中盛创业投资股份有限公司

神木金益基金管理有限公司

唐兴天下投资管理（西安）有限责任公司

铜川高新科技成果转化创业投资管理合伙企业（有限合伙）

渭南市科技创新发展基金（有限合伙）

西安安元投资管理有限公司

西安白马金服创业管理有限公司

西安财金惠风私募基金管理有限公司

西安财金投资私募基金管理有限公司

西安产业投资基金管理有限公司

西安浐灞基金管理有限公司

西安长融创业投资合伙企业（有限合伙）

西安常青资本管理有限公司

西安创想宇航投资管理合伙企业（有限合伙）

西安创星鲲鹏陆号创业投资合伙企业（有限合伙）

西安创星鲲鹏伍号创业投资基金合伙企业（有限合伙）

西安创星鲲鹏壹号创业投资基金合伙企业（有限合伙）

西安创业园投资管理有限公司

西安德蒙投资有限公司

西安德盛投资发展有限公司

西安德同迪亚士投资管理有限公司

西安电子科大创投基金管理有限公司

西安敦成投资管理有限公司

西安沣东硬科技创业投资合伙企业（有限合伙）

西安高科投资有限责任公司

西安高新技术产业风险投资有限责任公司

西安高新盈峰创业投资管理有限公司

西安关天创新投资管理有限公司

西安关天西咸投资管理有限公司

西安国海景恒创业投资有限公司

西安航创基金管理有限公司

西安航空城产业基金管理有限公司

西安航天基地创新投资有限公司

西安禾盈创业投资有限公司

西安恒信资本管理有限公司

西安鸿瑞达投资管理有限公司

西安华彬秉航首期股权投资合伙企业（有限合伙）

西安环大校地融合创业投资合伙企业（有限合伙）

西安环大学创新创业投资有限公司

西安环大学概念验证投资合伙企业（有限合伙）

西安汇丰恒通基金管理有限公司

西安江岳汇海资产管理合伙企业（有限合伙）

西安交科创投产业投资基金合伙企业 （有限合伙）

西安玖兆君奕投资管理合伙企业

西安军融电子卫星基金投资有限公司

西安科耐特投资管理有限公司

西安科睿投资管理有限公司

西安镭融私募基金管理有限公司

西安力合投资管理有限公司

西安莲湖科技创新投资基金合伙企业（有限合伙）

西安联瑞私募基金管理有限公司

西安霖禾创业投资管理合伙企业（有限合伙）

西安龙鼎投资管理有限公司

西安鲁信股权投资管理有限公司

西安旅游集团大唐金控投资有限公司

西安迈朴资本管理有限公司

西安青实资本管理有限公司

西安曲江唐人文化科技创业投资有限公司

西安曲江文化产业风险投资有限公司

西安融核新能创业投资合伙企业（有限合伙）

西安瑞鹏明德基金管理合伙企业（有限合伙）

西安睿银投资管理有限公司

西安润沣资本管理有限公司

西安善美基金管理有限公司

西安上恩创业投资管理有限公司

西安唐人赤子股权投资合伙企业（有限合伙）

西安天泓高端装备强基创新基金合伙企业（有限合伙）

西安同创博润创业投资管理中心（有限合伙企业）

西安同创熙成投资管理有限公司

西安同泽投资有限公司

西安微纳点石投资管理有限公司

西安惟道企业管理咨询合伙企业（有限合伙）

西安未来宇航资产管理有限公司

西安西交科创股权投资合伙企业（有限合伙）

西安西交一八九六资本管理有限公司

西安熙信科创资本管理合伙企业（有限合伙）

西安现代服务业发展基金合伙企业（有限合伙）

西安欣柯百泽创业投资合伙企业（有限合伙）

西安欣柯致远创业投资有限公司

西安星航创业投资合伙企业（有限合伙）

西安盈远涪镐创业投资合伙企业（有限合伙）

西安雍德基金管理有限公司

西安雨田投资管理有限公司

西安云杉私募基金管理有限公司

西安韵杰投资管理有限公司

西安知守创业投资管理有限公司

西安知行投资管理有限公司

西安智信投资管理有限公司

西安中辰伟业投资有限公司

西部优势资本投资有限公司

西咸新区沣西新城基金管理有限公司

西咸新区金控资本资产管理有限公司

西咸新区泾河新城泾石私募基金管理有限公司

西咸新区联动创新创业企业帮扶股权投资合伙企业（有限合伙）

西咸新区文投博达创业投资合伙企业（有限合伙）

西咸新区文投建元投资管理合伙企业（有限合伙）

西咸新区西部科技创新港初创春种投资合伙企业（有限合伙）

延安红色筑梦科技创业投资管理合伙企业（有限合伙）

杨凌农科私募基金管理有限公司

银杏长青（西安）私募基金有限公司

榆林高新科技成果转化创业投资管理合伙企业（有限合伙）

榆林能源产业基金管理有限公司

榆林市煤炭转化基金投资管理有限公司

中大兴业投资有限公司

中科创星科技投资有限公司

中兴众创（西安）投资管理有限公司

杨凌东方富海现代农业生物产业股权投资企业（有限合伙）

杨凌农科股权投资基金有限合伙企业

杨凌众创田园天使企业管理有限合伙企业

宝鸡雍德创盈股权基金合伙企业（有限合伙）

陕西高端装备高技术创业投资基金（有限合伙）

陕西省新材料高技术创业投资基金（有限合伙）

宁夏谷旺投资管理有限公司

宁夏国投基金管理有限公司

宁夏国投同创基金管理合伙企业（有限合伙）

宁夏挚信资产管理有限公司

银川融嘉投资基金管理有限公司

白银科键创新创业投资基金合伙企业（有限合伙）

甘肃兰白试验区张江创新创业投资基金合伙企业（有限合伙）

兰州科技产业发展投资基金（有限合伙）

兰州科技创新创业风险投资基金（有限合伙）

乌鲁木齐新奇康医药健康产业股权投资有限合伙企业

新疆创投资本管理有限责任公司

新疆火炬创业投资有限公司

新疆融汇鑫创业投资管理有限公司

新疆新科源科技风险投资管理有限公司

新疆兴华富疆股权投资管理有限公司

新疆中科援疆创新创业私募基金管理有限公司

河北国创创业投资有限公司

河北领创嘉盛创业投资有限公司

河北天煜投资有限公司

石家庄高新区科发投资有限公司

大连昂石私募基金管理有限公司

大连海融高新创业投资管理有限公司

大连海融高新创业投资基金有限公司

大连航天半岛创业投资基金合伙企业（有限合伙）

大连万融天使投资有限公司

德晟创业投资有限公司

福建红桥创业投资管理有限公司

合方创新（厦门）私募基金管理有限公司

弘信创业工场投资集团股份有限公司

金景合晟（厦门）创业投资基金合伙企业（有限合伙）

昆创一号（厦门）创业投资基金合伙企业（有限合伙）

罗普特（厦门）投资管理有限公司

厦门博芮投资股份有限公司

厦门高能海银创业投资管理有限公司

厦门高特佳瑞鹭创业投资合伙企业（有限合伙）

厦门高新技术创业中心有限公司

厦门高新技术风险投资有限公司

厦门高新科创天使创业投资有限公司

厦门广道创业投资管理有限公司

厦门国升发展私募基金管理有限责任公司

厦门国升铭道创业投资合伙企业（有限合伙）

厦门国升增长启航蜂巢创业投资合伙企业（有限合伙）

厦门国升增长启航壹号创业投资合伙企业（有限合伙）

厦门国升增长优选壹号创业投资合伙企业（有限合伙）

厦门海西创业投资有限公司

厦门海西股权投资中心管理有限公司

厦门海峡科技创新股权投资基金管理有限公司

厦门弘信移动互联股权投资合伙企业（有限合伙）

厦门弘信云创业股权投资管理合伙企业（有限合伙）

厦门红土创业投资有限公司

厦门红土投资管理有限公司

厦门汇桥科创二期股权投资合伙企业（有限合伙）

厦门火炬集团创业投资有限公司

厦门吉相股权投资有限公司

厦门坚果投资管理有限公司

厦门京道产业投资基金管理有限公司

厦门京道科创投资合伙企业（有限合伙）

厦门京道乐勤创业投资管理有限公司

厦门精确蓝海三期创业投资合伙企业（有限合伙）

厦门炬科创业投资基金合伙企业（有限合伙）

厦门俱成春生叁号创业投资合伙企业（有限合伙）

厦门俱成秋实叁号创业投资合伙企业（有限合伙）

厦门钧石晟鑫创业投资合伙企业（有限合伙）

厦门钧石战兴创业投资合伙企业（有限合伙）

厦门翎凯壹期创业投资合伙企业（有限合伙）

厦门零以三期创业投资合伙企业（有限合伙）

厦门隆领海西创业投资合伙企业（有限合伙）

厦门隆领投资合伙企业（有限合伙）

厦门蜜呆资产管理合伙企业（有限合伙）

厦门青瓦投资管理有限公司

厦门清大琦玉创业投资合伙企业（有限合伙）

厦门群盛天剑创业投资合伙企业（有限合伙）

厦门群贤汇富投资管理有限公司

厦门软件产业投资发展有限公司

厦门盛泉利通创业投资合伙企业（有限合伙）

厦门市清大璞玉创业投资合伙企业（有限合伙）

厦门市清大润玉创业投资合伙企业（有限合伙）

厦门市清大万盈二号创业投资合伙企业（有限合伙）

厦门市清大芯盛创业投资合伙企业（有限合伙）

厦门双百贤才创业投资合伙企业（有限合伙）

厦门松涛风险投资股份有限公司

厦门万锂新能源创业投资合伙企业（有限合伙）

厦门伟泰晟弘股权投资合伙企业（有限合伙）

厦门橡果创业投资管理有限公司

厦门橡树林节能环保创投基金合伙企业（有限合伙）

厦门鑫瑞集元创业投资合伙企业（有限合伙）

厦门信诚通创业投资有限公司

厦门英诺嘉业股权投资基金合伙企业（有限合伙）

厦门英特嘉投资管理有限公司

厦门中和元投资管理有限公司

厦门中和致信创业投资合伙企业（有限合伙）

厦门中仑蓝绿色创业投资基金合伙企业（有限合伙）

橡树林一号（厦门）股权投资基金合伙企业（有限合伙）

珠海港湾达泰股权投资合伙企业（有限合伙）

珠海港湾科宏创业投资有限公司

珠海港湾科睿创业投资有限公司

珠海港湾科睿贰号创业投资基金合伙企业（有限合伙）

珠海港湾科睿叁号创业投资基金合伙企业（有限合伙）

珠海港湾壹号创业投资基金合伙企业（有限合伙）

珠海高科金投创业投资管理有限公司

珠海高新创业投资有限公司

珠海高新港澳青年创新创业投资有限公司

珠海高新技术产业股权投资基金合伙企业（有限合伙）

珠海高新金融投资有限公司

珠海高新区加速基地创业投资基金合伙企业（有限合伙）

珠海高新天使创业投资有限公司

珠海红杉资本股权投资中心（有限合伙）

珠海金控高新产业投资中心（有限合伙）

珠海九控投资有限公司

珠海科创高科创业投资基金合伙企业（有限合伙）

珠海科技创业投资有限公司

珠海力高贰号股权投资基金合伙企业（有限合伙）
珠海力高壹号创业投资基金合伙企业（有限合伙）
珠海领先互联高新技术产业投资中心（有限合伙）
珠海清华科技园创业投资有限公司
珠海招商银科股权投资中心（有限合伙）
长治市财通惠股权投资管理有限公司
大同市财汇基金管理有限公司
大同市创业投资基金管理有限公司
晋城市创业投资基金管理有限公司
晋信资本投资管理有限公司
晋中创业投资基金管理有限公司
临汾市创业投资基金管理有限公司
山西百川兴晋私募基金有限公司
山西大地控股股权投资基金管理有限公司
山西大数据产业基金管理有限公司
山西大友私募基金管理有限公司
山西典石股权投资管理有限公司
山西丰创股权投资管理有限公司
山西高新产业投资基金管理有限公司
山西光信基金管理有限公司
山西国电创业投资有限公司
山西国金股权投资管理有限公司
山西国投基金管理有限公司
山西国盈富通股权投资管理有限公司
山西厚元基金管理有限公司
山西华阳私募股权投资基金管理有限公司
山西佳信德股权投资管理有限公司
山西金信投融资有限公司
山西龙城燕园创业投资管理有限公司
山西龙翔基金管理有限公司

山西省创业风险投资引导基金有限责任公司

山西省创业投资基金管理集团有限公司

山西省文化产业股权投资管理有限公司

山西首赫私募股权投资基金管理有限公司

山西太行产业投资基金管理有限公司

山西文旅集团股权投资基金管理有限公司

山西永昌盛股权投资管理有限公司

山西证道私募证券投资基金有限公司

太原海信汇峰资产管理有限公司

太原晋阳私募股权投资基金管理有限公司

太原龙城私募基金管理有限公司

太原清控科创投资基金管理有限公司

太原市产业投资私募基金管理有限公司

天安地恒资产管理有限公司

魏都基金管理有限公司

忻州市涌鑫股权投资管理有限公司

阳泉市众科高新技术产业股权投资有限公司

运城太行股权投资管理有限公司

宁波北岸智谷海邦创业投资合伙企业（有限合伙）

宁波北远创业投资中心（有限合伙）

宁波草稚星道流创业投资合伙企业（有限合伙）

宁波草稚星霖衍创业投资合伙企业（有限合伙）

宁波草稚星乾涌创业投资合伙企业（有限合伙）

宁波东元创业投资有限公司

宁波复旦创新中心有限公司

宁波海邦人才创业投资合伙企业（有限合伙）

宁波海邦星材创业投资合伙企业（有限合伙）

宁波海达鼎兴投资管理有限公司

宁波海达睿盈股权投资管理有限公司

宁波君润恒众创业投资合伙企业（有限合伙）

宁波开云融汇创业投资合伙企业（有限合伙）

宁波鹏源东方创业投资合伙企业（有限合伙）

宁波鹏源青年创业投资合伙企业（有限合伙）

宁波赛伯乐甬科股权投资合伙企业（有限合伙）

宁波杉杉望新科技创业投资有限公司

宁波盛世鸿元私募基金管理有限公司

宁波市伯乐开图创业投资合伙企业（有限合伙）

宁波市鹏源青芯创业投资合伙企业（有限合伙）

宁波市天使投资引导基金有限公司

宁波市知识产权运营基金有限公司

宁波思得安维创业投资合伙企业（有限合伙）

宁波天骥赢和股权投资管理有限公司

宁波天堂硅谷和慧创业投资合伙企业（有限合伙）

宁波天堂硅谷融正股权投资合伙企业（有限合伙）

宁波新以创业投资管理有限公司

宁波新以创业投资合伙企业（有限合伙）

宁波英飞伯乐创业投资管理有限公司

宁波英飞伯乐创业投资合伙企业（有限合伙）

宁波镇海君鼎协立创业投资有限公司

维科产业投资管理有限公司

浙江弘日宝玺创新投资管理有限公司

浙江蓝源投资管理有限公司

鼎信博成创业投资有限公司

贵阳工投生物医药产业创业投资有限公司

贵阳观山湖现代服务业发展创业投资基金合伙企业（有限合伙）

贵阳市服务外包及呼叫产业创业投资基金有限公司

贵阳市工业发展基金合伙企业（有限合伙）

贵阳市工业和信息化产业发展引导基金有限公司

贵阳市科技创新引导基金创业投资有限公司

贵阳市软件开发创业投资基金有限公司

贵阳市引凤高技术产业创业投资基金有限公司

贵阳市筑创大数据发展创业投资有限公司

贵阳中小企业发展基金（有限合伙）

贵州创在青春创业投资中心（有限合伙）

贵州得天汇信农业创业股权投资中心（有限合伙）

贵州鼎信博成投资管理有限公司

贵州鼎信卓越创业投资有限公司

贵州丰厚智源创业投资中心（有限合伙）

贵州贵孵创业孵化投资管理有限公司

贵州贵孵一起创天使基金投资中心（有限合伙）

贵州红土创新资本管理有限公司

贵州红土创业投资有限公司

贵州金通达投资有限公司

贵州开开门创业投资有限公司

贵州省创新赋能大数据投资基金合伙企业（有限合伙）

贵州省科技风险投资有限公司

贵州筑银资本管理有限公司

铜仁梵净山科技创业投资有限公司

鞍山中远资产管理有限公司

辽宁创投投资管理有限公司

辽宁科技创业投资有限责任公司

沈阳禾诚科技项目投资合伙企业（有限合伙）

沈阳恒信安泰股权投资基金管理有限公司

沈阳锦绣中和资本管理有限公司

沈阳瑞远私募基金管理有限公司

中科韦特莱（辽宁）私募基金管理有限公司

中天辽创投资管理有限公司

哈尔滨爱立方投资管理有限公司

哈尔滨创新创业投资有限公司

哈尔滨富德恒创业投资企业（有限合伙）

哈尔滨富德睿创业投资企业（有限合伙）

哈尔滨联创创业投资企业（有限合伙）

哈尔滨越榕阳光创业投资企业（有限合伙）

哈尔滨云谷创业投资管理有限公司

哈尔滨云谷创业投资企业（有限合伙）

兰州高科创业投资担保有限公司

顶华通路价值创业投资（西安）企业

陕西富晨创业投资管理有限公司

陕西金泰创业投资有限公司

陕西源丰投资发展有限公司

西安创新投资管理有限公司

西安德诺投资有限公司

西安浩蓝行远投资管理有限公司

西安红土创新投资有限公司

西安巨川国际投资有限公司

西安君铸投资管理合伙企业（有限合伙）

西安润丰投资有限责任公司

西安天道实业投资有限公司

西安西旅创新投资管理有限公司

西安赢瑞创业投资有限公司

西北工业技术研究院

海南师范大学科技园管理有限公司

城发集团（青岛）产业资本管理有限公司

蓝海（青岛）私募基金管理有限公司

齐鲁中泰私募基金管理有限公司

青岛北易创业投资合伙企业（有限合伙）

青岛财通创业投资管理有限公司

青岛创盈股权投资基金管理有限公司

青岛大有私募基金管理有限公司

青岛迪凯投资管理有限公司

青岛鼎荣私募基金管理有限公司

青岛高创澳海股权投资管理有限公司

青岛高创科技资本运营有限公司

青岛高创投资管理有限公司

青岛高新创业投资有限公司

青岛光控低碳新能股权投资有限公司

青岛国铸资产管理有限公司

青岛海创汇创业投资有限公司

青岛海尔创业投资有限责任公司

青岛海尔赛富智慧家庭创业投资中心（有限合伙）

青岛海立方舟股权投资管理有限公司

青岛恒岩雅泽创业投资合伙企业（有限合伙）

青岛恒岩永泽创业投资合伙企业（有限合伙）

青岛红土创业投资有限公司

青岛红土资本管理有限公司

青岛华仁创业投资有限公司

青岛华商汇通资本管理有限公司

青岛华通创业投资有限责任公司

青岛华耀资本创业投资企业（有限合伙）

青岛华耀资本管理中心（有限合伙）

青岛金达岭私募基金管理有限公司

青岛金水投资控股有限公司

青岛京铭资产管理有限公司

青岛经控汇硕私募基金管理有限公司

青岛静远创业投资有限公司

青岛君辉创业投资管理有限公司

青岛蓝色海洋新兴产业创业投资管理有限公司

青岛乐通产融合创基金投资中心（有限合伙）

青岛乐通合创股权投资有限公司

青岛乐通华资智慧产业基金（有限合伙）

青岛里程碑创业投资管理有限公司

青岛里程碑砥砺创业投资中心（有限合伙）

青岛里程碑人才创业投资企业（有限合伙）

青岛砺丰海盈投资管理合伙企业（有限合伙）

青岛隆磐凯明创业投资合伙企业（有限合伙）

青岛隆磐凯威创业投资合伙企业（有限合伙）

青岛迈通创业投资管理有限公司

青岛普维均和创业投资基金合伙企业（有限合伙）

青岛清乐创业投资合伙企业（有限合伙）

青岛融誉资本管理有限公司

青岛润昌私募基金管理有限公司

青岛少海高创天地投资管理有限公司

青岛生命树投资管理有限公司

青岛十方智汇投资管理有限公司

青岛市科技风险投资有限公司

青岛双星投资管理有限公司

青岛同歌创业投资管理有限公司

青岛葳尔成长创业投资企业（有限合伙）

青岛葳尔创新创业投资企业（有限合伙）

青岛葳尔资产管理有限公司

青岛韦斯特希尔基金管理有限公司

青岛英飞中润投资管理有限公司

青岛拥湾私募基金管理集团股份有限公司

青岛源创节能环保创业投资基金合伙企业（有限合伙）

青岛中科汇金创业投资有限公司

青岛中科慧源创业投资管理有限公司

青岛中科育成投资管理有限公司

山东高速（青岛）私募基金管理有限公司

山东国信喜海私募基金管理有限公司

山东康大恒远投资管理股份有限公司

山东乐通创新高能产业投资基金合伙企业（有限合伙）

山东省乐通科产融新动能产业发展基金中心（有限合伙）

中泽远信私募基金管理（青岛）有限公司

摆渡创新工场集团有限公司

长春科技风险投资有限公司

长春市科技发展中心有限公司

吉林省创投基金管理有限公司

吉林省科技投资基金有限公司

福建北辰星投资管理有限公司

福建省高麦领创科技发展有限公司

青海国科创业投资基金（有限合伙）

青海汇富科技成果转化投资基金（有限合伙）

广西广投鼎新引导基金运营有限责任公司

广西来宾鑫隆创业基金投资管理有限公司

广西钦州联同众创投资咨询有限公司

广西新丝路创业投资基金有限责任公司

春晓东科（武汉）创业投资合伙企业（有限合伙）

湖北产融资本管理有限公司

湖北长江长飞激光智造创业投资基金合伙企业（有限合伙）

湖北珈翼创新创业投资基金合伙企业（有限合伙）

湖北闻顺创业投资基金中心（有限合伙）

明熙创业投资管理（武汉）有限公司

清控银杏光谷创业投资基金（武汉）合伙企业（有限合伙）

武汉东科数智芯创业投资基金合伙企业（有限合伙）

武汉光创新兴技术一期创业投资基金合伙企业（有限合伙）

武汉光谷创新花山一号投资基金合伙企业（有限合伙）

武汉普朗克建芯天使壹号创业投资基金合伙企业（有限合伙）

武汉普朗克天使壹号创业投资基金合伙企业（有限合伙）

武汉融喻点睛壹号创业投资基金合伙企业（有限合伙）

武汉市汇智行远创业投资基金合伙企业（有限合伙）

武汉市京九创业投资基金合伙企业（有限合伙）
武汉市明君合纵创业投资基金合伙企业（有限合伙）
武汉新城科创私募股权基金管理有限公司
武汉泽森聚芯创业投资合伙企业（有限合伙）
武汉中立科创业投资基金合伙企业（有限合伙）
常熟金茂创业投资管理有限公司
高投名力成长创业投资有限公司
江苏产才融合创业投资五期基金（有限合伙）
江苏大运河星轩创业投资基金（有限合伙）
江苏鼎信资本管理有限公司
江苏东大金山资本管理有限公司
江苏高弘投资管理有限公司
江苏高科技投资集团有限公司
江苏高投成长价值股权投资合伙企业（有限合伙）
江苏高投创新科技创业投资合伙企业（有限合伙）
江苏高投创新天使创业投资合伙企业（有限合伙）
江苏高投创业投资管理有限公司
江苏高投发展创业投资有限公司
江苏高投科贷创业投资企业（有限合伙）
江苏高投宁泰创业投资合伙企业（有限合伙）
江苏高投中小企业创业投资有限公司
江苏高新创业投资管理有限公司
江苏高新创业投资有限公司
江苏弘瑞科技创业投资有限公司
江苏华控创业投资有限公司
江苏华控投资管理有限公司
江苏华睿投资管理有限公司
江苏汇鸿创业投资有限公司
江苏金智集团有限公司
江苏科泉高新创业投资有限公司

江苏连拓投资管理有限公司

江苏隆鑫创业投资有限公司

江苏人才创新创业投资二期基金（有限合伙）

江苏人才创新创业投资合伙企业（有限合伙）

江苏瑞明创业投资管理有限公司

江苏省现代服务业发展创业投资基金（有限合伙）

江苏苏豪投资集团有限公司

江苏天氏创业投资有限公司

江苏毅达成果创新创业投资基金（有限合伙）

江苏毅达股权投资基金管理有限公司

江苏紫金文化产业二期创业投资基金（有限合伙）

江苏紫金文化产业发展基金（有限合伙）

江苏紫金文化创业投资合伙企业（有限合伙）

金雨茂物投资管理股份有限公司

南京创熠东大至善科技创业投资合伙企业（有限合伙）

南京创熠鼓楼高投毅达天使创业投资基金（有限合伙）

南京创熠六翼创业投资中心（有限合伙）

南京创熠未来创业投资中心（有限合伙）

南京创熠信安呈益科技股权投资基金（有限合伙）

南京创熠中南投资基金合伙企业（有限合伙）

南京恩然瑞光投资管理中心（有限合伙）

南京峰岭股权投资基金管理有限公司

南京高新创业投资有限公司

南京国信金智创业投资中心（有限合伙）

南京红土创业投资有限公司

南京捷源投资管理合伙企业（有限合伙）

南京科源私募基金管理有限公司

南京六翼投资管理股份有限公司

南京栖霞科技发展投资有限公司

南京盛宇投资管理有限公司

南京市鼓楼科技创新投资发展有限公司

南京市栖霞区科技创业投资有限公司

南京市秦淮产业发展基金有限公司

南京文化创业投资有限公司

南京协立创业投资有限公司

南京信安呈益股权投资基金（有限合伙）

南京毅达股权投资管理企业（有限合伙）

南京中成创业投资有限公司

浙江东翰高投长三角投资合伙企业（有限合伙）

北极光创业投资企业

长三角创业投资企业

常熟博瀚创业投资有限公司

常熟博融创业投资有限公司

常熟经济开发区高新技术创业投资有限公司

常熟市国发创业投资有限公司

东吴创业投资有限公司

国仟创业投资管理（苏州）有限公司

江苏金茂低碳产业创业投资有限公司

江苏昆山高特佳创业投资有限公司

江苏省苏高新风险投资股份有限公司

江苏信泉创业投资管理有限公司

江苏以诺投资管理有限公司

昆山高特佳创业投资管理有限公司

昆山红土创业投资管理有限公司

昆山红土高新创业投资有限公司

昆山市工研院创业投资有限公司

昆山市国科创业投资有限公司

昆山中科昆开创业投资有限公司

苏州创禾创业投资管理有限公司

苏州创元高投创业投资管理有限公司

苏州创元高新创业投资有限公司

苏州创元高新生物制药创业投资企业（有限合伙）

苏州丛蓉私募基金管理合伙企业（有限合伙）

苏州荻溪数字经济产业创业投资中心（有限合伙）

苏州荻溪文化创意产业投资中心（有限合伙）

苏州敦行价值创业投资合伙企业（有限合伙）

苏州敦行投资管理有限公司

苏州高创天使电子商务产业投资合伙企业（有限合伙）

苏州高创天使二号投资合伙企业（有限合伙）

苏州高创天使三号投资合伙企业（有限合伙）

苏州高创天使一号投资合伙企业（有限合伙）

苏州高锦创业投资有限公司

苏州高铨创业投资企业（有限合伙）

苏州高新创业投资集团清源新麟创业投资管理有限公司

苏州高新创业投资集团融联管理有限公司

苏州高新创业投资集团融晟投资管理有限公司

苏州高新创业投资集团融享投资管理有限公司

苏州高新创业投资集团太湖金谷资本管理有限公司

苏州高新创业投资集团新麟管理有限公司

苏州高新创业投资集团有限公司

苏州高新创业投资集团中小企业发展管理有限公司

苏州高新创业投资集团中小企业天使投资有限公司

苏州高新风投创业投资管理有限公司

苏州高新富德投资企业（有限合伙）

苏州高新明鑫创业投资管理有限公司

苏州高新启源创业投资有限公司

苏州高新区创业科技投资管理有限公司

苏州高新友利创业投资有限公司

苏州工业园区领军创业投资有限公司

苏州贡湖创业投资中心（有限合伙）

苏州国发创富创业投资企业（有限合伙）

苏州国发创业投资控股有限公司

苏州国发东方创业投资管理有限公司

苏州国发服务业创业投资企业（有限合伙）

苏州国发高铁文化创业投资管理有限公司

苏州国发高铁文化创业投资中心（有限合伙）

苏州国发高新城市发展投资企业（有限合伙）

苏州国发高新创业投资管理有限公司

苏州国发股权投资基金管理有限公司

苏州国发恒润创业投资合伙企业（有限合伙）

苏州国发建富创业投资企业（有限合伙）

苏州国发融富创业投资管理企业（有限合伙）

苏州国发融富创业投资企业（有限合伙）

苏州国发天使创业投资企业（有限合伙）

苏州国发添富创业投资企业（有限合伙）

苏州国发文化产业创业投资企业（有限合伙）

苏州国发新创捌号创业投资合伙企业（有限合伙）

苏州国发涌富创业投资企业（有限合伙）

苏州国发源富创业投资企业（有限合伙）

苏州国发智富创业投资企业（有限合伙）

苏州国发卓越创业投资合伙企业（有限合伙）

苏州国仟医疗创业投资企业（有限合伙）

苏州国仟医械二期创业投资企业（有限合伙）

苏州国仟医械三期创业投资合伙企业（有限合伙）

苏州环秀湖创业投资中心（有限合伙）

苏州汇利华创业投资有限公司

苏州嘉睿万杉创业投资合伙企业（有限合伙）

苏州金枫创业投资有限公司

苏州聚瀚创业投资合伙企业（有限合伙）

苏州聚新中小科技创业投资企业（有限合伙）

苏州聚展创业投资企业（有限合伙）

苏州科技城创业投资有限公司

苏州龙驹创合创业投资合伙企业（有限合伙）

苏州龙驹创联创业投资企业（有限合伙）

苏州龙驹东方投资管理企业（有限合伙）

苏州孟溪创业投资中心（有限合伙）

苏州名优新能创业投资合伙企业（有限合伙）

苏州明善嘉德创业投资合伙企业（有限合伙）

苏州启源添润创业投资合伙企业（有限合伙）

苏州启源添硕创业投资合伙企业（有限合伙）

苏州融联创业投资企业（有限合伙）

苏州融享创业投资合伙企业（有限合伙）

苏州融享进取创业投资合伙企业（有限合伙）

苏州瑞华投资合伙企业（有限合伙）

苏州瑞通龙熙新兴创业投资企业（有限合伙）

苏州生茂创业投资合伙企业（有限合伙）

苏州盛泉百涛创业投资管理有限公司

苏州盛泉海成创业投资合伙企业（有限合伙）

苏州盛泉万泽创业投资合伙企业（有限合伙）

苏州市苏信创业投资有限公司

苏州市吴江创迅创业投资有限公司

苏州市吴江创业投资有限公司

苏州市吴中创业投资有限公司

苏州市相城创新产业创业投资中心（有限合伙）

苏州市相城创业投资有限责任公司

苏州市相城埭溪创业投资有限责任公司

苏州市相城埭溪二期创业投资中心（有限合伙）

苏州市相城二期新兴产业创业投资中心（有限合伙）

苏州市相城高新创业投资有限责任公司

苏州市相城基金管理有限公司

苏州市相城金融控股（集团）有限公司

苏州市相城蠡溪创业投资中心（有限合伙）

苏州市相城区澄悦创业投资有限责任公司

苏州市相城区相聚工业互联网产业创业投资中心（有限合伙）

苏州市相城区相聚区块链产业创业投资中心（有限合伙）

苏州市相城区相聚生物医药产业创业投资中心（有限合伙）

苏州市相城区相聚数字产业创业投资中心（有限合伙）

苏州市相城区相聚先进材料产业创业投资中心（有限合伙）

苏州市相城区相聚智能车联网产业创业投资中心（有限合伙）

苏州市相城区相行创业投资中心（有限合伙）

苏州市相城区湘溪创业投资有限公司

苏州顺融创业投资管理合伙企业（有限合伙）

苏州顺融进取创业投资合伙企业（有限合伙）

苏州顺融进取二期创业投资合伙企业（有限合伙）

苏州顺融瑞腾创业投资合伙企业（有限合伙）

苏州顺融天使二期创业投资合伙企业（有限合伙）

苏州顺融天使三期创业投资合伙企业（有限合伙）

苏州顺融天使四期创业投资合伙企业（有限合伙）

苏州顺融投资管理有限公司

苏州顺融拓合创业投资合伙企业（有限合伙）

苏州顺融泽实创业投资合伙企业（有限合伙）

苏州苏科创投资管理有限公司

苏州吴中国发创业投资管理有限公司

苏州吴中国发创业投资有限公司

苏州吴中科技创业投资有限公司

苏州相渭汽车产业投资中心（有限合伙）

苏州新麟创业投资有限公司

苏州新麟二期创业投资企业（有限合伙）

苏州新麟三期创业投资企业（有限合伙）

苏州新麟四期创业投资合伙企业（有限合伙）

苏州新晟信息产业投资企业（有限合伙）

苏州信慧成创业投资管理有限公司

苏州亿崇创业投资合伙企业（有限合伙）

苏州亿文创新资本管理有限公司

苏州亿新熠合投资企业（有限合伙）

苏州茵联启程创业投资合伙企业（有限合伙）

苏州永溪创业投资中心（有限合伙）

苏州紫荆华创创业投资合伙企业（有限合伙）

吴江东方国发创业投资有限公司

吴江东方融富创业投资管理企业（有限合伙）

厦门高钺私募基金管理有限公司

张家港产业投资管理有限公司

张家港市金茂创业投资有限公司

张家港以诺创业投资企业（有限合伙）

江苏风行天下创业投资有限公司

江苏金润产业投资有限公司

江苏企智资本投资管理有限公司

邳州市博睿投资管理有限公司

邳州市高新区科创园企业管理有限公司

新沂经开区产业投资基金合伙企业（有限合伙）

新沂经开区新能源产业投资基金合伙企业（有限合伙）

新沂市绿色低碳新兴产业创业投资基金合伙企业（有限合伙）

新沂市专精特新兴产业创业投资基金合伙企业（有限合伙）

徐州博灏创业投资管理有限公司

徐州淮海医药孵化器

徐州开宏创业投资有限公司

徐州市盛汇科技小额贷款有限公司

徐州中金创业投资有限公司

常创（常州）创业投资合伙企业（有限合伙）

常创天使（常州）创业投资中心（有限合伙）

常州滨创一号创业投资合伙企业（有限合伙）

常州常高新科技创业投资中心（有限合伙）

常州常高新智能制造投资中心（有限合伙）

常州常金创业投资有限公司

常州常以创业投资中心（有限合伙）

常州创业投资集团有限公司

常州德丰杰清洁技术创业投资中心（有限合伙）

常州德丰杰投资管理有限公司

常州德丰杰正道创业投资中心（有限合伙）

常州德丰杰正道投资管理有限公司

常州东方产业引导创业投资有限责任公司

常州高睿创业投资管理有限公司

常州高投创业投资有限公司

常州高新创业投资有限公司

常州高新区印刷电子产业创业投资有限公司

常州和嘉资本管理有限公司

常州和泰股权投资有限公司

常州红土人才投资合伙企业（有限合伙）

常州华科创业投资有限公司

常州汇毅全璟壹号创业投资合伙企业（有限合伙）

常州嘉和达创业投资中心（有限合伙）

常州金码创业投资管理合伙企业（有限合伙）

常州金茂新兴产业创业投资合伙企业（有限合伙）

常州九洲创星创业投资合伙企业（有限合伙）

常州力合华富创业投资有限公司

常州力合清源投资管理合伙企业（有限合伙）

常州力宽创业投资管理有限公司

常州砺剑创业投资合伙企业（有限合伙）

常州领创创业投资有限公司

常州牡丹江南创业投资有限责任公司

常州启泰创业投资合伙企业（有限合伙）

常州启泰二号创业投资合伙企业（有限合伙）

常州启泰六号创业投资合伙企业（有限合伙）

常州启泰三号创业投资合伙企业（有限合伙）

常州启泰四号创业投资合伙企业（有限合伙）

常州启泰五号创业投资合伙企业（有限合伙）

常州青枫股权投资管理有限公司

常州青枫伙伴创业投资合伙企业（有限合伙）

常州青枫云港投资中心（有限合伙）

常州青年创业投资中心（有限合伙）

常州青企联合创业投资合伙企业（有限合伙）

常州清源创新投资管理合伙企业（有限合伙）

常州清源东方投资管理合伙企业（有限合伙）

常州睿泰捌号创业投资中心（有限合伙）

常州睿泰创业投资管理有限公司

常州睿泰创业投资中心（有限合伙）

常州睿泰贰号创业投资中心（有限合伙）

常州睿泰玖号创业投资中心（有限合伙）

常州睿泰陆号创业投资中心（有限合伙）

常州睿泰叁号创业投资中心（有限合伙）

常州睿泰十二号创业投资中心（有限合伙）

常州睿泰十五号创业投资中心（有限合伙）

常州睿泰拾号创业投资中心（有限合伙）

常州睿泰信康创业投资中心（有限合伙）

常州赛富高新创业投资管理有限公司

常州赛富高新创业投资中心（有限合伙）

常州市滨城投资管理集团有限公司

常州市久益股权投资中心（有限合伙）

常州市智义兴秦创业投资合伙企业（有限合伙）

常州松子易元壹号创业投资合伙企业（有限合伙）

常州天创股权投资中心（有限合伙）

常州天崑股权投资中心（有限合伙）

常州天融股权投资中心（有限合伙）

常州伟驰股权基金管理有限公司

常州希扬成芯创业投资中心（有限合伙）

常州新北区和嘉上市后备创业投资中心（有限合伙）

常州鑫宸创业投资合伙企业（有限合伙）

常州信辉创业投资有限公司

常州元科创新投资合伙企业（有限合伙）

常州元科创业投资管理有限公司

常州悦石科泰思投资合伙企业（有限合伙）

常州正赛联创业投资管理有限公司

常州正赛联创业投资合伙企业（有限合伙）

常州重道投资管理有限公司

江苏常州武商创业投资合伙企业（有限合伙）

江苏高晋创业投资有限公司

江苏国经私募基金管理有限公司

江苏九洲创业投资管理有限公司

江苏九洲投资集团创业投资有限公司

江苏苏控创业投资有限公司

江苏新天地投资集团有限公司

江苏兴科创业投资有限公司

启赋安泰（常州）新材料产业基金合伙企业（有限合伙）

江苏大丰众成科技创业投资有限公司

江苏金炻创业投资有限公司

江苏盐城龙湖文化产业发展有限公司

响水县东大至善创业投资合伙企业（有限合伙）

盐城创业投资有限公司

盐城创咏新能源投资有限公司

盐城高创投资发展有限公司

盐城高新区创业投资有限公司

盐城恒远投资发展有限公司

盐城市亭湖区财裕创业投资有限公司

盐城新咏投资发展有限公司

盐城咏恒投资发展有限公司

盐城元创投资发展有限公司

盐城中小企业创业投资实业有限公司

盐城中咏投资发展有限公司

丹阳盛宇鸿图创业投资合伙企业（有限合伙）

丹阳市高新技术创业投资有限公司

江苏聚融创业投资有限公司

江苏盛宇丹昇创业投资有限公司

句容市高新创业投资有限公司

扬中市创新投资有限公司

扬中市金融控股集团有限公司

扬中行云新兴产业创业投资基金合伙企业（有限合伙）

镇江百味投资合伙企业（有限合伙）

镇江高科创业投资有限公司

镇江高投创业投资有限公司

镇江高新创业投资有限公司

镇江国投创业投资有限公司

镇江红土创业投资有限公司

镇江嘉瑞彤泰投资中心（有限合伙）

镇江君鼎协立创业投资有限公司

镇江君舜协立创业投资中心（有限合伙）

镇江康成亨创业投资合伙企业（有限合伙）

镇江力合天使创业投资企业（有限合伙）

镇江临创半导体产业投资基金合伙企业（有限合伙）

镇江领军人才创新创业股权投资有限公司

镇江市聚力投资合伙企业（有限合伙）

镇江心湖鼎香人才服务合伙企业（有限合伙）

镇江亿致能源科技孵化器有限公司

镇江银河创业投资有限公司

镇江盈地投资管理合伙企业（有限合伙）

镇江中科金山创业投资企业（有限合伙）

中节能华禹（镇江）绿色产业并购投资基金（有限合伙）

江苏华全创业投资有限公司

江苏新创投资有限公司

江苏智光创业投资有限公司

泰兴诚鼎硬科技创业投资合伙企业（有限合伙）

泰兴润创新材料创业投资合伙企业（有限合伙）

泰州华诚高新技术投资发展有限公司

泰州华健创业投资有限公司

泰州金高创业投资合伙企业（有限合伙）

泰州市高港高新区开发投资有限责任公司

泰州市盛鑫创业投资管理有限公司

江苏高鼎科技创业投资有限公司

江苏振邮科技产业投资管理有限公司

扬州保盈投资基金合伙企业（有限合伙）

扬州长晟安众创业投资基金合伙企业（有限合伙）

扬州长晟创业投资基金合伙企业（有限合伙）

扬州长晟创业投资有限公司

扬州富海国龙影视投资中心（有限合伙）

扬州富海三七互联网文化投资中心（有限合伙）

扬州富海扬帆互联网文化投资中心（有限合伙）

扬州海圣创业投资中心（有限合伙）

扬州邗江高新创业投资有限公司

扬州汇泽源建设投资基金合伙企业（有限合伙）

扬州经信新兴产业创业投资中心（有限合伙）

扬州平衡数字文化产业发展基金（有限合伙）

扬州平衡宜创创业投资基金中心（有限合伙）

扬州润宝投资基金合伙企业（有限合伙）

扬州神居客众创空间管理有限公司

扬州市创业投资有限公司

扬州市教投科技股权投资基金合伙企业（有限合伙）

扬州市金创京杭创业投资基金中心（有限合伙）

扬州市金创邮城创业投资基金中心（有限合伙）

扬州万福星城创业投资基金中心（有限合伙）

扬州新扬股权投资合伙企业（有限合伙）

扬州扬大科技园有限责任公司

扬州运河之帆投资基金中心（有限合伙）

中保投京杭大运河（扬州）生态基金合伙企业（有限合伙）

光控（海门）创业投资有限公司

海安峰融创业投资有限公司

海安峰融投资管理有限公司

海安嘉和投资有限公司

海安锦润投资管理有限公司

海安昆鹏投资有限公司

海安千石投资管理有限公司

海安双惠创业投资有限公司

海门时代伯乐创富股权投资合伙企业（有限合伙）

红岭控股有限公司

江苏大生文化产业发展有限公司

江苏恒凯投资有限公司

江苏南通沿海创业投资基金（有限合伙）

江苏如东高新创业投资有限公司

江苏瑞庭投资管理有限公司

江苏桑夏投资有限公司

江苏省高科技产业投资股份有限公司

南通邦融二期股权投资基金中心（有限合伙）

南通产控邦盛创业投资管理有限公司

南通成为常青股权投资合伙企业（有限合伙）

南通创源科技园发展有限公司

南通创源投资有限公司

南通得一投资中心（有限合伙）

南通国泰创业投资有限公司

南通瀚信股权投资合伙企业（有限合伙）

南通恒富创业投资合伙企业（有限合伙）

南通红土伟达创业投资管理有限公司

南通红土伟达创业投资有限公司

南通金玖锐信投资管理有限公司

南通金源汇富创业投资合伙企业（有限合伙）

南通康成亨重点成长型企业股权投资合伙企业（有限合伙）

南通科创创业投资管理有限公司

南通科技创业投资有限公司

南通蓝海投资有限公司

南通蓝湾壹号创业投资合伙企业（有限合伙）

南通磊泽投资有限公司

南通鲤鱼高新技术创业服务有限公司

南通玲珑湾天使投资基金合伙企业（有限合伙）

南通懋德股权投资中心（有限合伙）

南通平衡创业投资基金中心（有限合伙）

南通启华生物医疗产业基金合伙企业（有限合伙）

南通神辉广厦投资中心（有限合伙）

南通盛世金濠投资管理有限公司

南通时代伯乐创业投资合伙企业（有限合伙）

南通时代伯乐汇邦股权投资合伙企业（有限合伙）

南通时代伯乐一期股权投资合伙企业（有限合伙）

南通时代伯乐众邦股权投资合伙企业（有限合伙）

南通松禾创业投资合伙企业（有限合伙）

南通松禾资本管理有限公司

南通新源投资发展有限公司

南通迅和投资有限公司

南通迅通投资有限公司

南通元创科技投资有限公司

南通中南谷投资管理有限公司

南通紫琅私募基金管理有限公司

启东皓玺创业投资合伙企业（有限合伙）

启东金北翼母基金投资合伙企业（有限合伙）

启东天择产业投资合伙企业（有限合伙）

苏州旭融股权投资基金管理有限公司

梧桐树基金管理有限公司

江苏昊海投资发展集团有限公司

江苏新顶旭科技创业投资有限公司

江苏振海投资发展有限公司

连云港高投毅达科技创业投资合伙企业（有限合伙）

连云港海客瀛洲投资有限公司

连云港金海创业投资有限公司

连云港锦迈创业投资合伙企业（有限合伙）

连云港市人才创业投资基金合伙企业（有限合伙）

连云港市润财创业投资发展有限公司

淮安市创业投资有限公司

淮安市淮上英才创业投资有限公司

淮安市金控创业投资有限公司

宿迁国发创业投资企业（有限合伙）

宿迁科技创业投资有限公司

宿迁毅达新兴创业投资合伙企业（有限合伙）

北京爱科创成投资管理中心（有限合伙）

北京安芙兰创业投资有限公司

北京安芙兰国泰创业投资有限公司

北京安芙兰国泰天使创业投资有限公司

北京安龙创业投资基金（有限合伙）

北京桉桉投资管理有限公司

北京宝盛智能创业投资中心（有限合伙）

北京北斗融创股权投资管理中心（有限合伙）

北京北斗融创投资管理有限公司

北京北科创新投资中心（有限合伙）

北京北脑创业投资基金（有限合伙）

北京秉鸿创业投资管理有限公司

北京秉鸿嘉盛创业投资有限公司

北京秉原创业投资有限责任公司

北京博观创业投资管理顾问有限公司

北京博派擎天创投管理顾问有限公司

北京博派擎天创业投资中心（有限合伙）

北京采思投资有限公司

北京昌科知衡一号创业投资合伙企业（有限合伙）

北京昌平中小微企业双创发展基金有限公司

北京晨晖创新投资管理有限公司

北京崇德弘信创业投资中心（有限合伙）

北京崇德英盛创业投资有限公司

北京创动创业投资中心（有限合伙）

北京创动投资咨询有限公司

北京创客帮科技孵化器有限公司

北京创势成长投资中心（有限合伙）

北京创势资本管理有限公司

北京创新工场创业投资中心（有限合伙）

北京创新工场智创股权投资合伙企业（有限合伙）

北京葱青创业投资有限公司

北京翠湖原始创新二号创业投资基金（有限合伙）

北京大河融科创业投资有限公司

北京德源盛通创业投资合伙企业（有限合伙）

北京瞪羚科创企业创业投资中心（有限合伙）

北京电控创业投资管理有限公司

北京鼎峰新材料创业投资合伙企业（有限合伙）

北京鼎峰智造投资管理有限公司

北京鼎和高达投资管理有限公司

北京鼎晖维森创业投资中心（有限合伙）

北京鼎晖维鑫创业投资中心（有限合伙）

北京鼎兴创业投资有限公司

北京鼎元合创投资有限公司

北京东方华盖创业投资有限公司

北京东方华盖文化创业投资有限公司

北京东方云鼎投资管理有限公司

北京二期中科创星硬科技创业投资合伙企业（有限合伙）

北京方信资本管理有限公司

北京芳晟创业投资中心（有限合伙）

北京飞马旅企业管理有限公司

北京复朴道和投资管理有限公司

北京富华佳信投资管理有限公司

北京富汇合创创业投资管理中心（有限合伙）

北京富汇合力投资中心（有限合伙）

北京富汇科技成果转化创业投资有限公司

北京富汇理化投资管理有限公司

北京富汇天使高技术创业投资有限公司

北京富汇中科创业投资中心（有限合伙）

北京富智阳光投资管理有限公司

北京高榕四期康腾股权投资合伙企业（有限合伙）

北京高特佳资产管理有限公司

北京戈壁绿洲天使投资中心（有限合伙）

北京国鼎实创投资管理有限公司

北京国科正道投资中心（有限合伙）

北京国润创业投资有限公司

北京国润和丰创业投资中心（有限合伙）

北京国润祁连创业投资中心（有限合伙）

北京国润致远创业投资中心（有限合伙）

北京国泰创业投资基金管理有限公司

北京国泰嘉泽创业投资中心（有限合伙）

北京国同清源创业投资管理合伙企业（有限合伙）

北京国投汇成创业投资管理有限公司

北京海贝启航创业投资管理有限公司

北京海聚助力投资管理有限公司

北京海洋基石创业投资管理有限公司

北京海豫祺创业投资管理有限公司

北京汉康创业投资管理有限公司

北京汉新行胜投资管理中心（有限合伙）

北京航天国调创业投资基金（有限合伙）

北京航天科工军民融合科技成果转化创业投资基金（有限合伙）

北京禾裕创业投资中心（有限合伙）

北京和信金创投资管理有限公司

北京荷塘国际健康创业投资管理有限公司

北京荷塘生命科学原始创新基金（有限合伙）

北京荷塘探索创业投资有限公司

北京黑马拓新创业投资中心（有限合伙）

北京恒牛创业投资管理有限公司

北京红杉坤德投资管理中心（有限合伙）

北京红土优势产业投资基金中心（有限合伙）

北京泓刨投资管理中心（有限合伙）

北京洪泰启航创业投资中心（有限合伙）

北京洪泰同创投资管理有限公司

北京洪泰助力创业投资中心（有限合伙）

北京鸿鹄致远创业投资有限公司

北京厚持投资管理有限责任公司

北京厚德跨客科技孵化器有限公司

北京厚生投资管理中心（有限合伙）

北京互联创新工场投资管理有限公司

北京互联创业投资合伙企业（有限合伙）

北京华创策联创业投资中心（有限合伙）

北京华创嘉成投资管理有限公司

北京华创融金投资管理有限公司

北京华创盛景创业投资中心（有限合伙）

北京华创盛景天使投资中心（有限合伙）

北京华创天使股权投资中心（有限合伙）

北京华德股权投资基金管理有限公司

北京华盖回家创业投资合伙企业（有限合伙）

北京华控科创投资顾问有限公司

北京华清博远创业投资有限公司

北京华软金宏资产管理有限公司

北京华睿互联创业投资中心（有限合伙）

北京华胜天成低碳产业创业投资中心（有限合伙）

北京华胜天成能源投资发展有限公司

北京华卓投资管理有限公司

北京基石创业投资管理中心（有限合伙）

北京基石创业投资基金（有限合伙）

北京基石创盈投资中心（有限合伙）

北京基石慧盈创业投资中心（有限合伙）

北京基石信安创业投资管理中心（有限合伙）

北京基石信创创业投资中心（有限合伙）

北京基石仲盈创业投资中心（有限合伙）

北京吉力创业投资合伙企业（有限合伙）

北京极客帮创业投资合伙企业（有限合伙）

北京极客天使投资合伙企业（有限合伙）

北京佳禾金辉创业投资有限公司

北京将门创业投资中心（有限合伙）

北京金惠友创业投资管理中心（有限合伙）

北京金科汇晟创业投资合伙企业（有限合伙）

北京金科君创投资管理有限公司

北京金瓴芯通一期创业投资合伙企业（有限合伙）

北京金桥鹰石创业投资中心（有限合伙）

北京金塔股权投资有限公司

北京金吾创业投资中心（有限合伙）

北京金信融达投资管理有限公司

北京晋商联盟投资管理有限公司

北京京工弘元投资管理有限公司

北京京国瑞股权投资基金管理有限公司

北京京西创业投资基金管理有限公司

北京经纬美创科技有限公司

北京景创投资中心（有限合伙）

北京九合锐致投资合伙企业（有限合伙）

北京九龙博爱创业投资中心（有限合伙）

北京久银投资控股股份有限公司

北京君利联合创业投资合伙企业（有限合伙）

北京君联创业投资中心（有限合伙）

北京君联同道私募基金管理合伙企业（有限合伙）

北京君联昕远壹号创业投资合伙企业（有限合伙）

北京君卿创业投资有限公司

北京君盛泰石股权投资中心（有限合伙）

北京开物昌盛投资管理有限公司

北京开元弘道创业投资中心（有限合伙）

北京开元正道创业投资中心（有限合伙）

北京康拓成长创业投资中心（有限合伙）

北京考拉昆仑投资管理有限公司

北京科创博睿投资管理有限公司

北京科创文华投资管理有限公司

北京科慧创业投资基金管理有限公司

北京科桥成长创业投资中心（有限合伙）

北京科桥创业投资中心（有限合伙）

北京科桥嘉永创业投资中心（有限合伙）

北京兰天使创业投资管理有限公司

北京蓝天丝路创业投资中心（有限合伙）

北京朗玛峰创业投资管理有限公司

北京老鹰投资基金管理有限公司

北京力鼎富盛创业投资有限公司

北京立春资产管理有限公司

北京立达高新创业投资中心（有限合伙）

北京砺明创业投资有限公司

北京联科成长投资基金管理中心（有限合伙）

北京联想之星未来投资管理有限公司

北京林楠投资有限公司

北京领泽财富创业投资管理有限公司

北京龙磐创业投资中心（有限合伙）

北京龙磐生物医药创业投资中心（有限合伙）

北京龙磐投资管理咨询中心（普通合伙）

北京珞珈天壕投资管理有限公司

北京民商创业投资有限公司

北京明石泓远创业投资中心（有限合伙）

北京明石信远创业投资中心（有限合伙）

北京明物新源创业投资合伙企业（有限合伙）

北京诺华资本投资管理有限公司

北京磐谷创业投资有限责任公司

北京苹果天使投资中心（有限合伙）

北京普丰安信创业投资中心（有限合伙）

北京普丰云华新兴产业创业投资中心（有限合伙）

北京奇绩创坛一期创业投资中心（有限合伙）

北京奇伦天佑创业投资有限公司

北京启创科远股权投资基金合伙企业（有限合伙）

北京启迪博识创业投资管理中心（有限合伙）

北京启迪博远创业投资管理中心（有限合伙）

北京启迪创业孵化器有限公司

北京启迪创源创业投资中心（有限合伙）

北京启迪汇德创业投资有限公司

北京启迪明德创业投资有限公司

北京启迪日新创业投资有限公司

北京启迪腾瑞创业投资中心（有限合伙）

北京启迪腾业投资管理中心（有限合伙）

北京启迪银杏天使投资中心（有限合伙）

北京启赋创业投资中心（有限合伙）

北京启赋投资咨询有限公司

北京启航创业投资管理有限公司

北京启航投资管理有限公司

北京启明创科创业投资中心（有限合伙）

北京启明融新股权投资合伙企业（有限合伙）

北京启沃博观投资管理合伙企业（有限合伙）

北京乾景嘉信创业投资中心（有限合伙）

北京乾盛投资有限公司

北京乾元盛创业投资有限责任公司

北京青创伯乐投资有限公司

北京青盟天使投资中心（有限合伙）

北京青年创业投资有限公司

北京青山同创投资有限公司

北京轻舟互联投资中心（有限合伙）

北京清科投资管理有限公司

北京清控水木投资管理有限公司

北京清芯华创投资管理有限公司

北京融胜同创投资有限公司

北京融通高科创业投资有限公司

北京融溢投资管理有限公司

北京瑞尔德嘉创业投资管理有限公司

北京瑞贞创业投资基金（有限合伙）

北京赛富皓海工业互联网投资中心（有限合伙）

北京三行资本管理有限责任公司

北京三益投资管理有限公司

北京杉杉创业投资有限公司

北京尚融资本管理有限公司

北京生命科学园创新投资基金（有限合伙）

北京盛邦天使投资管理有限公司

北京盛达瑞丰投资管理有限公司

北京盛景嘉成创业投资中心（有限合伙）

北京施拉特创业投资管理有限公司

北京实地创业投资有限公司

北京市程铂瀚创业投资管理中心（有限合伙）

北京市东方成长创业投资管理有限公司

北京市富汇创业投资管理有限公司

北京首创资本投资管理有限公司

北京首都科技发展集团投资管理有限公司

北京首科开阳创业投资中心（有限合伙）

北京水木国鼎投资管理有限公司

北京水木华鼎创业投资管理有限公司

北京水木启程创业投资中心（有限合伙）

北京水木梧桐创业投资管理有限公司

北京水木扬帆创业投资中心（有限合伙）

北京顺禧私募基金管理有限公司

北京太和大业创业投资合伙企业（有限合伙）

北京泰岳梧桐创业投资中心（有限合伙）

北京腾业长青创业投资有限公司

北京腾业创新投资管理中心（有限合伙）

北京腾业创业投资管理有限公司

北京腾业创智创业投资中心（有限合伙）

北京天地融创创业投资有限公司

北京天峰德晖投资管理有限公司

北京天峰汇泉投资管理有限公司

北京天星创投投资中心（有限合伙）

北京天翼汇融投资管理有限公司

北京天佑投资有限公司

北京同创共享创业投资中心（有限合伙）

北京同方以衡创业投资中心（有限合伙）

北京微创投创业投资中心（有限合伙）

北京微光投资管理有限公司

北京微梦创科创业投资管理有限公司

北京未来启创基金管理有限公司

北京文华海汇投资管理有限公司

北京沃衍资本管理中心（有限合伙）

北京梧桐金石投资管理有限公司

北京五岳青云创业投资合伙企业（有限合伙）

北京仙瞳芳晟投资管理中心（有限合伙）

北京险峰长青投资咨询有限公司

北京协同创新黑马投资管理有限公司

北京协同创新京福基金管理有限公司

北京协同创新投资管理有限公司

北京协同创新投资基金合伙企业（有限合伙）

北京芯能创业投资有限公司

北京新材智澄澈创业投资合伙企业（有限合伙）

北京新地阜通创业投资有限公司

北京信怡成长投资中心（有限合伙）

北京信中达创业投资有限公司

北京信中利股权投资管理有限公司

北京星麟创业投资合伙企业（有限合伙）

北京雅惠资产管理有限公司

北京雅瑞智友投资合伙企业（有限合伙）

北京亚信众合投资中心（有限合伙）

北京阳光融汇医疗健康产业成长投资管理中心（有限合伙）

北京一八九八创业投资基金管理中心（有限合伙）

北京义云清洁技术创业投资有限公司

北京亿联财富投资管理有限公司

北京亿润创业投资有限公司

北京亦庄二期生物医药产业投资基金（有限合伙）

北京亦庄国际产业投资管理有限公司

北京亦庄互联创业投资中心（有限合伙）

北京亦庄普丰创业投资中心（有限合伙）

北京亦庄普丰国际创业投资管理有限公司

北京屹唐半导体产业投资中心（有限合伙）

北京屹唐长厚创业投资基金管理有限公司

北京屹唐创欣创业投资中心（有限合伙）

北京屹唐赛盈基金管理有限公司

北京益帆泰和创业投资中心（有限合伙）

北京益丰润勤信创业投资中心（有限合伙）

北京银汉创业投资有限公司

北京银河鼎发创业投资有限公司

北京银河吉星创业投资有限责任公司

北京银河金桥投资有限公司

北京银基伟业股权投资基金管理中心（有限合伙）

北京银杏博清创业投资合伙企业（有限合伙）

北京银杏天使投资中心（有限合伙）

北京引航创业投资有限公司

北京英飞海林创业投资管理有限公司

北京英诺昌盛投资管理有限公司

北京英诺大河创业投资有限公司

北京英诺融科创业投资有限公司

北京赢家瑞乾创业投资中心（有限合伙）

北京用友幸福投资管理有限公司

北京用友幸福云创创业投资中心（有限合伙）

北京优能尚卓创业投资基金（有限合伙）

北京予飞投资管理有限公司

北京愉悦资本投资管理有限公司

北京元航投资管理有限公司

北京元航硬科技创业投资基金（有限合伙）

北京元禾原点创业投资管理有限公司

北京源慧睿泽创业投资中心（有限合伙）

北京源星图创业投资有限公司

北京浙控金诚资产管理有限公司

北京真格天成投资管理有限公司

北京真格天投股权投资中心（有限合伙）

北京真格信远创业投资合伙企业（有限合伙）

北京臻云智能创业投资有限公司

北京正德恒生投资有限责任公司

北京执一资本投资管理有限公司

北京至善缘创业投资有限公司

北京挚盈投资管理有限公司

北京智源创业投资基金管理有限公司

北京智源道一创业投资基金（有限合伙）

北京中车创业投资有限公司

北京中发高精尖臻选创业投资基金（有限合伙）

北京中发前沿投资管理有限公司

北京中发展金种子创业投资中心（有限合伙）

北京中富投资管理有限公司

北京中富投资集团有限公司

北京中关村瞪羚创业投资中心（有限合伙）

北京中关村瞪羚投资基金管理有限公司

北京中关村国盛创业投资中心（有限合伙）

北京中关村科学城创新发展有限公司

北京中关村协同创新投资基金管理有限公司

北京中关村远见认股权创业投资中心（有限合伙）

北京中关村智友投资合伙企业（有限合伙）

北京中关村资本基金管理有限公司

北京中海长益投资管理中心（有限合伙）

北京中海金岳投资管理有限公司

北京中技富坤创业投资中心（有限合伙）

北京中金同合创业投资中心（有限合伙）

北京中经瑞益投资管理有限公司

北京中科创星创业投资管理合伙企业（有限合伙）

北京中科富汇创业投资管理有限公司

北京中科图灵基金管理有限公司

北京中科先行创业投资管理有限公司

北京中域嘉盛投资管理有限公司

北京中域拓普投资管理有限公司

北京中自创新投资管理有限公司

北京忠诚恒兴投资管理有限公司

北京追远创业投资有限公司

北京紫荆创业投资基金管理有限公司

北京紫荆华融资本管理有限公司

北青科创投资管理（北京）有限公司

北商资本管理（北京）有限公司

巢生（北京）创业投资管理有限公司

晨山（北京）投资管理有限公司

创金合成投资管理（北京）有限公司

春华秋实（天津）股权投资管理有限公司

达晨银雷高新（北京）创业投资有限公司

大唐高新创业投资有限公司

丹晟创业投资管理（北京）有限公司

德同（上海）私募基金管理股份有限公司

鼎晖华泰投资管理（北京）有限公司

东方华盖股权投资管理（北京）有限公司

东信汇智（北京）创业投资有限公司

飞图创业投资（北京）有限公司

丰厚投资管理（北京）有限公司

高能天汇创业投资有限公司

高榕资本（深圳）投资中心（有限合伙）

戈壁（北京）投资管理有限公司（基金管理人）

谷银国际投资基金管理（北京）有限公司

光大三山创业投资管理有限公司

光荣半导体照明投资基金管理（北京）有限公司

光荣资产管理（北京）有限公司

硅谷天堂产业集团股份有限公司

国创基金管理有限公司

国科嘉和（北京）投资管理有限公司

国同汇智创业投资（北京）有限公司

国投创合国家新兴产业创业投资引导基金（有限合伙）

国投创合基金管理有限公司

国投创新投资管理有限公司

国投创业投资管理有限公司

国投高科技投资有限公司

海高基金投资管理（北京）有限公司

汉世纪国际投资管理（北京）有限公司

航发基金管理有限公司

航天产业投资基金管理（北京）有限公司

航天科工投资基金管理（北京）有限公司

和润领航投资管理（北京）有限公司

和谐爱奇投资管理（北京）有限公司

荷塘创业投资管理（北京）有限公司

红杉资本股权投资管理（天津）有限公司

宏源汇富创业投资有限公司

湖北省高新产业投资集团有限公司

华德诚志重科股权投资（北京）合伙企业（有限合伙）

华盖创业投资管理（北京）有限公司

华盖资本有限责任公司

华夏信诺创业投资管理（北京）有限公司

华泽方圆创业投资管理（北京）有限公司

汇力（北京）投资基金管理有限公司

吉富创业投资股份有限公司

建银金辰创业投资有限公司

将门投资管理顾问（北京）有限公司

君联资本管理股份有限公司

钧天创业投资有限公司

凯联（北京）投资基金管理有限公司

昆吾九鼎投资管理有限公司

拉萨源驰投资管理有限公司

理工创动（北京）投资管理有限公司

联创业（北京）资本管理有限公司

联通创新创业投资有限公司

联想创新（北京）投资管理有限公司

鲁证新天使投资有限公司

马力创业投资有限公司

南山资产管理（天津）有限公司

宁波丰厚互联投资管理有限公司

宁波高成厚德股权投资管理有限公司

宁波梅花天使投资管理有限公司

盘古创富（北京）创业投资管理有限公司

七弦股权投资管理有限公司

奇绩创坛（北京）投资管理有限责任公司

启迪银杏创业投资管理（北京）有限公司

启迪之星（北京）投资管理有限公司

启明维创创业投资管理（北京）有限公司

清控银杏创业投资管理（北京）有限公司

赛伯乐投资集团有限公司

上海峰上投资管理有限公司

上海旌卓投资管理有限公司

上海涌铧投资管理有限公司

社保基金中关村自主创新投资基金（北京）合伙企业（有限合伙）

深创新投资管理顾问（北京）有限公司

深圳市达晨财智创业投资管理有限公司北京分公司

深圳市前海青松创业投资基金管理企业（有限合伙）

深圳同创伟业资产管理股份有限公司

圣康世纪投资控股（北京）有限公司

丝路华创投资管理（北京）有限公司

苏州启元股权投资管理合伙企业（有限合伙）

苏州元生私募基金管理合伙企业（有限合伙）

腾飞天使（北京）投资管理有限公司

天创之星（北京）投资管理咨询有限公司

天津高和股权投资基金管理有限公司

天津红杉聚业股权投资合伙企业（有限合伙）

天津金梧桐投资管理合伙企业（有限合伙）

天津银诺投资咨询有限公司

天津裕丰股权投资管理有限公司

通用技术创业投资有限公司

西藏高榕资本管理有限公司

雅瑞和宜资本管理（北京）有限责任公司

亚杰天使投资管理（北京）有限公司

央广文资（北京）创业投资有限公司

意谷（北京）投资管理有限公司

银杏华清投资基金管理（北京）有限公司

英飞尼迪（北京）创业投资管理有限公司

浙商万嘉（北京）创业投资管理有限公司

真为投资基金管理有限公司

之路创业投资管理（北京）有限公司

中孵高科创业投资管理（北京）有限公司

中关村三川（北京）股权投资管理有限公司

中国风险投资有限公司

中国科技产业投资管理有限公司

中海同创投资有限公司

中航联创创业投资发展有限公司

中核产业基金管理有限公司

中金创新（北京）国际投资管理顾问有限公司

中科智能（北京）投资管理有限公司

中能华启创业投资有限公司

中通融金基金管理（北京）有限责任公司

重庆麒厚西海股权投资管理有限公司

成都深高投中小担创业股权投资基金合伙企业（有限合伙）

德阳市天使人才股权投资基金合伙企业（有限合伙）

德阳阳光天使投资有限公司

广安小平故里发展基金管理有限公司

宜宾远瓴创业投资有限公司

自贡创新基金管理有限公司

广东前润并购投资基金管理有限公司

广东毅达创新创业投资合伙企业（有限合伙）

广州安健信医疗健康产业股权投资基金（有限合伙）

广州辰途八号创业投资合伙企业（有限合伙）

广州辰途国创创业投资合伙企业（有限合伙）

广州辰途华创股权投资合伙企业（有限合伙）

广州辰途华景创业投资基金合伙企业（有限合伙）

广州辰途华迈股权投资基金合伙企业（有限合伙）

广州辰途华芯创业投资基金合伙企业（有限合伙）

广州辰途九号创业投资合伙企业（有限合伙）

广州辰途能创股权投资合伙企业（有限合伙）

广州辰途如期芯源创业投资基金合伙企业（有限合伙）

广州辰途十二号创业投资基金合伙企业（有限合伙）

广州辰途十号股权投资合伙企业（有限合伙）

广州辰途十三号创业投资基金合伙企业（有限合伙）

广州辰途十四号创业投资基金合伙企业（有限合伙）

广州辰途十五号创业投资基金合伙企业（有限合伙）

广州辰途十一号创业投资合伙企业（有限合伙）

广州达安高科投资有限公司

广州达安京汉投资咨询有限公司

广州达安京汉医疗健康产业投资企业（有限合伙）

广州德福股权投资基金合伙企业（有限合伙）

广州德福投资管理有限公司

广州德福投资咨询合伙企业（有限合伙）

广州高新区产业投资基金有限公司

广州广开前润并购股权投资基金合伙企业（有限合伙）

广州广开智行股权投资合伙企业（有限合伙）

广州开发区投资基金管理有限公司

广州凯得瞪羚创业投资合伙企业（有限合伙）

广州凯得佳朋一号股权投资合伙企业（有限合伙）

广州凯得南方工业创新私募基金管理有限公司

广州凯得前润人工智能股权投资合伙企业（有限合伙）

广州凯得投资控股有限公司

广州凯得雪曼股权投资合伙企业（有限合伙）

广州力华投资有限公司

广州前润八号产业投资基金合伙企业（有限合伙）

广州前润一号健康产业投资基金合伙企业（有限合伙）

广州前润一号转板股权投资基金合伙企业（有限合伙）

广州前润卓越八号股权投资合伙企业（有限合伙）

广州前润卓越九号股权投资合伙企业（有限合伙）

广州前润卓越六号股权投资合伙企业（有限合伙）

广州前润卓越七号股权投资合伙企业（有限合伙）

广州前润卓越三号股权投资合伙企业（有限合伙）

广州前润卓越五号股权投资合伙企业（有限合伙）

广州前润卓越一号股权投资合伙企业（有限合伙）

广州勤安投资管理有限公司

广州市达安医疗健康产业创业投资基金（有限合伙）

广州市达安资本投资管理有限公司

广州市敬亭山创业投资管理合伙企业（有限合伙）

广州穗开创芯股权投资基金合伙企业（有限合伙）

广州穗开股权投资有限公司

广州穗开新兴壹号股权投资中心（有限合伙）

广州穗开舟汇股权投资合伙企业（有限合伙）

广州阳和健胜创业投资基金合伙企业（有限合伙）

广州蚁米凯得产业投资基金合伙企业（有限合伙）

广州蚁米凯得股权投资管理合伙企业（有限合伙）

广州蚁米凯得宏景创业投资基金合伙企业（有限合伙）

广州蚁米投资管理有限公司

国投（广东）科技成果转化创业投资基金合伙企业（有限合伙）

海纳科创（广州）股权投资基金合伙企业（有限合伙）

平云创科（广州）股权投资基金合伙企业（有限合伙）

中科科技成果转化创业投资基金（广东）合伙企业（有限合伙）

城电绿能（济南）投资管理有限公司

黄河三角洲产业投资基金管理有限公司

济南高新一号创业投资合伙企业（有限合伙）

济南华科创业投资合伙企业（有限合伙）

济南科技创业投资集团有限公司

济南融泰投资控股有限公司

济南胜悦轨道交通产业投资基金合伙企业（有限合伙）

济南同科晟华创业投资合伙企业（有限合伙）

济南云创时代投资有限公司

莱芜科融投资管理合伙企业（有限合伙）

莱芜瑞德投资有限公司

山东方兴资产管理有限公司

山东红桥创业投资有限公司

山东红桥股权投资管理有限公司

山东红土创业投资有限公司

山东黄金创业投资有限公司

山东科融天使创业投资合伙企业（有限合伙）

山东领新创业投资中心（有限合伙）

山东融裕金谷创业投资有限公司

山东润富股权投资管理有限公司

山东省人力资本产业创业投资有限公司

山东舜盈股权投资基金管理有限公司

山东同科晟华股权投资基金管理有限公司

山东同硕股权投资管理有限公司

山东动能嘉合创业投资基金合伙企业（有限合伙）

山东矜浩股权投资基金管理有限公司

山东君联创业投资有限公司

淄博创新资本创业投资有限公司

淄博高新产业投资有限公司

淄博高新技术风险投资股份有限公司

淄博鉴睿创业投资中心（有限合伙）

淄博经济开发区盈科金梧桐创业投资合伙企业（有限合伙）

淄博璟棠智动未来一号创业投资基金合伙企业（有限合伙）

淄博钧鑫鑫财产业投资合伙企业（有限合伙）

淄博冷杉溪明创业投资合伙企业（有限合伙）

淄博鹏鲲新能源投资合伙企业（有限合伙）

淄博齐鲁创业投资有限责任公司

淄博盛世九号创业投资合伙企业（有限合伙）

淄博市高新技术创业投资有限公司

淄博颐和哈博一号创业投资合伙企业（有限合伙）

淄博颐和昊瀚七号创业投资合伙企业（有限合伙）

淄博盈科阳光蓝一号创业投资合伙企业（有限合伙）

淄博云胜创业投资合伙企业（有限合伙）

淄博紫峰新锐创业投资合伙企业（有限合伙）

盛禾佳成创业投资（枣庄）合伙企业（有限合伙）

倚锋睿华（枣庄）创业投资中心（有限合伙）

倚锋十四期（枣庄）创业投资中心（有限合伙）

亿能新动创业投资（枣庄）合伙企业（有限合伙）

昱盛（枣庄）创业投资合伙企业（有限合伙）

元芯创业投资（枣庄）合伙企业（有限合伙）

枣庄川商兴伍号创业投资合伙企业（有限合伙）

枣庄和达兴坤创业投资合伙企业（有限合伙）

枣庄和达兴云创业投资合伙企业（有限合伙）

枣庄和达兴尊创业投资合伙企业（有限合伙）

枣庄红崖信如创业投资管理中心（有限合伙）

枣庄捷灿创业投资合伙企业（有限合伙）

枣庄金点八号创业投资合伙企业（有限合伙）

枣庄金点五号创业投资合伙企业（有限合伙）

枣庄景和创业投资合伙企业（有限合伙）

枣庄可乾溪创业投资合伙企业（有限合伙）

枣庄领航一号创业投资中心（有限合伙）

枣庄脉尊企航创业投资管理合伙企业（有限合伙）

枣庄荣创天璇创业投资合伙企业（有限合伙）

枣庄欣旺达创业投资合伙企业（有限合伙）

枣庄煜华沐创业投资合伙企业（有限合伙）

枣庄兆山锰利创业投资合伙企业（有限合伙）

枣庄兆悟新启创业投资合伙企业（有限合伙）